기적의 탄생

Birthing the Miraculous

Copyright © 2014 by Heidi Baker
All right Reserved.
Published by Charisma House
Charisma Media / Charisma House Book Group
600 Rinehart Road
Lake Mary, Florida 32746
All right Reserved.
Korean Translation Copyright © 2015 Tabernacle of David.

이 책의 한국어판 저작권은 다윗의장막미디어에 있습니다.
저작권법에 의해 한국에서 보호받는 저작물이므로 무단전재와 무단복제를 금합니다.

기적의 탄생

하이디 베이커

다윗의장막

추천사

하이디는 이 시대의 영웅 가운데 한 사람이다. 하나님께서 그녀에게 권능으로 임하시고 수많은 나라들을 주셨던 그 자리에 함께했던 것을 특권으로 여긴다. 그 이후로 하이디는 하나님 나라와 하나님께로부터 받은 사명을 열정적으로 감당해 오고 있다. 그녀가 나누는 삶을 통해 여러분의 삶 가운데에도 변화가 일어나길 바란다.

존과 캐롤 애놋
'캐치 더 파이어' Catch the Fire 교회 창립 목사

하이디는 자신의 삶과 메시지, 그리고 우정을 통해 나를 흔들어 깨우고 위로해 주었으며 영감을 불어 넣었다. 최근에 저술한 그녀의 책 〈기적의 탄생〉은 자신이 겪은 일들을 통해 하나님의 능력을 전해 주는 매력적인 내용을 담고 있다. 이 책은 어릴 적에 꾸었던 꿈을 다시 기억나게 해주었을 뿐만 아니라 새로운 희망을 가질 수 있도록 도와주었다. 또한 내 영혼의 사랑, 예수아(Yeshua)를 향한 새로운 헌신과 희생의 순종을 이끌어 낼 수 있도록 해주었다.

이 책은 생생한 개인의 고뇌와 갈등을 그대로 담고 있지만 하나님의 격려가 가득한 한 권의 시편과 같다. 또한 주님을 경외하는 마음을 바탕으로 실제적인 삶을 그대로 투영하고 있는 한 권의 잠언과도 닮아 있다. 이 세상을 변화시킬 이라면 그가 젊은이이든 기성세대이든 상관없이 이 책을 강력히 추천하고자 한다. 이 책은 여러분이 꿈을 꾸고 기꺼이 위험을 감수하며 하나님께서 주신 삶의 목적을 이룰 때까지 그 자리에 머무를 수 있도록 인도해 줄 것이다. 젊은 리더들은 올바른 관점과 기대를 가지고 부르심의 여정을 시작할 수 있도록 힘을 얻게 될 것이다. 좌절과 절망의 시간들을 이겨내면서 말이다. 또한 성숙한 독자들은 그 대가가 어떠하든 회복된 사랑 안에서 믿음으로 채워지는 삶을 시작할 수 있게 될 것이다.

나의 경우 유대인과 이스라엘을 위한 하나님의 부르심이 다시 견고해지는 계기를 가지게 되었을 뿐만 아니라 신학적인 안전지대와 사역의 방향 그리고 명성까지도 다시 점검해 보는 시간을 가지게 되었다. 하이디의 책은 나 자신, 그리고 나의 생각과 재능을 뛰어 넘어 인도하시는 하나님의 방법이 있다는 사실을 알려 주고 있다. 나 역시 하나님의 약속을 온전하게 성취하라는 하이디의 권고를 따르려 한다.

토드 맥도웰
갈렙 컴퍼니(Caleb Company) 이사, www.calebcompany.org

"천천히 먹으라"(Eat Slowly)는 주제로 강연했던 하이디의 메시지를 들었던 적이 있다. 그곳에서 주님의 깊은 임재와 말씀 가운데 들어갈 때 절대로 서두르지 말라고 했던 기억이 난다. 〈기적의 탄생〉을 읽으며 이 책을 읽는 모든 이들이 '천천히 되씹어 보기'를 간절히 바란다. 그래서 모든 내용을 잘 소화하여 성령 충만한 메시지들이 자신의 피와 살이 될 수 있었으면 한다. 천천히 소화해 가며 이 책을 읽도록 다시 한 번 권유하는 바이다. 메시지 속으로 들어가 그 안에 머물러 있으라. 여러분이 먹은 그것이 바로 여러분이 되어 있을 것이다.

패트리시아 킹
XP 미니스트리 대표, www.xpmedia.com

하이디 베이커만큼 이 책에서 묘사된 마리아의 자세를 그대로 반영하며 살아가고 있는 사람을 본 적이 없다. 그녀는 이런 종류의 책을 쓸 수 있는 몇 안 되는 사람 중에 하나일 것이다. 〈기적의 탄생〉은 하이디가 우리의 이목을 집중시킬 만큼 엄청난 능력을 갖게 된 원칙들이 담긴 이야기로 가득한 놀라운 책이다. 놀라운 사역들을 그대로 실어 놓은 놀라운 책인 것이다. 하나님의 말씀을 온전하게 이해하려면 어떻게 해야 할지 알고 있는 박사 학위를 가진 존경 받는 학자이기도 한 그녀는 또한 이 책에 기록한 대로 진리의 경험을 통한 지식을 가지고 있다.

믿음을 기반으로 한 이 책은 하나님과 더 친밀해지기 위한 방법에 대한 실제적인 내용을 다루고 있으며, 선교를 사랑하는 사람들을 위해 쓴 책이다. 하나님의 임재를 사랑하는 사람들을 위해서, 또한 기적과 치유를 통해 역사하시는 하나님의 능력을 배우기 원하는 사람들을 위한 책이기도 하다.

여러분의 서재에 이 책 한 권은 꼭 소장해서 여러 번 읽기를 권유한다. 나는 이 책에서 다룬 하나님의 위대하신 역사에 대한 산 증인이기도 하다. 롤랜드와 하이디의 사역을 통해 모잠비크에서 죽었던 사람이 살아난 것을 직접 목격한 적이 있다. 또한 한 저녁 집회에서 모든 청각 장애인들이 그녀의 기도를 통해 귀가 열리는 것을 보기도 했다. 평범한 주일 아침 예배에서 앞을 보지 못했던 장님이 눈을 뜨는 사건을 경험한 적도 있다. 죽은 사람이 살아나고 눈 먼 사람이 눈을 뜨며 귀 먹은 사람이 듣게 된 모든 사건은 하이디 때문이 아니었다. 그것은 하나님께서 하신 일이었다. 하지만 나는 예수님의 친구인 하이디를 나의 친구로 둔 것이 매우 자랑스럽다. 예수님과의 친밀한 관계를 통해 그분과 함께 일하는 특권을 얻었고 예수님께서 원하시는 일이 무엇인지 듣고 그대로 전하는 하이디가 친구인 것이 기쁘다. 이 책을 읽고 모잠비크로 가서 그 옛날 마게도니아 사람의 부르짖음과 같은 모잠비크 사람들의 울음소리를 직접 들어보기 바란다.

랜디 클락
글로벌 자각과 사도적 네트워크 (Global Awakening and the Apostolic Network of Global Awakening) 창립자, 대표

나사렛이라는 작은 동네 출신 한 시골뜨기 소녀의 삶을 통해 어떻게 모든 세대에 걸쳐 수 백만 명의 사람들을 더 나은 곳으로 인도할 수 있었을까? 이 책에서는 마리아가 하나님께 놀라운 방법으로 사용될 수 있었던 자세와 마음 그리고 원칙들에 대해 명확하고도 강한 어조로 이야기하고 있다.

하나님의 음성을 들었을 때 마리아가 걸었던 그 길을 그대로 따랐던 라구나 비치 (Laguna Beach) 출신의 한 어린 소녀가 어떻게 전심으로 하나님을 구하게 되었으며 자신에게 하신 말씀을 담대하게 믿고 꺼지지 않는 열정으로 그분을 사랑하게 되었을까? 그녀가 지구상에서 가장 가난하며 위험천만한 곳에서 하나님을 섬기기 위해 모든 것을 희생한 결과, 버려지고 외면당해 왔던 수만 명의 어린이들이 사랑 받는 존재가 되었고, 전 세계적으로 유명한 아이리스 센터 (Iris Center)에서 보살핌을 받게 되었다.

지난 30여 년 동안 하이디와 예수님이 사랑하시는 그녀의 남편 롤랜드를 친애하는 친구라고 부를 수 있는 특권을 가짐에 감사한다. 하나님께서는 나와 다른 이들의 삶 속에서도 놀라운 일들을 이루고 계시지만 우리가 살고 있는 세상 속에서 수백 만 명의 '지극히 작은 자들'을 사랑하고 섬기는 데 자신의 모든 것을 내어 놓은 하이디와 롤랜드를 가슴 깊이 존경한다.

이 책을 읽는 이들에게 성령님께서 그분의 은혜와 부르심으로 임하실 때 받아들일 수 있는 통찰력과 평안이 함께할 것이라 믿는다. 그래서 독자들 역시 이 세대에 하나님의 영광을 위하여 자신에게 맡겨진 수많은 영혼들의 삶 가운데 변화를 일으킬 것이라고 믿는다.

멜 태리
'권능의 바람처럼'(Like a Mighty Wind) 저자

하나님의 약속을 실제로 이행하는 것에 대해 하이디 베이커가 이야기를 나누었던 한 집회를 아직도 기억하고 있다. 그녀는 예수님의 어머니 마리아의 삶을 엿볼 수 있도록 우리 모두를 초대한 바 있다. 그녀의 메시지는 깊숙하게 내 안에 각인되었다.

이 책을 읽자마자 진리와 겸손, 인내와 약속에 관해 그 당시 하이디가 직접 이야기했던 내용을 다시 듣는 것만 같았다. 그리고 나서 답하기 어려울 것 같은 질문 몇 가지를 읽기 시작했다. 도대체 이 어린 소녀가 하나님과 함께 맺은 약속을 이루어 가는데 "예"라고 대답할 수 있도록 만든 것은 무엇일까? 어떻게 마리아는 자신의 작은 틀 안에서 자라기 시작하는 그 약속을 모든 사람들이 세심하게 직접 볼 수 있도록 일상의 삶을 살아갈 수 있었을까? 하이디는 어린 아이도 이해할 수 있는, 하지만 신학자들도 깊이 숙고해 볼 만한 심오한 진리를 드러낼 줄 아는 의사소통의 은사를 가졌다.

이 책의 각 장을 읽으며 작은 소리로 "예"라고 대답하며 나의 작은 이 순종의 삶이 하나님 앞에 세어진 바 되었다는 사실을 다시 기억하게 되었다. 이 책은 그녀가 사랑하는 왕께서 동일한 순종을 할 수 있도록 모든 사람을 초대하려는 시기에 적절하게 등장했다.

줄리 메이어
국제 기도의 집(International House of Prayer) 찬양 인도자

달빛 하나만을 의지한 채 오랫동안 복음이 전해지지 않았던 해변가 마을을 향해 하이디와 함께 고무보트 하나에 몸을 의지했던 그날 밤을 절대 잊을 수 없다. 제법 떨어진 곳에서 아이들의 우는 소리가 들려 오고 이 아이들은 지난 몇 년 동안 아이디와 롤랜드의 헌신적인 사랑을 통해 예수님을 알기 시작했었다. 그래서 예수님을 전혀 알지 못했던 이 마을은 한 명도 빠짐 없이 모두 성령 충만한 믿음의 사람들로 가득 차게 되었다.

나는 직접 눈으로 본 모든 것에 압도되고 말았다. 달빛 아래에서 작은 체구의 금발 여인이 땅바닥에 주저 앉아 아이들을 안고는 성경 구절을 읽어 주고 찬양하며 아픈 곳을 위해 기도하는 그 모습에 깊은 감명을 받은 것이다.

기름 부으심은 하나님께서 거저 주시는 선물이다. 하지만 이 기름 부으심에는 반드시 대가가 뒤따른다. 사역을 위해서는 그만큼의 희생이 요구되는 것이다. 하나님의 부르심을 이루어 가는 것은 항상 쉽지만은 않다. 또한 그렇게 편하지도 않다. 이 책의 페이지를 넘기면서 한 여인과 그녀의 가족에 얽힌 이야기에 눈을 뗄 수 없을 것이다. 그리고 하나님의 부르심에 응하고 이를 완수하기 위해 그들이 지불해야 했던 대가를 보게 될 것이다. 나는 베이커 부부와 함께 모잠비크와 아프리카에 다녀온 적이 있다. 그리고 직접 그들의 삶을 지켜 보았다. 하나님의 부르심에 순종하기 위해 그들이 쏟아 부은 희생과 깊은 고통을 직접 지켜 본 것이다. 또한 고난과 희생 속에서 영광스러운 열매와 엄청난 하나님의 영광이 함께하는 것도 보았다.

하나님의 부르심에 대한 순종과 하나님의 온전한 임재 안에서 비롯된 부르심을 바라보는 여러분의 마음과 관점은 예수님과 그분의 자녀들을 위해 자신의 인생을 송두리째 내어 드린 한 여인의 영감 어린 간증을 통해 변화를 받게 될 것이다. 하나님의 마음과 비전을 실천해 가는 데 필요한 현실적인 조건뿐만 아니라 현실 속에서 발견할 수 있는 그 비전이 실체가 될 수 있도록 만드는 것이 무엇인지 배우게 될 것이다. 뿐만 아니라 하나님으로부터 온 비전을 받는 방법과 그 비전을 태어나게 하고 자라날 수 있도록 하기 위해 필요한 순종과 발견의 기쁨을 배우게 될 것이다.

하나님 안에서의 부르심과 그 운명의 길로 걸어 들어가는 것이 무엇인지 진정으로 발견하기 원하는 모든 이들에게 이 책을 강력하게 추천한다. 하이디와 롤랜드 베이커는 나에게 있어 믿음의 영웅들이다. 온 마음을 다해 이들을 사랑하며 여러분의 삶 또한 이 책의 각 페이지와 함께 변화될 것이라 믿는다.

매트 소저
'삶을 향한 능력'(Power for Life), 저자이자 TV 진행자

이 책에 등장하는 인물들은 위험한 지역에서 감당하고 있는
사역의 특수성으로 인해 예명을 사용했음을 밝힌다.

이 책을 사랑하는 가족에게 헌사한다. 엄청난 인내를 가진 용감한 남편 롤랜드, 영광스러운 하나님의 약속을 이루어 가고 있는 딸 크리스탈린과 우리 딸을 위해 하나님께서 보내 주신 사위 브록 휴먼, 그리고 내가 아는 크리스천 중 가장 깊은 영성을 소유했으며 이 책의 편집을 위해 엄청난 도움을 준 탁월한 아들 일라이샤에게 이 책을 바친다.

이 책의 편집과 영감을 불어 넣는 데 도움을 준, 영으로 낳은 소중한 딸 젠 미스코브 박사에게 감사를 전한다. 그리고 정전과 인터넷이 다운되는 밤마다 내 옆에서 함께하며 초콜릿으로 힘을 북돋아 주었던 로라 타란토와 세 번째 마감일 마지막 시간까지 매일 밤 매 순간 함께해 주셨던 성령님께 특별히 감사의 마음을 전하고 싶다.

전 세계 30개가 넘는 나라에서 하나님을 향한 거룩한 사랑으로 충직하게 자신의 삶을 바쳐 섬기고 있는 아이리스 국제 단체 가족들에게도 이 책을 바친다.

마지막으로 이 책에 담긴 하나님의 약속을 이행하기 위해 나와 함께 사랑의 수고를 아끼지 않고 있는 가장 친한 친구 아니아에게 이 책을 헌정한다.

목차

빌 존슨의 서문 ········· 16

1. 약속을 굳게 잡으라 ········· 21
2. "예"라고 대답하라 ········· 35
3. 비밀의 장소 ········· 45
4. 더 깊이 머물러 있기 ········· 63
5. 그분 안에 거하라 ········· 87
6. 대가 지불하기 ········· 105
7. 넘치게 받은 사랑 ········· 131
8. 겸손의 필요성 ········· 155
9. 포기하지 말라 ········· 167
10. 불가능한 것을 믿으라 ········· 187
11. 그분의 안식에 들어가라 ········· 209
12. 당신 앞에 있는 기쁨을 취하라 ········· 231
13. 초자연적인 탄생 ········· 267

서문

〈기적의 탄생〉과 같은 책을 쓸 수 있는 사람은 극히 드물다. 쓸 수 있다고 할지라도 이렇게 잘 쓸 수 있기는 어려울 것이다. 그럴 수밖에 없는 이유는 교회사를 통틀어 현대에서도 이렇게 초자연적인 삶을 살아 왔던 작가가 그리 많지 않기 때문이다. 삶의 방식이 성경 속의 기적을 그대로 담고 있는 그런 경우 말이다. 나는 이 책을 쓴 작가의 삶을 직접 보아 왔다.

롤랜드, 그리고 하이디 베이커와 우정을 다져 온 지 벌써 16년이라는 시간이 흘렀다. 하나님에게 온통 마음을 다 빼앗겨 버린 이 두 사람은 다른 이들은 상상할 수 조차 없는 그런 돌파구를 헤쳐 왔고 나는 이를 지켜 보아 왔다. 모잠비크에 방문했던 일을 결코 잊을 수 없다. 이곳에서 펨바의 한 도시에 위치한 아이리스 글로벌 센터로 찾아온 두 명의 맹인을 마주하게 되었다. 잠깐 동안 그들을 위해 기도했고 이때 하이디는 다음과 같이 말했다.

"내일 다시 오세요. 여러분은 볼 수 있게 될 것입니다."

다음날은 주일이었다. 새벽 동이 터 오르고 주일 예배 가운데 하나님의 선하심을 기념하는 축제의 장을 즐기기 위해 각 지역에서 많은 이들이 몰려 들어오고 있었다. 주님을 믿는 예수님의 몸 된 교회의 예배는 열정이 가득 차 한 번 시작하면 좀처럼 끝날 줄을 몰랐다. 단순한 종교의식이 아닌 하나님을 향한 사랑의 증표였던 것이다.

바로 이러한 예배 가운데 두 명의 맹인이 다시 찾아 왔다. 두 명 가운데 한 명은 눈 전체가 아예 하얀색이었는데 무척이나 생소하게 느껴졌다. 눈동자도 홍채도 전혀 존재하지 않았다. 짧은 기도 이후 이 두 사람은 다시 볼 수 있게 되었다. 그리고 온통 흰자위만을 가졌던 사람에게 아름다운 새 눈동자가 생겼다. 그날 두 사람은 기쁨으로 예수님을 영접했고 세례를 받았다. 그리고 세례 받은 바다 건너편에 사는 새로운 믿음의 공동체 안에 속하게 되었다.
정말 아름다웠다. 그리고 완벽했다.

베이커 부부는 이 세상에서 가장 절박한 환경 속에서 하나님의 사랑을 나타내기 가장 어려운 상황들을 직면하려 하기 때문에 그들이 다른 이들과 나누는 비극과 슬픔보다도 훨씬 더한 현실을 경험하고 있다. 그 어느 누구도 롤랜드와 하이디 베이커보다 더한 믿음의 도전들을 직면하지는 못했을 것이다. 하지만 그들은 엄청난 기쁨을 경험하고 있다. 나는 이들이 선하신 하나님께서 부어주시는 넘치는 은혜와 역경을 극복할 수 있는 능력을 통해 끔찍한 고통들을 모두 뛰어 넘어서는 것을 보았다.

내가 이러한 이야기들을 나누는 이유는, 독자들이 이 책을 그저 여러 만남 중에 괜찮은 만남, 긍정적인 만남 정도로만 여기지 않았으면 해서이다. 또한 수업시간에나 얻을 수 있는 학식을 기대하지 않기 바란다. 이 책은 고통의 불꽃 가운데 엄청나게 쏟아 부은 눈물로 엮은 것이다. 그러나 무엇보다도 성경에서 전하는 아름답고도 능력 있는 하나님 나라의 복음을 접하게 될 것이다. 여러분 가운데 이 책은 특별한 은사를 가진 사람들을 위해서 베이커의 사역을 통해 보살핌을 받은 그리스도의 군사들이 불가능한 상황 가운데 기적을 일으킨 몇 가지 이야기들을 엄선한 것이라 여길지도 모르겠다.

서문에서 밝히는 이야기들을 통해 여러분 모두가 하나님의 약속을 이행하며 살아갈 수 있는 통찰력과 핵심 가치들을 거저 소유할 수 있도록 만든 하이디의 진가를 더 잘 알 수 있게 될 것이다. 여러분이 어느 곳에서 살든 인생의 어디쯤에 속해 있든 그에 맞는 격려와 지혜를 얻게 될 것이다. 그녀의 인생을 통해 하나님께서 주신 약속이 성취될 때까지 그 약속을 붙잡고 살아가는 것이 얼마나 중요한지 보게 될 것이다.

수 년 동안 예수님의 어머니였던 마리아가 말세에 이 세상에 기적을 낳게 한 사건을 통해 특별한 삶의 양식을 어렴풋이 엿 볼 수 있었다. 하이디는 이를 보여 주는 작업을 훌륭하게 해내었다. 하이디는 마리아가 수많은 극한 상황 속에서 그녀의 마음과 삶을 어떻게 내어 드렸는지 아주 가까이에서 조명해 내었다.

마리아처럼 여러분 역시 불가능해 보이는 약속을 하나님께로부터 받아서 주위를 둘러싼 이들에게 조언을 구하고 있거나 이전에 전혀 경험해 보지 못한 지혜를 구하고 있다면 이 책을 통해 하나님 아버지께 더 가까이 나아 가는 데 도움을 얻게 될 것이다. 그리고 주어진 인생의 여정 가운데 뛰어들 수 있는 엄청난 도구들을 얻게 될 것이다.

하이디는 여러분의 인생 여정 가운데 하나님과의 친밀함을 유지할 수 있는 핵심적인 열쇠를 전해 줄 것이다. 그리고 하나님을 향한 사랑 가운데 머물러 순종하며 모든 것을 다 내려 놓을 수 있도록 여러분을 인도할 것이다. 이렇게 살아가는 것은 전혀 두려워할 일이 아니며 가장 어려운 시기에 어떻게 소망을 붙잡고 인내할 수 있을지도 알게 될 것이다. 하이디와 롤랜드의 삶이 이를 그대로 보여 주고 있으며 이것이야말로 이 부부가 하나님 안에서 성공한 삶을 살 수 있게 된 근원이라 믿는다.

주님께서는 하이디에게 이렇게 말씀하셨다.

"함께 일할 때 추수할 수 있게 될 것이다."

하이디는 그리스도의 몸인 공동체가 함께 주님의 약속을 이루어갈 때 얻게 되는 기쁨과 능력에 대해서 설명하고 있다. 그리고 다음 세대를 일으켜 그들의 운명을 향해 달려갈 수 있도록, 그리고 이 세상 가운데 한 세대를 뛰어 넘어 하나님의 사랑을 배가시키려 하는 그녀의 비전도 함께 나누고 있다.

이 책을 통해 하나님 안에서 다음 발걸음을 걸어가기 위한 통찰력과 격려, 그리고 확신을 얻길 바란다.

빌 존슨

벧엘 교회 (Bethel Church) 담임 목사,

〈하늘이 땅을 침노할 때〉(When Heaven Invades Earth) 와

〈하나님의 임재〉(Hosting the Presence) 저자

1장
약속을 굳게 잡으라

여섯째 달에 천사 가브리엘이 하나님의 보내심을 받아 갈릴리 나사렛이란 동네에 가서 다윗의 자손 요셉이라 하는 사람과 약혼한 처녀에게 이르니 그 처녀의 이름은 마리아라. 그에게 들어가 이르되 "은혜를 받은 자여 평안할지어다. 주께서 너와 함께 하시도다" 하니 처녀가 그 말을 듣고 놀라 이런 인사가 어찌함인가 생각하매 천사가 이르되 "마리아여, 무서워하지 말라. 네가 하나님께 은혜를 입었느니라. 보라 네가 잉태하여 아들을 낳으리니 그 이름을 예수라 하라. 그가 큰 자가 되고 지극히 높으신 이의 아들이라 일컬어질 것이요. 주 하나님께서 그 조상 다윗의 왕위를 그에게 주시리니 영원히 야곱의 집을 왕으로 다스리실 것이며 그 나라가 무궁하리라."

| 누가복음 1:26~33 |

나는 북부 모잠비크에 살고 있다. 그리고 매 주마다 오지 마을을 방문하여 시간을 보내곤 한다. 그리고 전기와 수도도 없고 세상 바깥에서 무슨 일이 일어나는지 알지 못하는 마을에서의 단순한 삶에 이미 익숙해져 있다.

마리아가 살고 있던 동네도 이 작은 아프리카 지역과 그다지 다를 것 같지는 않다는 생각을 종종 하곤 한다. 천사가 마리아에게 나타났을 때 도대체 그녀는 무엇을 하고 있었을까? 아마도 평상시 늘 해왔던 일들로 바빴을지도 모른다. 우물에서 물을 길어 빨래를 하고 장작 불 앞에서 생선 요리를 하느라 분주하지 않았을까?

그날 마리아는 자신과 세상을 뒤엎을 만한 천사의 만남을 기대하고 있지는 않았을 것이다. 만약 여러분 앞에 천사가 나타나 "네가 하나님께 은혜를 입었느니라"라고 말한다면 어떻게 하겠는가?

나는 천사들을 본 적이 있다. 주님의 강한 임재가 모든 사람의 무릎을 꿇게 만들 정도로 방 안 가득한 것을 느꼈던 적이 있다. 대부분의 사람들은 경이로움으로 놀랐고 거룩한 하나님 앞에서 떨고 있었다.

마리아의 반응도 이와 다르지 않았을 것이다. 신경을 곤두세운 채 놀라서 부들부들 떨고 있었다. 성경은 그녀의 반응에 대해 이렇게 기술하고 있다.

"그 말을 듣고 놀라"

마리아가 자신의 인생 가운데 깜짝 놀랄 만한 엄청난 일을 거뜬히 해 낼 준비가 이미 되어 있었을 것이라 생각하지 않는다. 그저 하나님을 사랑했던 평범한 십대 소녀였을 것이다. 마리아도 우리와 별반 다를 것이 없는 작은 질그릇에 불과했다.

갑자기 천사가 방에 나타나 하나님의 은혜로 아기를 가지게 될 것이라는 말을 하는 순간 그녀가 무엇을 어떻게 할 수 있었겠는가? 부모님께는 도대체 어떻게 말해야 할까? 이런 식으로 말씀드릴 수 있을까?

"엄마, 저에게 어떤 일이 일어났는가 보시고 함께 기뻐해 주세요! 천사가 와서 지금 제가 아기를 가지게 되었어요! 우리 모두 함께 잔치를 열어요!"

게다가 그녀에게는 정혼자가 있었다. 그에게는 무엇이라 말할까?

"요셉, 당신에게 뉴스 하나를 전하고 싶어 못 견디겠어요! 정말 너무나 기뻐서 어쩔 줄 모르겠어요! 하나님께서 나에게 은혜를 주셨어요. 그래서 이세 아기를 가지게 될 거예요. 당신의 아이가 아니지만 걱정하지 마세요. 그 아기는 하나님의 놀라운 선물이에요. 너무나 행복하지 않나요?"

우리는 누구 할 것 없이 하나님으로부터 말씀을 받고 싶어 한다. 하지만 과연 마리아가 들었던 이런 종류의 말씀을 기대하고 있는가? 많은 사람들은 삶 속에서 기적이 일어나길 원한다. 하지만 마리아의 예를 살펴본다면 엄청난 기적은 엄청난 골칫거리를 동반한다. 마리아에게 주어진 선물은 너무나 가혹한 결과를 초래하게 되었다. 사실 그녀는 일정 기간 자신의 몸을 숨길 수도 있었다. 하지만 그녀에게 주어진 약속은 드러날 수밖에 없었고 자신에게 일어난 일들을 솔직하게 말해야만 했다. 과연 성령님이 임하셔서 아기를 가지게 되었다는 이야기를 전했을 때 얼마나 많은 사람들이 그대로 믿어 주었을까?

하나님의 약속은 가끔 이상하고 타당해 보이지 않으며 심지어는 미친 것처럼 보이기도 한다. 이런 약속들은 우리 주위를 둘러싼 다른 이들에게 오해를 사기도 하고 비난의 원인이 되기도 한다.

도대체 어떤 은혜인가?

인생 가운데 하나님의 은혜를 입기 원한다면 그것이 어떤 식으로 펼쳐질지 심각하게 고민해 볼 필요가 있다. 하나님의 은혜는 재정적인 축복이나 출세, 그리고 내가 원하는 것이 이루어지는 쪽으로만 나타나는 것이 아니다. 한 평범한 유대 소녀는 아기를 가지게 되면서 하나님의 은혜를 경험했다. 끔찍한 가십과 비판 그리고 자신이 속한 사회에서 매장될 수도 있다는 위험 요인을 안고 있었다. 하지만 이런 오해와 고통 속에서 그녀가 먼저 할 수 있는 것은 태중의 생명을 먹이고 보호하며 사랑하는 것뿐이었다.

하나님께서 이렇게 평범하지 않은 방법으로 말씀하신다면, 그리고 이상한 과제를 수행해야 하고 기대하지 않았던 곳으로 가라고 하신다면, 가족과 친구들에게 이에 대해 말하는 것을 주저하게 된다. 다른 사람들이 어떻게 반응할까 신경 쓰는 것은 어찌 보면 자연스러운 현상이다. 천사를 만났고 자신에게서 하나님의 놀라운 약속인 생명이 자라고 있으며 자신이 처녀가 아닐 뿐만 아니라 그 아이가 하나님의 아들, 이스라엘의 메시아라는 사실을 가족에게 말해야 했을 때 마리아는 어떤 심정이었을까?

단순하지 않은 일들을 사람들에게 어떻게 설명해야 할까 고민할 때가 종종 있다. 폭격으로 완전히 파괴된 제 3국의 극빈층이 거주하고 있는 길거리로 나아가기 위해 모든 것을 버려야 할 것이라는 말씀은 모든 사람에게 주어지는 게 아니다. 또한 40일 금식에 대해 모두가 다 이해해야만 한다고 생각하지도 않는다. 돌을 맞게 될 것이라는 것을 알면서 그곳에서 예수님을 전하기 위해 설교해야만 하는 상황을 모든 사람이 이해할 수 있을까? 인도의 성 매매 산업의 희생자를 위해 자신의 모든 삶을 바치거나 하버드나 예일 같은 곳에서 복음을 위해 모든 것을 걸고 제자 사역을 하는 일들 역시 모든 사람의 이해를 얻기 어려울 수도 있다.

진실은 이렇다. 우리가 걸어가야만 하는 운명을 가족이나 친구들이 다 이해할 수 없을 때도 있다는 것이다. 그렇다고 해도 계속 그 길을 걸어가고 있다면 십 년 혹은 이십 년 이후에 이해하게 될지도 모르는 일이다.

열여섯 살이 되던 해에 나에게도 성령님께서 찾아 오셨다. 그리고 가장 먼저 내게 일어난 일은 모든 친구들을 잃게 된 것이다. 하나님의 부르심에 대해 가족에게 이야기했을 때에도 그들은 공감해 주지 않았다. 그리고 내가 광신도가 되었다고 생각했다. 이뿐만이 아니었다 전심으로 사랑했던 남자 친구와도 헤어져야 했다. 주님께서는 그가 내 미래의 남편이 아니라고 말씀해 주셨다.

몇 해가 지난 후 지금의 남편인 롤랜드를 만나게 되었다. 우리는 결국 결혼하게 되었고, 30달러와 편도 티켓만을 손에 쥔 채 곧바로 선교지로 떠나게 되었다. 아시아와 영국, 그리고 아프리카 둥지에서 가난하고 상처 입은 사람들을 위해 사역을 했고 한 명씩 하나님 나라로 인도할 수 있는 기회를 가지게 되었다.

부모님이 내가 하고 있는 일들에 대해 묻기 시작한 것은 한참이나 지난 후였다. 하지만 이 세상에 계실 동안 두 분 모두 예수님께로 인도할 수 있는 놀라운 기쁨을 누리게 되었다. 아버지는 놀랍게도 일흔두 살의 연세에 목사 안수를 받으셨고 아버지가 돌아가시자 어머니는 모잠비크에서 몇 달 동안 나와 함께 지내면서 아이들에게 영어도 가르치시고 우리의 사역을 기쁨으로 도와주시기도 했다. 하나님께서 모두 회복시켜 주신 것이다!

하나님께서 맡겨 주신 도시!

내가 열여덟 살이 되었을 때 남부 캘리포니아 대학 (현 뱅가드 대학: Vanguard University)의 한 모임에 참석한 적이 있다. 이 모임을 통해 내 인생은 더욱 더 열정으로 가득 차게 되었다.

그 모임에서 강연자가 너무 교만하다고 여겨져서 무척 당황하고 흥분했었던 기억이 난다. 나는 초대했던 단체에서 사역하고 있었고 가장 앞자리에 앉아 있었기 때문에 자리를 박차고 떠날 수 없었을 뿐 그가 하는 말은 도무지 받아들일 수 없었다. 그가 하는 말들은 모두 믿을 수 없었고 그저 어이가 없을 뿐이었다. 앞에 선 그는 너무나 당당하게 하나님께서 도시를 통째로 주셨다고 말했다. 그것도 두 번씩이나 말이다.

"하나님께서 나에게 도시를 주시겠다고 말씀하셨습니다!"

그런데 이 강연자가 얼마나 교만할까를 생각하는 중에 갑자기 두 천사가 눈앞에 보이기 시작했다. 하나는 그의 왼편에, 다른 하나는 오른편에 나타난 것이다. 뿐만이 아니었다. 그의 뒤에 너무나 밝게 빛나는 광채와 함께 예수님이 서 계셨다.

이 모든 것이 눈앞에서 너무나 생생하게 보였다. 나는 분명히 깨어 있었고 주변의 다른 사물과 사람들도 동시에 분명하게 다 볼 수 있었다. 예수님은 나를 가리키며 이렇게 말씀하셨다.

"그의 말을 들어 보렴. 그는 지금 진실을 말하고 있단다!"

강연회 이후 나는 도저히 수업에 들어갈 수 없었다. 맨 앞자리에서 예배실 뒤편의 작은 기도실까지 거의 기어가다시피 걸어가 온 종일 내 영혼 가장 밑바닥에서부터 하나님을 예배하였다. 흐느끼며 만약 그것이 사실이라면 나에게 한 나라를 주시기를 하나님을 향해 울부짖었다. 다른 누군가에게 도시를 주실 수 있는 분이라면 한 나라도 주실 수 있는 분이라고 확신했기 때문이다. 그리고 그 시간 이후로 나의 삶은 송두리째 바뀌게 되었다.

100만 달러 집회

토론토 항공 기독교 연합 교회 (*Toronto Airport Christian Fellowship*, 이하 *Catch the Fire*)에서 랜디 클락 목사님에게서 안수를 받은 것은 20년 정도의 시간이 흐른 뒤였다. 거기에서 그는 이렇게 말했다.

"하나님께서 이렇게 말씀하시네요. 당신은 모잠비크라는 나라를 원하고 있습니까?"

남편 롤랜드와 나는 하나님의 은혜를 더욱 더 간절히 원했기에 캐나다에서 일어나는 부흥의 자리에 찾아왔다. 이 자리에 참석하기 위해서는 포기해야 하는 것이 있었다. 한 대형교회에서 만약 우리가 토론토로 간다면 새로운 아동센터를 위해 준비한 100만 달러에 이르는 후원을 무효화시킨다고 엄포를 놓았기 때문이다. 이 교회는 토론토에서 일어나는 일들에 대해 신학적으로 반대하는 교회들 가운데 하나였다. 어떠한 방식으로든 이러한 운동에 얽히고 싶어하지 않았고 우리를 통해 간접적으로 연관이 되는 것도 원하지 않았다.

우리는 재정적인 지원이 절실하던 참이었다. 아프리카의 한 지방 정부의 관료들이 어린이센터의 아이들을 때리고 센터와 모든 소유물을 하루 만에 다 빼앗아가 버렸을 때 이미 아프리카에서 가까이 지내던 모든 이들과의 관계가 끊어져 버렸기 때문이다. 가족과 스태프들, 그리고 320여 명의 아이들은 집도 없이 쫓겨 났다.

그런데 이 대형교회는 우리가 다시 토론토나 펜사콜라 혹은 그 이외의 다른 곳에 있는 부흥하는 교회들을 방문해서 그들의 후원비를 받지 않겠다는 약속을 지키고 서약서에 사인을 하기 원했다.

하지만 엄청난 재정적 압박에도 불구하고 우리의 선택은 그리 어렵지 않았다. 우리에게는 하나님의 임재가 가장 절실했기 때문이다. 어떠한 대가를 치르더라도 말이다. 토론토에서 열리는 다음 집회에 다시 참석하는 비용이 100만 달러가 든다고 해도 상관 없었다.

어찌 되었든 후원하기로 했던 교회의 목사는 여전히 우리에게 너무나 소중한 존재였고 우리는 계속해서 그의 사역을 존중했다. 그리고 결국 그와 화해하게 되었다. 그가 하나님의 영을 직접 몸으로 경험했던 사람들과 토론토에서 일어났던 여러 현상들 가운데 많은 부분을 이해하지 못했지만 말이다.

랜디 클락은 집회에서 불 같은 열정으로 하나님께서 우리에게 부어주기 원하시는 기름부음과 권능, 그리고 부르심에 대한 확신에 대해 설교하고 있었다. 그런데 설교 도중 갑자기 하나님을 향한 나의 간절한 마음을 느끼기 시작했다. 집회 중 앞으로 나오라는 부름도 없었고 설교 중간에 잠시 휴식 시간도 없었지만, 수천 명이 바라보는 가운데 강단 앞으로 달려 나가야만 할 것 같았다. 결국 나는 앞으로 달려나가 무릎을 꿇고 손을 들며 소리를 지르기 시작했다.

내가 도대체 무엇을 하고 있는지 이해할 수 없었다. 그토록 거친 행동을 하다니 도저히 믿을 수 없었다. 평소라면 절대로 그런 행동을 할 수 없었겠지만 성령님께 사로잡힌 나에게 다른 사람의 생각은 그다지 중요하지 않았다. 하나님의 임재를 간절히 바라는 마음뿐이었다.

랜디는 설교를 멈췄다. 그리고 나에게 손을 얹더니 이렇게 말했다.

"하나님께서 이렇게 말씀하시네요. 모잠비크라는 나라를 원하십니까?"

나는 있는 힘껏 큰 소리로 외쳤다.

"예!"

그는 다시 말을 이었다.

"눈 먼 사람이 보게 될 것이고 듣지 못했던 사람들이 듣게 될 것이며 다리를 저는 사람들이 걷게 될 것입니다. 그리고 죽은 사람들이 살아나고 가난한 사람들이 복음을 듣게 될 것입니다."

하나님의 권능이 마치 번개처럼 나를 강타했고 나의 몸은 떨고 있었고 소리를 지를 수밖에 없었다. 죽을 것 같은 그런 기분이었다. 하나님의 임재를 느낀 나는 이렇게 읊조렸다.

"그래요. 저는 죽기를 원합니다."

하나님께서 나를 죽이기 원하신다고 믿었다. 하지만 나를 죽도록 내버려 두시지 않았다. 하나님께서는 우리가 죽고 그분의 영광의 능력으로 부활하기를 원하신다. 새 생명을 주시고 우리의 인생은 더 이상 내 것이 아니므로 온전히 하나님께 드려지길 원하신다.

"예!"라고 외쳤을 당시 나의 심장은 곧장 하나님의 손에 들려졌다는 사실을 생생하게 기억하고 있다. 스스로 결정했던 것이 아니다. 만약 내 의지가 조금이라도 반영되었다면 "아니오!"라고 소리쳤을 것이다.

이 일이 있은 후 일곱 날과 일곱 밤을 꼬박 하나님의 임재와 권능을 그대로 느끼며 지냈다. 그래서 내 스스로 아무 것도 할 수 없었다. 걷지도 말할 수도 움직일 수도 없었다. 성령님께서 말씀해 주셔서 다른 이들이 내게 목을 축일 수 있게 물을 먹여 주었고 나는 휴게실로 옮겨졌다.

많은 사람들이 웃었다. 이 모든 상황이 그저 우습게 여겨졌을 것이다. 하지만 나에게는 전혀 우스운 일이 아니었다. 권능과 거룩을 동시에 경험했던 시간이었다.

이러한 기름 부으심 이후 우리는 모잠비크로 돌아갔다.

그리고 시간이 지날수록 이전보다 더 힘겨운 일들이 닥쳐왔고 우리는 이를 극복해 내야만 했다. 롤랜드와 딸은 여러 차례 심각한 말라리아를 앓았고 나는 다발성 경화증 진단을 받기에 이르렀다. 재정 상황은 갈수록 악화되었고 모잠비크의 아이들은 밤마다 벌레와 쥐가 발가락을 물어 뜯는 천막 속에서 살아야만 했다.

하지만 하나님께서 내게 주신 말씀을 계속해서 붙들었다. 이 기간 동안 모잠비크에서 만난 모든 맹인들이 볼 수 있게 해달라고 기도했다. 그들은 모두 예수님을 만났지만 실제로 앞을 보게 된 사람은 아직 한 명도 없었다.

이렇게 한 해가 지났다. 그리고 하나님께서 하늘 문을 여셨다. 하나님께서 주신 말씀이 실제로 이루어지기 시작했다. 맹인들이 보기 시작했고 듣지 못했던 사람들이 듣게 되었다. 그리고 다리를 절었던 사람들이 똑바로 걷게 되었다. 우리 모잠비크 목사님들 가운데 세 명이 죽은 사람들을 다시 살아나게 했다. 교회는 폭발적으로 성장했다. 우리의 교회 역사는 생생한 기적의 이야기들로 가득하게 되었다.

하나님께로부터 받은 말씀으로 우리는 홍콩과 영국에 각각 하나의 교회를, 그리고 모잠비크에 두 개의 교회를 개척하게 되었다. 이것은 여러 해 동안의 사역이 이루어낸 가시적인 열매이다. 우리에게는 두 개의 작은 모잠비크인 교회가 있었는데 그 가운데 하나는 주일 점심 전에 센터의 어린이들이 참석해야 하는 교회였고 다른 하나는 쓰레기 처리장에 있는 교회였다.

그런데 하나님의 말씀이 이루어지기 시작하면서 모잠비크와 그 주변에 약 1만 개 이상의 교회들이 세워지게 되었다. 그리고 전 세계 30여 개 국 이상에 우리의 사역이 퍼져 나가게 되었다. 새롭게 개척된 교회 수 천 개가 모잠비크 북부 가운데에서도 멀리 떨어진 카보 델가도라는 지역에 위치하고 있는데 이곳은 우리 가족에게 또 다른 고향이자 마쿠아와 마콘데 부족의 터전이기도 하다. 이 지역은 남동부 아프리카에서 가장 큰 미전도 종족이 살고 있던 곳이다.

하나님께서 모잠비크라는 나라 전체가 그분을 알기 원하신다고 나에게 말씀하셨을 때 내게 도움을 구하신다는 것 자체가 이상한 일이라고 생각했다. 세상적인 기준으로 본다면 우리의 사역은 매우 제한적인 성공을 거둔 것이다. 약속하신 말씀은 너무나 엄청나서 감히 상상조차 할 수 없는 것인데 반해 우리는 그저 몇 가지의 기적들을 보았을 뿐이다. 이런 모든 경험들이 나에게 무척이나 낯설었던 것처럼 어쩌면 마리아 역시 하나님께 말씀을 받았을 때 그리했을지도 모르겠다.

나는 그저 모잠비크를 향한 하나님의 영광스러운 큰 그림 속에 아주 작은 사람에 불과하다는 것을 잘 알고 있다. 먼지 속의 아주 작은 티끌에 불과한 사역자인 것이다. 하지만 하나님께서 당나귀를 사용하기 원하신다면 나 역시 사용하실 수 있다는 사실을 믿는다. 하나님의 영광을 위한 촉매제가 되기를 원할 뿐이다. 하나님께서는 그분의 사랑과 영광을 나와 여러분의 작은 헌신을 통해 환하게 비추기 원하신다고 믿는다. 하나님께서 보여 주신 약속이 아무리 불가능하다 여겨져도 마리아처럼 응답하기만 하면 된다.

"예!"

대답 소리가 아무리 작더라도 하나님께서는 우리를 사용하신다.

2장
"예"라고 대답하라

> 마리아가 이르되
> "주의 여종이오니 말씀대로 내게 이루어지이다" 하매 천사가 떠나가니라.
>
> | 누가복음 1:38 |

하나님의 약속에 '예' 하고 순종하는 데 따르는 대가가 있다. 마리아는 그 사실을 잘 알고 있었다. 그녀는 '아니오'라고 거절할 수도 있었다. 그리고 이렇게 덧붙여 이야기할 수도 있었다.

"당신은 정말 위대한 분이십니다. 당신은 아름다우십니다. 하지만 저는 당신이 두렵습니다. 저는 처녀랍니다. 이런 일이 제게 일어나는 것을 원하지 않습니다. 다른 사람을 찾아 보시는 것이 어떨까요?"

수치와 조롱, 그리고 약혼자를 잃을지도 모를 모든 상황을 예측하며 얼마나 당황스러웠을까!

하나님의 음성을 이러한 두려움으로 바라보는 이들이 적지 않다는 것을 안다. 주님의 거룩한 임재 안에서 깊은 내면의 감정이 뒤흔들리고 그 상태에서 고귀한 약속을 받게 될지도 모르겠다. 하지만 그 다음에 어떠한 일이 일어날까?

성령님께서 마리아에게 임하셨을 때 그녀의 삶은 영원히 바뀌었다. 평생을 뒤따라다닐지도 모르는 곤란한 상황을 받아들여야만 했던 것이다. 주님께서는 지금도 그분의 약속을 이루어 가는데 어떠한 대가라도 지불하려는 사람들을 찾고 계신다. 비난과 극한의 스트레스, 그리고 가진 것을 모두 잃어야만 하는 상황과 불편한 상태도 개의치 않고 주님께서 모두 취하시도록 내어 드리는 교회와 사람들, 그리고 예배자를 찾고 계신다.

아기를 가지게 된다면 엄청난 희생이 뒤따르게 된다. 불안과 불편함을 감수해야만 하는 것이다. 하나님의 약속을 이루어 가기 위해 짊어져야 할 부담이 있다면 어떻게 하겠는가? 이렇게 말하겠는가?

"주님, 제발 이 약속을 거두어 주십시오. 더 이상 견딜 수 없습니다. 너무나 힘듭니다. 이 길을 걸어갈 수 없습니다. 너무나 무거운 짐이라고요! 다른 이에게 이 사명을 주십시오."

약속을 이루기 위해 모든 것을 송두리째 뒤바꾸는 데 필요한 급격한 변화 속에서도 순종할 수 있는가?

이 세상에는 육아를 위한 희생을 원하지 않기에 낙태를 하는 사람들이 있다. 이러한 종류의 희생은 엄청난 불편을 수반한다. 엄청난 대가가 필요한 것이다. 그런데 교회 역시 하나님의 약속과 예언, 그리고 적극적인 구애 앞에서 이러한 태도를 취하곤 한다. 예배 중에는 '예'라고 대답하고는 행동에 옮기는 데 어려움이나 불편함이 따르게 되면 주님의 부탁을 낙태하듯이 외면해 버린다.

하나님께서는 이러한 낙태, 즉 외면을 싫어하신다. 하나님께서 우리에게 맡겨 주신 잃어버린 아들들과 딸들이 다시 하나님의 집으로 돌아오게 하기 위해 우리의 모든 삶을 다 쏟아 부을 수 있도록 계획하셨기에 이를 외면한다면 그분의 마음을 아프게 하는 것이다. 하나님께서는 어둠 가운데 있는 사람들을 이끌어 내길 원하신다. 잃어버린 영혼들, 죽어가는 사람들, 그리고 병들고 상처 입은 사람들이 돌아오기를 간절히 원하시는 것이다.

주님을 너무나 사랑해서 '예'라고 대답할 수 있을 뿐만 아니라 어떠한 희생이 뒤따르더라도 여전히 '예'라고 외칠 수 있는 사람들을 찾고 계신다.

성령님을 만난 마리아는 하나님의 사랑 안에 잠겼고 그래서 스스로에게 이렇게 속삭였을지도 모른다.

'하나님의 뜻으로 인해 엄청난 고통이 뒤따른다 해도, 명예를 더럽히고 약혼자가 이해하지 못하고 가족이 나를 버린다고 해도 하나님의 약속이 이루어지기를 원합니다. 주님을 사랑하기 때문에 어떠한 비난이라도 견디겠습니다. 주님을 사랑하기에 내 안에 어떠한 것을 두시더라도 저는 말씀에 따르겠습니다.'

불가능해 보이는 이 약속을 받은 마리아는 어떠한 반응을 보였는가?

순종!

그렇다. 주님께서 사용하시고자 한다면 마리아처럼 '예'라고 대답하기만 하면 된다.

"말씀대로 내게 이루어지이다!"

하나님께서는 기꺼이 자신을 드리려는 사람을 사용하신다. 그리고 하나님과의 친밀한 관계를 통해 모든 두려움을 내어 쫓을 수 있는 순종의 사랑을 내 안에서 발견하게 될 것이다. 오직 사랑 때문에 무엇이든 할 수 있고 어느 곳이든 갈 수 있는 마음을 가지게 될 것이다.

이러한 마음으로 내가 가야 할 곳으로 가게 된 것이다. 오직 사랑 때문에…… 나는 하나님과 사랑에 빠졌다. 하나님의 사랑 앞에 무장해제되어 버렸다. 그리고 주님께서 말씀하시는 것이라면 무엇이든 그대로 다 이루어지길 바라는 사람이 되었다. 아침마다 자리에서 일어나면 가장 먼저 성령님께서 나를 주장하시도록 기도한다. 그리고 매 순간 기도한다. 온전히 그분에게 매어 있기를 원하기 때문이다. 복잡하게 기도하는 법을 모른다. 그저 이렇게 구할 뿐이다.

"성령님, 저를 다스려 주세요! 예수님처럼 오늘 하루도 사랑하게 해주세요. 주님의 향기가 되게 해주세요. 저의 생명은 주님의 것입니다. 오늘 제 안에 주시는 말씀대로 살아가도록 도와주세요. 성령님, 사랑합니다. 예수님, 사랑합니다. 하나님 아빠, 사랑합니다!"

예수님의 사랑에 대한 대가

지금까지 살아오면서 몇 차례 주님의 깊은 임재를 느낀 적이 있다. 그 첫경험은 내 나이 열여섯 살 때였다. 인디안 보호구역의 미시시피 중부에 위치한 한 침례교회에서 예수님을 만났다. 다음 만남은 오순절 성결교회에서 세례를 받던 중 아름다운 성령님을 통해서였다.

그로부터 다섯 달이 지난 후 찬양 받기 합당하신 하나님을 예배하던 중 성령님께서 오셔서 그분께 완전히 사로잡힌 바 되었다. 예배 중 엄청나게 밝은 하나님의 광채와 함께 나는 환상을 보기 시작했다. 더 이상 설교 소리나 주위에서 나는 어떤 소리도 들리지 않았다. 교회 안은 일제히 기도하는 소리로 무척 시끄러웠지만 주님께서 내게 오시자마자 갑자기 모든 소리들이 사라져 버린 것이다. 나는 얼어 붙었다. 내 손은 공중을 향해 올라가 있었고 생애 처음이자 마지막으로 하나님의 음성을 직접 듣게 되었다.

예수님께서 나에게 말씀하시며 반지를 낀 왼쪽 손가락에 키스를 하시고는 기름을 부어 주셔서 내 팔 쪽으로 흘러 넘치는 경험을 했는데 그때 분명히 주님께서 하시는 말씀을 들었다.

"너는 나와 결혼을 하게 될 것이다. 아프리카와 아시아, 그리고 영국에서 사역을 하는 선교사로 너를 불렀다!"

나는 같은 자세로 세 시간 동안 꼼짝하지 않았다. 움직이지 않고 아무것도 보이지 않는 상태에서 무릎을 꿇고 그렇게 말이다.

그날 내 인생의 새로운 목적을 발견하게 되었다.

압도적인 하나님의 거룩하신 임재가 사라진 후에야 나의 몸은 풀어졌고 흐느낌과 웃음을 반복했다. 그때의 그 환상과 경험은 30년이 지난 지금도 여전히 생생하게 다가오고 있다. 다른 것은 아무 것도 할 수 없었다. 예수님께서 불러 주신 그 자리를 향해 나아갈 뿐이었다. 나는 그분의 사랑에 완전히 매료되었다. 그때의 만남은 너무나 강렬해서 어떠한 대가든 상관없이 말씀하신 대로 살아가겠노라 결심하게 되었다.

캘리포니아 라구나 비치에서 사는 동안 오순절 성결교회의 성도들에게 어떠한 비난을 받아도 기꺼이 감수했다. 나는 오랜 세월 바지를 입거나 머리카락을 자르지 않았는데 이러한 것이 거룩함을 지키는 일이라 생각했기 때문이다. 그 당시에는 이런 방식으로 거룩과 순결을 지키는 것이라고들 여겼다. 그래서 나 역시 이렇게 해야만 진정한 희생을 할 수 있다고 생각했던 것이다. 그렇게 배워 왔기에 그런 식으로 행동했다. 아무리 큰 대가를 지불하더라도 하나님의 약속을 이행한다면 거칠 것이 없었다. 어찌 되었든 오순절 성결교회의 귀하고 아름다운 성도들은 복음을 위해 기쁨으로 비난을 견뎌내는 법을 가르쳐 준 대상들이고 어떻게 대가를 치러야 하는지 알 수 있도록 도와준 존재이다. 어떠한 상황에서든 예수님을 사랑할 수 있도록 가르쳐 준 그들에게 영원히 감사한 마음을 가지고 있다.

주님께서 임하실 때 내 안에 그분의 약속을 새겨 주셨다. 그리고 그것이 자라나기 시작했다. 부르심과 사역이 그것이다. 아프리카로 떠나기까지 20년 가까이 되는 세월이 필요했지만 주님으로부터 비전을 받은 그날부터 나의 운명은 시작된 것이었다.

하나님께서 사역자로 부르셨을 때 당시 주위에서 여성의 신분으로 설교하는 이를 단 한 명도 본 적이 없다. 그렇게 할 수 있다는 사실조차 몰랐다. 여성 사역자는 단 한 명도 없는 그런 정통 교회에서 세례를 받았고 자랐다. 그래서 여성 사역자에 대해 보거나 들은 적이 없었던 것이다. 그런데 주님께서는 내가 사역자가 될 것이라고 말씀해 주셨고 그날 이후로 누구든 듣고자 하는 사람이 있으면 그들에게 설교를 하기 시작했다.

교회나 집회에서 설교할 수 있도록 나를 초대해 줄 누군가를 기다릴 수는 없었다. 열여섯 살짜리 여자 아이가 설교할 수 있도록 초대할 사람이 있겠는가? 그래서 나는 알츠하이머 환자들을 위한 사역을 시작하게 되었다. 내가 오고 가는 것도 기억하지 못하는 사람들, 그리고 자기가 본 것이 무엇인지도 모르는 그런 사람들에게 나아가 내가 할 수 있는 데까지 섬겼다.

또한 마약 중독자들을 위해서도 일했다. 그들과 함께 앉아 있을 때면 나에게 제대로 집중하고 있지 않다는 사실을 알았지만 그래도 복음을 전했다. 하나님의 사랑이 그들에게 전달되기만을 간절히 기도하면서 말이다. 여자는 설교할 수 없다고 말할 수는 있어도 여자가 마약 환자들을 사랑하고 그들에게 복음을 전할 수 없다고 말하는 사람은 없었다.

나는 어둠 속으로 걸어 들어가 하나님께서 내 안에 심어 두신 빛을 전했다. 슬픔과 상처, 질병과 죽음, 그리고 절망 속에 빠진 사람들이 있는 곳을 찾아 다녔다. 그리고 37년 이상 이 일들을 지속해 오고 있다. 이러한 이들은 모두 내가 즐겨 찾는 사람들이다. 상처 입고 죽어 가는 사람들은 항상 갈급한 상태이다. 그리고 절실하다. 스스로가 도움이 필요한 상태라는 것을 너무나 잘 아는 사람들이다.

"심령이 가난한 자는 복이 있나니 천국이 그들의 것임이요."

— 마태복음 5:3

여러분 가운데 어떤 이는 몇 해 동안 주님이 주신 예언의 말씀을 그대로 따라 살고 있을 것이다. 하지만 그 대가가 너무나 크고 어리석어 보이며 불가능할 것 같아 한 걸음도 떼지 못한 이들도 있을 것이다. 하나님께 받은 말씀을 행동으로 옮겨야 할 책임을 느끼기에 자신이 충분히 준비되어 있지 않다고 여기거나 하나님께서 말씀하신 것이 다른 이에게 들통날까 두려워하고 있을지도 모르겠다. 하나님의 약속을 지키기 위해 뒤따르게 될 사회적인 오명 때문에 이것을 이행해야 하는지 염려하고 있지는 않은가?

하나님께서 여러분 안에 심어 주신 것에 대해 부당한 가격이 매겨졌다고 생각할 수도 있다. 하지만 정말 하나님을 원한다면 기꺼이 그 대가를 지불하는 쪽을 선택해 보라. 하나님의 약속을 무더기로 받고서 아무 것도 하고 있지 않는다면 무슨 소용이 있겠는가? 여러분에게 주신 말씀을 이루어 가기 위해 뒤따르는 비난과 전적인 희생을 기꺼이 감수하겠는가? 위대한 하나님의 말씀을 듣기는 쉽다. 하지만 그 말씀 안에는 종종 지불해야 하는 비용과 극복해야 하는 도전들이 도사리고 있다는 사실을 잊지 말라.

하나님께서는 모든 사람이 각각 맺어야만 하는 열매들이 있다고 말씀하셨다. (요 15장) 하나님께서 우리 안에 심어 주신 씨앗에 양분을 주고 보호하기 위해 성령님께 사로잡힌 포도나무 가지로서의 삶에 익숙해질 필요가 있다. 담대하게 한 걸음 나아가 그분과의 약속을 성취해 보라. 그 순간 주님과의 친밀한 관계 속에서 고난과 고통, 그리고 불편함을 넘어섰을 때 경험하는 은혜와 견고함을 경험하게 될 것이다.

인디안 보호구역에서 라구나 비치로 다시 돌아왔을 때 내 안에는 하나님의 약속의 씨앗이 자라고 있었다. 가족을 비롯한 친구들은 모두 내가 미쳤다고 생각했다. 가까이 지냈던 모든 이들을 잃을 것만 같았지만 하나님의 임재보다 더 사모하는 것은 없었다. 여전히 예수님을 믿고 그분의 사랑을 받으며 그 사랑을 전하겠다고 다짐할 뿐이었다.

하나님께서는 기꺼이 자신을 내어 놓고 하나님의 임재를 받아들이기 원하는 사람들을 찾고 계신다. 주님의 임재가 덮을 때 여러분의 삶 속에서 열매가 맺힐 것이다. 이것은 너무나 자명한 사실이다. 열매는 언제나 친밀한 관계 속에서 비롯된다. 하나님께서는 기하급수적으로 열매를 맺기 위해 우리를 부르고 계신다. 예수님의 아름다움에 완전히 사로잡혀 예수님을 신랑으로 삼아 불 같은 사랑에 빠진 사람들, 그리고 예수님의 적극적인 구애 앞에 자신을 구별해 모든 것을 다 내어 준 그런 사람들을 부르고 계신다.

3장
비밀의 장소

모세가 회막에 들어갈 때에 구름 기둥이 내려 회막 문에 서며 여호와께서 모세와 말씀하시니 사람이 자기의 친구와 이야기함 같이 여호와께서는 모세와 대면하여 말씀하시며 모세는 진으로 돌아오나 눈의 아들 젊은 수종자 여호수아는 회막을 떠나지 아니하니라. 여호와께서 이르시되 "내가 친히 가리라 내가 너를 쉬게 하리라." 모세가 여호와께 아뢰되 "주께서 친히 가지 아니하시려거든 우리를 이곳에서 올려 보내지 마옵소서."

| 출애굽기 33:9, 11, 14~15 |

모세는 하나님과 함께하는 것이 얼마나 중요한지 알고 있었다. 그래서 둘만의 장소에서 은밀한 시간을 보내기를 원했다. 하나님과 함께하지 않는다면 단 한 걸음도 앞서 나가지 않을 정도로 하나님의 임재를 갈구했다. 모세는 하나님께 이렇게 말했다.

"나와 주의 백성이 주의 목전에 은총 입은 줄을 무엇으로 알리이까. 주께서 우리와 함께 행하심으로 나와 주의 백성을 천하 만민 중에 구별하심이 아니니이까."

— 출애굽기 33:16

여호수아 역시 은밀하게 하나님과 함께하는 시간을 중요하게 생각했다. 모세가 '자기의 친구와 이야기함 같이' 하나님과 대면한 이후 이스라엘 회중에게 다시 나아왔을 때 여호수아는 회막을 떠나지 않았다. 하나님의 임재 가운데 머물러 있었던 것이다. (출 33:11)

그 어느 것보다 하나님의 임재 가운데 거하는 삶을 우선순위에 두는 것만이 하나님께서 주신 인생의 목적을 이룰 수 있는 유일한 길이다. 하나님과 함께하는 시간을 가졌을 때 부르심의 문이 열리는 것이다. 인생의 진정한 근원을 찾기 위해서는 은밀한 곳에서 하나님을 향해 달려 가야만 한다.

이뿐만 아니라 그러한 만남을 통해 예수님을 향한 열정과 갈망이 더 자라나게 될 것이다. 하나님의 임재 안에 머무르는 것만이 귀한 보석을 낳는 유일한 길이다. 일하는 것보다 훨씬 나은 방법 아닌가? 다른 무언가를 하는 것보다 하나님의 임재 안에서 시간을 보내며 얻게 되는 결실이 훨씬 더 많을 것이다.

기름 부으심에 지름길은 없다. 우리 삶 가운데 자리잡게 하신 부르심 안으로 온전히 걸어 들어가길 원한다면 은밀한 곳에서 친밀함을 쌓으며 하나님과 함께 시간을 보내는 것 이외에 할 수 있는 것은 없다.

경주를 지속할 힘의 비밀

사랑을 나눌 때가 있고 일을 할 때가 있다. 둘의 차이를 이해하는 것은 무척 중요하다. 우리는 모두 일을 해야 한다. 하지만 하나님께서 사랑을 나누기 원하신다는 메시지를 보내실 때 일하던 것을 멈추고 그분의 영광스러운 임재 가운데 들어갈 때를 아는 것은 중요하다.

나는 열심히 일하는 스타일이다. 책임을 뒤로 미루는 편이 아니다. 하지만 하나님께서 더 가까이에서 함께 시간을 가지길 원하실 때 모든 업무에서 벗어나 홀로 나를 부르시는 순간이 있다. 이러한 부르심에는 바로 응해야만 한다. 모든 것을 다 내려 놓고 말이다. 그리고 그분 안에 완전히 숨어 가까이에서 하나님을 만나기를 원하게 된다. 성령님을 향한 갈급함이 더해 가는 것이다. 하나님 이외에는 그 어떤 것도 원하지 않게 된다. 하나님의 임재 안에서만이 진정한 만족을 경험하며 하나님께서 사랑하신다고 말씀하실 때 순종의 자리로 나가게 된다. 그리고 이러한 거룩한 순종 안에서 계속 경주할 수 있는 힘을 얻게 된다.

사랑 없이 어떻게 경주할 수 있을지 모르겠다. 로맨스 없이 사역자가 될 자신이 없다. 전에 시도해 본 적이 있지만 도저히 사랑 없이는 아무 것도 할 수 없다. 그렇게 하고 싶은 마음도 없다. 하지만 사랑에 빠지기만 하면 하루에 열여덟 시간을 달릴 수 있다. 있는 힘을 다해 그분의 뒤를 따라 뛸 수 있으며 뛰는 중에 안식을 얻을 수도 있다.

하나님께서 진정 무엇을 원하시는지 제대로 이해하지 못한 채 하나님을 위해 계속해서 일만 한다면 지칠 수밖에 없다.

하나님께서는 그분을 향한 우리의 마음이 점점 자라 가길 원하신다. 주님을 먹고 마신다면 그분처럼 변화할 수 있는 관계 속으로 인도하실 것이다. 그리고 매일 예수님을 먹고 마시기 시작하면 경주 중에 더 이상 지치거나 피곤하지 않게 될 것이다. 계속해서 하나님의 마음 깊숙이 은밀한 곳에 거할 수 있는 법도 배우게 될 것이다.

사람들은 경주를 지속할 수 있는 힘을 어디서 얻는지 종종 묻곤 한다. 은밀한 장소는 말 그대로 비밀이다. 우리는 그곳에서 살아가야만 한다. 주님의 임재 안에 거할 때 갈급함은 점점 더 자라게 되고 영광스러운 새 삶을 살아가게 될 것이다. 은밀한 장소에 거하는 법을 알고 있지만 삶 가운데 어떠한 열매도 맺지 못한다면 실제로 그 장소에 한 번도 거해 본 적이 없는 것이다. 하나님의 마음에 합하여 예수님과 사랑에 빠졌는지는 열매를 보면 알 수 있다.

동료들과 대화할 때도 항상 이 점을 강조하며 다음과 같은 말을 반복한다.

"모든 열매는 주님과의 친밀함에서 옵니다."

팀원들에게 열매를 맺는 유일한 길은 친밀함 가운데 머물러 있는 것이라고 이야기한다.

아프리카나 아시아에 새로운 사역자가 처음 도착했을 때 대화를 나누어 보면 이러한 사실을 잘 알고 있다며 자신 만만해하는 사람들이 의외로 많다. 하지만 가난한 사람이 문을 두드리고 도움을 요청할 때 하나님과의 은밀한 시간을 가지기 위해 그대로 머물러 있는 사람과 나의 충고를 듣지 않는 사람들 모두를 지켜 보며, 후자의 경우 몇 개월 동안 아주 열심히 일을 하지만 자신을 밀어붙이기 바빠 정작 매일 하늘로부터 오는 양식을 먹기 위해 멈추기를 잊어버리게 된다. 결국 그들은 안식이 없는 서구 세계로 비행기를 타고 돌아가 버린다.

은밀한 장소에 대한 신비를 배운 사람들을 옆에서 지켜보고 있노라면 그들은 하나님과 함께하는 시간을 더 가질 때 더 많은 열매를 맺는다는 사실을 잘 이해하고 있다는 것을 알 수 있다. 그리고 엄청난 압박감 속에서도 계속해서 달릴 수 있는 은혜를 경험하게 된다. 하나님께서 불러 주신 삶의 자리 가운데 거하는 법을 배웠기 때문에 시간이 지날수록 더욱 더 성장하게 되는 것이다.

하나님이 가르쳐 주시는 전략의 비밀

솔직하게 고백해야 할 것이 하나 있다. 나는 집회나 모임을 어떻게 준비해야 할지 잘 알지 못한다. 그저 풍성한 열매를 넘치게 하시는 하나님과 하나가 되어 살 뿐이다. 하나님의 은혜가 흘러 넘치는 삶을 준비하기 위해 할 수 있는 것은 오직 한 가지뿐이다.

무언가를 하기 위해 행동에 옮기기 이전에 주님께서 우리에게 어떻게 할지를 알려 주시는 것이다. 우리는 하나님의 말씀과 임재 안에서 발견되지 않은 것은 그것이 무엇이든 시도조차 하지 않았다. 그리고 화이트보드 앞에 모여 앉아 어떻게 하면 다른 나라들을 향해 나아갈지에 대한 계획을 세우려 한 적도 없다. 그 대신 하나님께서 100만 명의 아이들을 돌볼 수 있는 비전을 주셨다.

모잠비크에서 일어나게 될 부흥에 대해 보여 주셨을 때 단지 몇 백 명의 아이들을 돌보려는 계획을 세웠었다. 많은 아이들이 아버지를 잃었고 그곳에는 단지 어머니들과 어린 청년들만 있었기 때문에 이것이야말로 우리가 할 수 있는 최선이라고 여겼었다.

그런데 오래 지나지 않아 하나님께서는 새로운 전략으로 접근할 수 있는 비전을 허락해 주셨다. 하나님께서는 남아 있는 아버지들의 마음을 만져 주셔서 다른 아이들을 자신의 집으로 데려올 수 있도록 하시겠다고 말씀하셨다.

우리는 하나님을 믿었다. 그리고 지금 놀라운 일이 일어나고 있다. 그들이 세운 교회가 있는 지역에서 많은 목회자들이 돌봄이 필요한 아이들을 데려가고 있는 것이다. 목회자들은 직접 아이들을 돌보기도 하고 그 지역에 살고 있는 과부들이나 다른 사람들이 보살피는 중이다.

우리가 제시하는 모델이 완벽하다고 주장하고 싶지는 않다. 우리도 실수할 때가 있다. 하지만 단순하게 하나님께서 원하시는 일을 하다 보니 거기서 배우는 것이 있었다. 모잠비크와 다른 나라들을 향한 하나님의 마음을 구하면 구할수록 더 많은 아이들이 보살핌을 받게 되었고 그러다 보니 지속적으로 하나님의 임재 가운데 거하기 위해 모든 노력을 기울이게 된 것이다.

사실은 하나님께서 무엇을 해야 할지 말씀하시지 않는다면 하나님을 위한 일이라고 해도 단 한 발자국도 움직일 수 없으며 그 어떠한 것도 바꿀 수 없다. 하나님의 임재 가운데 살아갈 때 수많은 나라들이 변하기도 하지만 동시에 단 한 사람이 변하기도 한다. 하나님께서 엄청나게 많은 사람들에게 나아가도록 부르셨든, 스무 명의 사람을 위해 부르셨든 당신을 소중한 존재로 만들기 위해 부르신 것이다. 하나님의 임재 가운데 매 순간 오직 그분을 위해 멈출 줄 아는 삶을 살도록 부르신 것이다. 하나님께서는 우리를 사용하기 원하신다. 하지만 은밀한 곳에서 우리에게 주시는 하나님의 계시를 믿고 행동으로 옮겨야만 한다.

롤랜드와 나는 한 나라로 가라는 비전을 받았다. 하지만 비행기 티켓을 사지 않았다면 어떤 일이 일어났을까? 우리의 삶을 드리지 않았다면 어떻게 되었을까? 그리고 하나님의 임재 가운데 살아오지 않았다면 지금은 어떠한 삶을 살고 있었을까? 가난한 자들과 병든 자들을 위한 놀라운 비전을 받고서도 아무것도 하지 않았다면? 승합차를 타고서 복음이 전해지지 않은 미선노 종족을 향해 진흙탕에 빠지면서도 하루하루 매 주, 매 달 다니지 않았다면 어떻게 되었을까? 이 비전을 통해 이루어지고 있는 하나님의 역사를 수 백 명의 다른 사람들과 함께 해나가지 않았다면 무슨 일이 일어났을까? 하나님께 묻지 않고 우리 마음대로 하려고 했다면 어떻게 되었을까?

우리 안에는 멋진 계시들로 가득 차 있을지도 모른다. 하지만 우리 부부와 아이리스를 섬기고 있는 모든 가족들이 하나님을 믿고 이에 응하지 않았다면 아무 일도 일어나지 않았을 것이다. 하나님의 손이 직접 일하심을 믿지 않는다면 그 어떤 비전도 우리의 삶과 우리의 사역 가운데 있는 그 어떤 이의 삶을 통해서도 이루어질 수 없다. 은밀한 곳에서 하나님께서 보여 주시는 그것에 응해야만 한다. 우리 자신만을 위해서가 아니다. 우리를 통해 일어서기 원하시는 하나님의 잃어버린 영혼들을 위해서 말이다.

우물 파는 꿈

하나님과의 은밀한 곳에 머물러 있던 어느 날 주님께서 깨끗한 물을 내는 우물과 특정한 한 교회를 보여 주셨다. 그 순간 교회들 근처에 우물들을 파야겠다는 생각이 들었다.

하나님의 임재 가운데 무언가 하라고 말씀하실 때 그 음성에 응답해야 한다. 하나님께서 말씀하신 대로 가서 행해야 하는 것이다.

> "아들이 아버지께서 하시는 일을 보지 않고는 아무 것도 스스로 할 수 없나니 아버지께서 행하시는 그것을 아들도 그와 같이 행하느니라."
> — 요한복음 5:19

하나님께서는 그분의 임재 안에서 우리의 마음을 쪼개고 우리의 눈을 열어 하나님께서 우리를 위해 무엇을 하고 계시는지를 보여 주신다. 이러한 이유 때문에 하나님의 임재 가운데 살아가지 않는다면 그 어느 곳에도 갈 수 없는 것이다. 은밀한 곳에 머물러 있는 가장 큰 이유는 하나님을 사랑하기 때문이기도 하지만 어린 아이와 같이 아버지 하나님께서 하시는 것을 지켜 보기 위해서다.

우물에 대해 하나님께서 말씀하시는 것을 들은 이후 우리는 우물을 파는 데 필요한 굴착기 두 대를 구입했다. 환상 속에서 본 그 교회에서는 두 대 중 한 대의 값을 지불했다. 그런데 기계가 도착하자마자 하나를 작동시킬 열쇠를 잃어 버리고 말았다. 두 번째 굴착기와 폭발장치가 두 개의 거대한 트레이너에 실려 있었는데 폭발 기계는 단단한 땅에서만 옮길 수 있었다. 하지만 이 기계들이 들어온 후 2년 동안이나 이곳에 그대로 세워진 채 방치되고 말았다. 이 일에 적합한 기술자는 인도 출신이었는데 비자가 거절되는 바람에 들어올 수 없게 된 것이다. 게다가 이 프로젝트를 책임지게 된 나의 친구는 오래되지 않아 아내와 두 아이 모두 이 나라를 떠나 다른 곳으로 가게 되었다. 이 기계들을 사용할 방법을 찾으려 애를 썼지만 남동부 아프리카에서는 쉽지 않은 일이었다.

멀쩡한 굴착기 두 대를 놓아 두고 그것을 작동시킬 사람이 단 한 명도 없다니! 정말 불쌍한 노릇이었다. 내가 본 엄청난 환상은 완전히 무용지물이 된 것이다. 기술자도 그 어떤 기술적 지원도 없었을 뿐만 아니라 굴착기를 작동시킬 열쇠도 없었다.

2년이 흐른 뒤 우물에 대한 환상이 현실로 다가오게 되었다. 마치 모세가 하나님께서 맡기신 일을 자기 혼자서는 도저히 할 수 없다고 했듯이 (출 33:12) 나 혼자서는 도저히 이 일을 해 나갈 수 없다고 하나님께 말씀 드렸다. 그리고 어떻게 하면 좋을지 물었다. 굴착기들은 그 장소에 그대로 있었지만 그것을 움직일 만한 기술은 내게 없었다. 나는 내가 본 환상이 거짓이 아님을 알고 있었다. 하지만 어떻게 하면 그 일이 일어날 수 있는지는 알지 못했다. 그야말로 하나님의 은혜가 절실했다. 우물을 파려면 그 기계가 있어야 했고 이 나라 안의 목마른 사람들을 위해 물이 필요했다. 그저 영적으로나 육체적으로 필요한 생수를 공급해 주시겠다는 하나님의 약속을 변함없이 믿는 것 외에 할 수 있는 것은 없었다.

마침내 이곳으로 와서 도움을 줄 조지아 출신 기술자를 알고 있는 친구가 우리를 방문했다. 그의 이름은 데이빗이었는데 그가 도착했을 때 또 다른 열쇠 꾸러미가 사라졌다는 사실을 알게 되었다. 두 번째 굴착기가 들어 있는 컨테이너를 열 수 있는 열쇠였다. 우리는 결국 용접기를 이용해 컨테이너의 문을 절단해 내었다.

곧바로 우리는 새 기술자를 맞이하러 나갔고 기계가 있는 곳으로 데려와 차에서 내리자 그는 다음과 같이 말했다.

"안녕하십니까? 이 굴착기들을 가지고 우물을 파는 것을 보고 싶으신가요?"

"그럼요."

"그렇게 된다면 엄청난 기적이 되겠는데요. 그 기적이 얼마나 클지 말할 수 없을 정도군요. 이 굴착기로 우물을 파는 것을 정말 보고 싶나요?"

그 순간 이 사람이 도대체 어떤 학교를 나왔는지 궁금해지기 시작했다. 그리고 걱정이 되었다. 이미 모두에게 우물을 팔 수 있는 전문가가 도착했고 굴착기를 옮겨 왔다고 공표했는데 이 기술자를 만나보니 정작 이 일을 할 만한 자질이 있는지 의심스러웠기 때문이다.

물론 하나님께서는 원하시는 사람을 직접 준비시키시고 그분의 시간에 일하시는 분이다. 하나님을 사랑하여 순종하는 사람, 순종하는 그릇을 사용하신다. 그래서 모세를 사용하신 것이다. 모세는 하나님께서 함께하시지 않는다면 그 어느 곳에도 가지 않겠노라 하나님께 말했다. (출 33:15) 모세를 향한 하나님의 은혜는 그가 하나님의 부르심에 '예'라고 대답하고 하나님께서 함께하시지 않는다면 그 어떠한 것도 하지 않겠노라 말했을 때 점점 더 커졌을 것이다. 하나님께서는 자신의 능력을 의지하지 않는 사람을 찾으신다. 그리고 모세는 하나님의 도움 없이는 자신의 임무를 완수할 수 없다는 사실을 알고 있었다. 목적을 이루기 위해 다른 방법이 없다는 것을 알았기 때문에 하나님의 인도하심을 구했던 것이다.

모세처럼 우리 역시 끈질기게 다음과 같이 기도해야 할 것이다.

"하나님, 제게 말씀하신 것은 무엇이든 하겠습니다. 하지만 하나님께서 저와 함께 가셔야 합니다. 제 능력이 부족하기에 현 상태로는 도저히 안 됩니다. 하나님께 제 자신을 드리겠습니다. 그리고 이 일을 할 수 있도록 만들어 주실 것을 믿습니다."

금요일이 되었을 때 데이빗은 주일이 되면 우리 교회 바깥 마당에 이 기계를 두고 설교하면 더 잘할 수 있을 것 같으냐고 물었다. 나는 그의 생각이 나쁘지 않다고 생각했고 아마도 그럴 것이라 대답했다.

주일이 되어 두 개의 큰 트럭이 우물 파는 기계를 끌고 와 교회 앞에 두었다. 데이빗은 열쇠를 꽂았고 굴착기가 작동하기 시작했다. 그리고 내 눈앞에서 땅이 부수어지는 광경을 목격했다. 우리는 뛸 듯이 기뻐했다. 2년이라는 세월이 지난 후 마침내 우리의 꿈이 이루어지게 된 것이다!

예배가 끝난 후 우리는 '거룩한 광란의 밤' 시간에 데이빗을 초대했다. 매 주일 나는 많은 어린이들을 집으로 초대해 함께 밤을 보내는데 그 시간에 닭 요리를 먹고 콜라 병을 깨며 밤 늦게까지 아이들이 노는 것을 지켜보곤 했다. 아주 시끄럽고 행복했으며 어떤 초대 손님이든 모두 야성을 일깨우는 경험을 하기도 했다.

시끌시끌한 축제의 시간 가운데 익숙해질 무렵 데이빗은 나와 남편을 향해 이렇게 말했다.

"이제 진짜 이야기를 들려 드리겠습니다. 저는 고등학교를 졸업한 적이 없습니다. 그리고 우물을 본 적도 없지요. 우물이 나오는 구멍조차 본 적이 없습니다. 하지만 꿈이 있었지요. 하나님께서 나를 사용하셔서 아프리카 땅에 우물을 팔 수 있도록 하실 것이라고 믿었어요. 그리고 그 기계를 사용하게 하실 줄 믿었지요. 하나님께서 제가 이 일의 적임자라고 말씀하셨다고 믿었답니다. 저에게는 회사가 하나 있는데 우리는 땅을 파는 일을 합니다. 하지만 보도를 만들기 위한 땅을 파왔지 직접 땅 깊숙이 파 본 적은 없습니다. 하지만 제게는 꿈이 있습니다!"

여러 해 동안 진척이 없던 그 일을 데이빗이 단 며칠 만에 해낼 수 있도록 하나님께서 그를 사용하신 것이다. 두 명의 다른 전문가들은 절대로 일어날 수 없는 일이라고 말했다. 그럼에도 불구하고 하나님께서는 은밀한 곳에서 하나님으로부터 들려오는 음성을 그대로 믿은 한 남자를 우리에게 보내 주셨다. 그는 하나님께서 자기 자신과 그 굴착기를 제대로 사용하시리라 믿었다. 하나님의 말씀을 들었을 뿐만 아니라 그대로 행했던 것이다. 단 한 명의 순종으로 인해 수 천 명의 사람들이 이제 깨끗하고 맑은 물을 마시고 있다.

오늘날 우리에게는 우물을 파기 위해 헌신된 팀이 있다. 자질이 충분한 모잠비크 기술자까지 있는 그런 팀 말이다. 우리는 계속 모잠비크 안에 새로운 우물을 파고 있다.

은밀한 곳에 거하기

갈급함을 유지하며 하나님께서 여러분을 사용하기 원하신다는 사실을 기억하는 것은 무척 중요하다. 하나님께서는 그분의 말씀과 임재 가운데 여러분을 준비시키려 하신다. 이 과정은 단 한 번에 이루어지지 않는다. 또한 필수 과정을 이수하기 위해 예약된 스케줄을 따라간다고 해서 되는 일도 아니다. 하나님의 말씀과 임재에 익숙해지려면 일평생을 두고 길을 떠나야 한다. 하나님의 말씀과 임재를 더 많이 경험할수록 더 간절히 원하게 될 것이다.

하나님께서는 하나님의 동행 없이는 이스라엘 민족을 인도할 수 없다는 모세의 고백을 기뻐하셨다. 굴착기를 이용하는 방법을 성령님께서 알려 주실 때까지 기다렸던 우리의 친구 데이빗의 믿음을 통해서도 이와의 유사성을 발견할 수 있다.

우리는 데이빗에게 기술분야 명예 학위를 주었다. 그에게 이러한 선물을 줄 수 있어서 무척 기뻤다. 그의 두 뺨에서는 쉴 새 없이 눈물이 흘러내렸다. 다른 이들은 필요한 자격증이 있음에도 하나님의 도구가 되기 위해 준비되기를 거절했지만 하늘로부터 오는 전략을 믿고 그대로 행동에 옮겼던 믿음의 사람 데이빗은 이러한 명예를 받을 만한 자격이 있었다.

하나님께서는 믿음의 사람들을 사용하기를 기뻐하신다. 은밀한 곳에서 하늘로부터 우리에게 문을 열 수 있는 열쇠와 전략을 알려 주시기를 간절히 원하신다. 여러분의 나라를 변화시키기 위한 하나님의 방법은 바로 여러분 자신이다. 당신은 소금이며 빛이다. 하나님께서 사용하기 원하는 사람은 바로 당신이다.

하나님의 임재 가운데 거할 때 우리 안에 자리 잡은 스트레스와 두려움은 모두 사라진다. 모세는 하나님께 이렇게 말했다.

"내가 참으로 주의 목전에 은총을 입었사오면 원하건대 주의 길을 내게 보이사 내게 주를 알리시고 나로 주의 목전에 은총을 입게 하시며 이 족속을 주의 백성으로 여기소서."

— 출애굽기 33:13

하나님께서는 그에게 이렇게 응답하셨다.
"내가 친히 가리라 내가 너를 쉬게 하리라."
하나님께서는 사랑하는 이에게 모든 것을 내려 놓고 순종하고자 하는 모든 사람들에게 하셨던 것처럼 그렇게 모세에게 말씀하셨다. 하나님께서는 우리와 함께하시기 원하시며 우리의 이름까지도 모두 다 알고 계시기 때문에 이런 요청에 모두 응답해 주시는 것이다. (17절)

하나님께서는 우리를 너무나 잘 알고 계신다. 우리를 아실 뿐만 아니라 하나님께서 우리의 이름을 부르고 계신다는 사실을 알기 원하신다. 펨바에 위치한 우리의 사역 단체 옆에 있는 한 마을 길을 걷고 있던 중 하나님께서는 별안간 이러한 사실을 가르쳐 주셨다. 몇 시간 동안 이웃들을 방문하느라 제자 양육 시간에 늦어서 서둘러 언덕을 내려 가던 중 진흙으로 만든 오두막에 누더기 옷을 걸치고 앉아 있는 한 할머니를 바라보게 되었다. 그녀는 앞을 보지 못했다. 눈동자 없이 하얀 눈을 껌뻑이고 있었다. 그 순간 주님께서 그녀를 위해 멈추라고 말씀하시는 것을 느꼈다.

그 지역 사투리로 이름이 뭐냐고 물었다. 할머니는 자신에게는 이름이 없다고 말했다. 그녀가 어쩌면 다른 부족 출신이거나 내 마쿠아 사투리를 제대로 이해하지 못했기 때문에 이렇게 대답하는 것은 아닐까 하고 생각했다. 그래서 다른 언어로 다시 물어보았다. 하지만 할머니의 대답은 똑같았다.

"나는 앞이 안 보여요. 그리고 이름이 없어요."

가까이에 다른 여인이 앉아 있었기에 그녀에게 할머니의 이름을 물었다. 그러나 그녀의 대답 역시 마찬가지였다.

"이 할머니는 눈이 멀었죠. 그리고 이름도 없어요."

나는 놀라서 할 말을 잃었다. 그리고 앞을 보지 못하는 할머니를 부둥켜 안고 그 즉시 유탈리아라고 부르기로 했다. 이 이름은 '당신은 존재합니다', '바로 당신입니다' 라는 뜻을 가지고 있다. 처음 이름을 들은 할머니의 주름 가득한 얼굴이 활짝 피기 시작했다. 할머니는 치아도 거의 남아 있지 않은 상태였지만 크고 환하게 미소를 지어 보였다. 그리고 옆에 앉아 있는 여인에게 이제부터 할머니의 이름을 불러 달라고 부탁했다. 유탈리아는 익숙하지 않은 자신의 이름을 들으며 아이처럼 웃었다. 그리고 나는 그녀의 눈을 위해 기도했다. 순간 할머니에게 흑갈색의 눈동자가 생기기 시작했다. 유탈리아가 볼 수 있게 된 것이다.

할머니에게 방금 눈을 뜨게 해주신 분이 예수님이라는 사실과 함께 복음을 전했다. 그리고 언제나 우리의 이름을 불러 주시는 아바 아버지 하나님에 대해 이야기했다. 그날 할머니는 하나님을 만났다. 물론 제자 양육 모임에는 지각을 했다. 하지만 제시간에 도착한 것이나 다름 없었다.

하나님의 임재를 향한 갈급함

대부분의 사람들이 하나님으로부터 오는 비전이나 부르심, 그리고 환상들이 일생에 한 번 정도 있을 것이라 생각한다. 하지만 우리가 경험하게 될 모든 일이 단 한 번의 만남으로 끝나지는 않는다. 하나님께서 원하시는 일이 모두 이루어졌다고 생각하는 순간 그분을 향해 더욱 더 간절한 마음을 품을 수 있어야 한다. 하나님과 더 깊은 친밀함을 가질 수 있는 여지는 언제나 마련되어 있다. 더 깊은 임재와 하나님의 영광은 끝이 없는 것이다.

거룩한 갈급함을 추구하며 우리 스스로를 성령님의 충만하심 가운데 머무르게 하는 것, 그리고 예수님을 더 깊이 알아가며 매일 그분의 양식을 먹는 삶을 불태우며 살아가고자 하는 열정은 계속되어야만 한다.

여러분이 은밀한 곳에서 하나님의 선하심을 맛보고 더욱 더 깊은 곳에서 그분 안에서 안식하며 그분의 뜻에 순종하는 것이 갈수록 쉬워지기를 간절히 기도한다. 이미 여러분은 하나님의 임재가 아니고서는 그 어느 곳에도 머무를 수 없는 존재가 되어 있을지 모르겠다. 모든 도전과 승리들 가운데 하나님을 구하고 그분을 찾기를 간절히 기도한다. 하나님께서 여러분 앞에 인도하시는 사람들을 만났을 때 멈춰 서서 그분의 마음으로 대해 주기를 기도한다. 은밀한 곳에서의 친밀한 관계에서부터 풍성히 열매 맺는 삶이 지속되기를 간절히 기도한다.

4장
더 깊이 머물러 있기

그가 나를 데리고 성전 문에 이르시니 성전의 앞면이 동쪽을 향하였는데 그 문지방 밑에서 물이 나와 동쪽으로 흐르다가 성전 오른쪽 제단 남쪽으로 흘러 내리더라. 그가 또 나를 데리고 북문으로 나가서 바깥 길로 꺾여 동쪽을 향한 바깥 문에 이르시기로 본즉 물이 그 오른쪽에서 스며 나오더라.

| 에스겔 47:1~2 |

한 시내가 있어 나뉘어 흘러 하나님의 성 곧 지존하신 이의 성소를 기쁘게 하도다.

| 시편 46:4 |

또 그가 수정 같이 맑은 생명수의 강을 내게 보이니 하나님과 및 어린 양의 보좌로부터 나와서 길 가운데로 흐르더라 강 좌우에 생명나무가 있어 열두 가지 열매를 맺되 달마다 그 열매를 맺고 그 나무 잎사귀들은 만국을 치료하기 위하여 있더라.

| 요한계시록 22:1~2 |

은밀한 곳에서 충만한 상태로 거한다는 것은 무슨 뜻일까? 성령님에게 온전히 사로잡힌다는 것은 무엇을 의미하는 것일까? 하나님의 보좌로부터 흘러 넘치는 강 가운데 깊이 잠긴다는 것은 무엇일까?
　이 모든 말들의 의미는 곧 우리의 인생은 우리의 것이 아니라는 뜻이다. 우리가 원하는 대로 사는 삶에서 뛰어 나와 하나님의 뜻대로 사는 것을 의미한다. 하나님께 순종하는 삶 가운데는 불가능이 없다. 충만함은 하나님의 영으로부터 흘러 넘치는 생명의 강 가운데 완전히 담가진 상태를 의미한다.
　하나님께서는 우리를 낮은 곳으로 부르신다. 하나님께서 전적으로 우리를 통제하실 수 있는 상태가 되길 원하신다. 하나님의 임재의 강 깊은 곳으로 뛰어 들어 진정한 생명을 맛보기를 원하시는 것이다.

깊이 들어갈수록 더 낮아지는 원리

　에스겔은 더 깊은 곳으로 들어간다는 것이 무엇을 의미하는지 알고 있었다. 에스겔은 하나님의 성전에서부터 곧장 흘러 넘친 그 물 속으로 초대되었다. 그리고 우리 역시 그 안으로 들어 오도록 초대 받았다.

그 강의 근원지는 바로 하나님 자신이다. 이 강은 하나님의 보좌에서부터 흘러와 하늘에 속한 도시를 기쁨으로 가득하게 하고 있다. 다른 강들이 모두 낮은 곳으로 흘러 가는 것처럼 하나님의 강도 항상 낮은 곳으로 흘러 간다. 그리고 그 안으로 들어가려면 더 낮은 곳에 머물러 있어야 한다. 우리가 몸을 구부리고 무릎을 꿇어 절을 하며 모든 것을 내려 놓을 때 하나님을 발견하게 된다. 성령님 안에서 자신을 낮춘다면 방 안에 혼자 있더라도 하나님의 임재에서부터 흘러 내리기 시작하는 은혜의 물줄기를 조금씩 경험할 수 있게 될 것이다. 우리의 지위가 어떻든, 어느 곳에서 살든, 그 어떠한 것도 우리를 숨길 수 없을 것이다. 주체할 수 없는 갈망을 통해 강물 속에 푹 적셔질 것이다.

나는 지금까지 '낮은 곳에 머물러 있는 것'을 배워 왔다. 내 방에서, 숲 속 길을 걷거나 공항에서도 이러한 자리에 머물러 있을 수 있다는 사실을 경험했다. 대부분의 모든 장소에서 가능한 경험이다. 나 자신을 더 낮출수록 하나님의 보좌에 더 깊이 들어 가 있는 나 자신을 발견하게 된다. 성령의 강물이 완전히 나를 뒤덮을 때 스스로를 낮출 수밖에 없고 그 순간 하나님께서는 어떠한 말로도 표현할 수 없는 방법으로, 모든 지각을 뛰어 넘어 나를 반겨 주신다.

그렇다면 여러분은 이러한 질문을 하려 할 것이다. 도대체 얼마나 더 낮은 자리까지 나아갈 수 있을까? 모든 것을 내려 놓고 순종하려면 어떻게 해야 할까? 하나님께 더 깊이 뛰어 들고 싶은 만큼 더 낮은 자리로, 더 내려 놓는 순종의 자리로 나아가야 한다고 믿는다. 칼빈주의자이든 알미니언이든 그리스, 혹은 로마 정통교인이든 하나님과 하나가 되길 간절히 원하는 만큼 우리 자신을 내려 놓을 수 있다고 생각한다.

하나님께서는 누가 더 깊은 곳으로 나아오겠는가 묻고 계신다. 하나님께서는 더욱 더 깊은 곳으로 우리를 부르고 계신다. 우리 가슴이 완전히 잠길 때까지 깊이 들어와 우리의 마음이 흡족하게 되길 원하신다.

하나님의 천사는 에스겔이 더 깊은 곳까지 들어와 그곳에 머물러 있도록 초대했다. 그리고 에스겔은 그 깊이가 어떠한지를 측량했다.

> "그 사람이 손에 줄을 잡고 동쪽으로 나아가며 천 척을 측량한 후에 내게 그 물을 건네게 하시니 물이 발목에 오르더니 다시 천 척을 측량하고 내게 물을 건네게 하시니 물이 무릎에 오르고 다시 천 척을 측량하고 내게 물을 건네게 하시니 물이 허리에 오르고"
>
> — 에스겔 47:3~4

에스겔은 이러한 초대에 두려운 마음을 가졌을 것이다. 그가 수영을 잘 하는지 못하는지 알 길이 없지 않은가? 발목까지 오는 깊이에서는 우리가 원하는 것은 무엇이든지 할 수 있다. 물장구를 튀기며 걷기도 하고 물 속에서 균형을 유지할 수 있다. 발 뒤꿈치를 딱딱 부딪치게도 할 수 있다. 이러한 높이에서는 내 스스로 사역을 감당할 수 있다. 내가 좌지우지 할 수 있기 때문에 어쩌면 이 정도의 높이를 가장 선호할 수도 있다. 예를 들어 설교자가 설교 도중 자신의 이야기를 나눌 때 자제력을 잃고 흐느끼기 시작한다면 이를 보고 몇 몇 사람들은 심기가 불편할 수도 있다. 나는 충분히 그들을 이해한다. 여러분이 흠뻑 젖은 상태라면 얼마나 난처한 느낌이 들겠는가?

하지만 나는 37년 이상 끊임없이 열정적으로 복음을 전해 왔다. 하지만 하나님의 강물을 발목 높이 정도에서만 경험해서는 아무 것도 할 수 없다는 사실을 배웠다. 발목 정도의 높이에서도 여전히 성령님을 알 수는 있다. 그리고 깊은 확신을 가질 수도 있다. 영적인 은사들도 소유할 수 있고 하나님의 능력 역시 체험할 수 있다. 하지만 자신이 통제하여 성과를 이룰 수 있는 사역의 지경은 한계 상황 속에 갇혀 있을 수밖에 없다. 그저 스스로 걸어 갈 수 있는 길을 걷고 있으며 자신이 세워 놓은 계획에 의존하는 상태에 머물러 있을 수밖에 없는 것이다.

더 깊은 곳이 있다는 사실을 인식하지 못한 채 발목 높이나 무릎 정도의 높이에서 물을 박차고 다니는 게 어떤 건지 안다. 수 년 동안 이러한 시간들을 직접 겪어 보았기 때문이다. 우리가 원한다면 얼마든지 발목 높이에서도 사역을 이끌어갈 수 있다. 하지만 더 깊은 곳으로 가기 원한다면 그 길을 가기로 선택할 수도 있다. 하나님의 능력과 임재는 내 힘으로 견뎌낼 수 있는 한계를 훨씬 넘어설 정도로 강력한 것이다. 하나님께서는 우리가 더 깊은 곳으로 나아와 완전히 몸을 담글 때까지 기다리고 계신다.

이제 나는 더 깊은 곳으로 나아가려 애 쓰는 중이다. 계속해서 하나님께 더 깊은 물로 데려가 달라고 조른다. 하나님께서는 목마른 자들이 영광스런 하나님의 사랑 안에 푹 잠길 수 있도록 초대하고 계신다.

물 속에서 살도록 창조되다

나는 성령님의 물 속 깊은 곳에 살도록 창조되었다. 사실 물 속에서 태어난 것 같다. 개구리와 정반대의 방법으로 성인이 되었다고 해도 과언이 아니다. 개구리는 물 속에서 헤엄쳐 다니는 올챙이 시절을 거쳐 성장을 하면 뭍으로 나와 산다. 나는 개구리처럼 땅에서 살아가다 올챙이가 되었다. 이 세상의 공기를 호흡하며 살아가다가 성령님의 물 속에서 살아야만 하는 존재로 뒤바뀐 것이다.

나는 개구리적 삶을 기억하고 있다. 수 년 동안 롤랜드와 나는 허리 정도 높이의 물 속에서 살아왔다. 그 당시 너무나 위태해 보이는 교회 하나가 우리의 전부였다. 개구리라면 허리 정도까지 오는 물 속에서 뛸 수 있다고 생각한다. 아주 강인한 다리를 가졌기 때문이다. 나는 예수님을 향해 가능한 높이 뛰어 올라야만 한다고 생각했다. 그래서 있는 힘을 다해 열심히 일했다. 머릿속은 복잡했고 마음은 점점 지쳐갔지만 말이다.

그때 주님께서 이렇게 말씀하셨다.

"더 깊은 곳으로 오너라!"

그리고 우리는 어려운 교회 한 군데를 더 맡게 되었다. 그리고 주님께서는 다시 말씀하셨다.

"더 깊은 곳으로 오너라!"

그런데 난관에 봉착한 또 다른 교회를 맡게 되었다. 세 개의 교회를 책임져야만 하는 상황 속에서 우리는 할 수 있는 한 최선을 다해 뛰어 오르고 있었다. 허리 정도까지 차 오르는 하나님의 임재 속에서 말이다.

그때 하나님께서는 더 쉬운 길을 보여 주셨다. 하나님께서는 내가 죽을 수 있다는 사실을 알려 주셨다. 나에게 키스를 하시며 숨을 거둬 가시면 모든 것이 바뀌게 될 것이라고 말씀하시는 것이다.

물이 허리 정도의 높이를 지나기 시작하면 주님께서는 우리가 사랑 가운데 모든 것을 내려 놓을 수 있도록 부르기 시작하신다. '낮은 자리에 머물러 있기'가 어느 정도 생활화된 상태가 바로 이 순간이다. 제한도 멈춤도 바닥도 없는 그런 사랑 가운데 푹 잠겨 내 삶의 주도권을 모두 다 포기할 수 있는 그런 부르심을 경험하게 되는 것이다.

'고요한 심연'은 죽음과 삶이 동시에 존재하는 곳이다. 주님께서는 여러분이 죽기를 원할 때 생명의 호흡을 불어 넣기를 원하신다. 하지만 여러분 스스로의 힘이나 의지로는 일어날 수 없는 일이다. 하나님과의 친밀한 관계에서부터 비롯되는 선물과 같은 것이다.

발목 깊이에서 하나님의 임재를 경험하기 원하는가, 아니면 하나님께 깊이 잠기길 원하는가? 겨우겨우 지친 몸을 이끌고 하나님을 위해 첨벙거리길 원하는가, 아니면 어떻게 수영해야 하는지를 배우기 원하는가? 하나님께서 애타게 바라시는 것을 볼 수 있도록 그분의 임재 가운데 완전히 잠기기를 원하는가? 이 세상의 잃어버린 영혼들과 외로운 영혼들, 그리고 배고픈 사람들과 죽어가는 사람들을 바라보며 하나님께서 얼마나 고통스러워하고 계시는지 직면하고자 하는가?

하나님의 사랑에 온전히 잠길 때 비로소 예수님처럼 진정한 사랑을 시작할 수 있게 된다. 하나님께서는 여러분을 듬뿍 적시길 원하신다. 우리를 꼭 붙들고 우리의 삶 가운데 기적을 베푸시는 하나님의 강 안으로, 상식을 넘어서는 그런 곳으로 우리를 초대하기 원하신다. 하나님의 성령님을 충만하게 부어 주시길 원하신다.

얼마나 깊이 갈 수 있는가?

다시 천 척을 측량하시니 물이 내가 건너지 못할 강이 된지라. 그 물이 가득하여 헤엄칠 만한 물이요 사람이 능히 건너지 못할 강이더라.

— 에스겔 47:5

도대체 에스겔은 얼마나 깊은 곳까지 들어가려 했을까? 발목까지? 허리 높이만큼? 아니면 머리만 겨우 내밀 수 있을 정도의 깊이까지 들어가려고 했을까? 더 깊은 곳까지 가고 싶은 마음이 있었을까? 급기야 하나님의 천사는 에스겔이 건널 수 없을 정도로 깊은 곳으로 데리고 들어간다. 물살도 거셀 뿐만 아니라 너무나 깊어서 주님이 아니고서는 도저히 에스겔 스스로는 어떻게 할 수 없는 그런 곳이었다.

강 물 깊은 곳으로 잠수해 들어갔다는 것은 더 이상 내 힘으로 무엇을 해 볼 수 없게 된 상태를 의미한다. 바닥에 다리가 닿지 않는 그런 곳이다. 이런 곳에서는 온전한 순종만이 있을 뿐이다. 하나님께서는 우리가 통제할 수 없는 상황 속으로 우리를 이끄시길 원하신다. 하나님의 임재 가운데 몸을 맡기며 그 흐름을 타고 떠 다닐 수 있는 곳으로 인도하기 원하신다.

우리와 함께 사역을 해 본 사람이라면 우리가 가진 지식을 의존하지 않는다는 이 말이 무엇을 의미하는지 이해할 수 있을 것이다. 하지만 어떤 이들에게는 이러한 발언이 귀에 거슬릴 수도 있다. 하지만 하나님께서 우리의 지각을 뛰어넘는 초자연적인 방법으로 공급해 주지 않으신다면 매일 우리만 바라보고 있는 수천 명의 아이들을 먹일 수 없을 것이다. 하나님의 도우심이 없다면 계속 이 일을 할 수 없다. 우리는 하나님 아버지께서 날마다 일용할 양식을 주실 것을 문자 그대로 믿어야만 하는 상황에 놓여 있다. 다른 대안 같은 것은 가질 수 없다. 선하신 주님을 더 깊이 의지하는 것만이 오직 우리가 할 수 있는 일이다.

펨바에 있는 집에 갈 때면 바다로 뛰어 든다. 바다는 내가 좋아하는 은밀한 장소 중 하나이다. 물 속은 하나님께로 숨을 수 있는 가장 쉬운 곳이다. 어느 누구의 방해도 받지 않기 때문이다.

나는 가능한 먼 곳까지 헤엄쳐 간다. 누군가 나를 보고 따라 오면 더 빨리 헤엄친다. 내 이름을 부르면 더 이상 들리지 않는 곳까지 들어간다. 한 주의 남은 시간들을 잘 보내기 위해서는 반드시 이러한 시간을 가져야만 한다. 하나님과 함께 머무는 시간만큼 절박한 것도 없다.

파도 속에서 나는 하나님께 다른 방해 없이 강물 속에서 살 수 있는 방법을 가르쳐 달라고 기도한다. 나는 성령님께 온전히 잠기고 싶다. 그 어느 누구도 볼 수 없을 때까지 완전히 가려져서 내 안에 오직 그리스도만이 나타나시기를 간절히 원한다. 이런 장소에서 모든 것을 감추고 오직 성령님께서 내 호흡이 되어 주시기를 바라며 심연의 고요함 속으로 빠져드는 것이다.

나는 스쿠버 다이빙도 즐기는데 할 수 있는 한 깊은 곳의 암초가 있는 곳까지 내려가는 것을 좋아한다. 잠수를 하는 동안 물 속에서 머무를 수 있도록 무거운 것을 달아 매는데 만약 그렇게 하지 않는다면 계속 두 발을 움직여야만 할 것이다. 왜냐하면 수면 위로 떠오르지 않으려면 아래쪽으로 수영해 내려가야만 하기 때문이다.

하나님의 영광의 무게가 때로는 무겁게 느껴질 때가 있다. 하지만 그 무게가 곧 선물이다. 이로 인해 우리는 더 깊은 곳으로 잠길 수 있고 힘을 많이 들이지 않고도 그곳에 머무를 수 있다. 영광의 무게 없이 가장 낮은 곳을 찾을 수는 없다.

잠수할 때면 새롭고 색다른 경험을 하게 된다. 눈앞에서 다른 세상과 조우하게 되는 것이다. 마치 4차원의 세계에 온 것처럼 말이다. 하나님의 나라 역시 우리가 살고 있는 곳과 다른 곳이다. 우리를 하나님의 나라에 부르실 때는 새로운 차원의 세계로 인도하시기 위함이다. 그곳에 머무르기 원한다면 물 속에서 숨 쉬는 법부터 배워야 할 것이다.

어느 날 주님께서 마른 땅을 박차고 바다 속으로 뛰어 들어 보라고 말씀하시는 것을 느껴본 적이 있다.

"하나님의 나라에서 사는 것은 어렵지 않은 일이지. 너에게 이 정도 깊이면 되느냐?"

나는 대답했다.

"아니오. 주님."

그러자 주님께서 이렇게 말씀하셨다.

"더 깊은 곳으로 오너라."

나는 바위와 모래를 덮고 있는 물 속 깊은 곳으로 걸어 들어갔다. 허리 높이까지 물이 차오르는 곳으로 들어 갔을 때 다시 주님께서 말씀하심을 느낄 수 있었다.

"자, 이제 내가 너를 데리고 들어갈 수 있도록 해다오."

그리고는 내 자신을 물 속에 그냥 맡겨 버렸다. 마치 다른 세상이 나를 감싸고 있는 것만 같았다.

도대체 무슨 일이 일어나는지 이해되지 않고 오히려 두려움만 느끼게 되는 순간 하나님께 자신을 맡겨 보라. 어쩌면 물에 빠져 익사할 것만 같은 그런 느낌이 들 수도 있다. 하나님의 약속을 의지하며 우리 자신을 내어 드릴 때 사실 우리는 죽게 된다. 하지만 죽음 이후 그곳에서 새로운 생명이 다시 시작된다. 예수님을 우리의 구세주로 알기 시작했다면 '고요한 심연' 속에 머물러 있기를 바란다. 하나님 아버지의 사랑 안에 완전히 잠기는 경험을 하게 될 것이다.

어떤 이는 주저하고 변명하며 그렇게 하는 것이 위험스러워 보여서 뒤로 물러서려고 할 수도 있다. 그리고 어떤 이는 아직 자신은 깊은 곳에 들어가 수영할 준비가 되어 있지 않은데다가 수영할 줄도 모르는데 왜 그렇게까지 해야 하는지 의문을 제기할 수도 있다. 하지만 걱정할 필요가 없다고 말해 주고 싶다. 뛰어 들기만 하면 하나님께서 여러분을 붙잡아 주실 것이다. 그리고 나서 그분의 깊은 사랑 안에 숨이 멎는 경험을 하게 될 것이다. 뛰어 들기만 하면 하나님께서 우리를 깊은 곳으로 데려 가서서 성령님의 임재 가운데 숨쉬는 법을 가르쳐 주실 것이다.

하나님께서는 물 속에서 숨 쉬도록 우리를 부르고 계신다. 이미 물 바깥으로 머리를 내민 지 오래 되었다면 머리를 넣고 하나님께서 원하시는 대로 자신을 내어 드려 보라.

물 속에서는 그곳에 사는 식물이나 다른 생물들이 모두 다르게 보인다. 처음에는 그저 내 주위를 둘러 싼 모든 것이 너무나 낯설게 느껴질 것이다. 하지만 주님께서는 깊은 바다 속에서처럼 하나님의 임재가 가득한 하나님 나라의 초자연적인 영역을 두려워하는 우리에게 계속 초대장을 내밀고 계신다.

우리 모두는 이러한 곳에서 살도록 창조되었다. 영광스런 하나님의 사랑 안에 완전히 잠길 수 있도록 말이다. 우리는 그저 그 안에 빠져 들어가면 되는 것이다.

하나님의 마음이 머물지 않는 곳에서 숨쉬며 사는 것은 이제 내게 맞지 않다. 인간적인 종교를 경험할 때면 쉽게 상처를 입곤 한다. 이럴 때면 하나님의 마음 깊은 곳으로 들어와 그곳에 거하게 해달라 구한다. 성령 충만한 삶을 배우게 된다면 여러분은 쉽게 지치지 않을 것이다. 그리고 물 밖으로 나오는 그때 가장 견디기 힘들 것이다. 산호초나 바위가 있는 곳을 지날 때 조심해야 한다. 무릎이나 허리 높이 정도의 깊이에서는 움직이기가 쉽지 않다. 반은 물 속에 반은 세상 가운데 있는 상태일 경우 말이다. 한 번 물 위에 떠오르게 되면 새로운 종류의 자유를 경험하게 될 것이다.

하나님께서는 우리가 거할 곳이 이곳이 아니기 때문에 다른 곳에서의 삶에 익숙해지기를 원하신다. 아프리카의 덤불 숲에서 사는 삶이 얼마나 즐거운지 모른다. 하지만 이곳은 나의 집이 아니다. 나의 집은 다른 곳에 있다. 그리고 나의 마음은 내가 사랑하는 그분과 함께하고 있다. 이 세상에서 주어지는 것은 더 이상 내 것이 아님을 알게 해 주는 심연의 깊은 곳으로 들어가 그곳에서 헤엄치는 것이 그래서 중요하다. 내가 살고 있는 현실은 그야 말로 견고하고 굳건하며 실제적이다. 하지만 내가 영원히 거할 곳은 아니다. 바로 이러한 이유 때문에 다른 이들이 보는 것과는 다른 관점을 가지게 되는 것이다.

하나님께서는 자신의 삶을 드려 하나님의 마음 깊은 곳에서 살고자 하나님의 사랑 가운데 푹 잠기길 원하는 사람들을 찾고 계신다. 이러한 사람들에게는 그 어떠한 것도 중요하지 않다. 은밀한 곳에서만이 하나님의 심장 박동을 들을 수 있다. 하나님의 마음을 즐거워하라고 말씀하고 계신다. 그리고 하나님께서 원하시는 곳으로 가서 그분이 원하시는 일을 하도록 부르실 때 여러분은 절대로 하나님을 거절하지 못하게 될 것이다.

하나님께서도 이렇게 하는 것이 어떠한 두려움을 주는지 잘 알고 계신다. 그럼에도 불구하고 더 깊은 곳으로 우리를 부르고 계신다. 얼마나 깊은 곳까지 왔는지 그리 중요하지 않다. 갈수록 더 깊은 곳은 얼마든지 있다. 우리는 그리스도의 지각을 가질 때까지 더 깊은 곳으로 더 낮은 곳으로 가야만 한다. 짧게 머무를 수 있을 정도의 깊이에서 잠수하다가 이내 머리를 내밀고 바깥에 무슨 일이 있나 살펴볼 수 있는 그런 수준에 머물러 있어서는 안 된다. 이 세상의 공기가 더 이상 필요 없이 하나님의 것으로 숨 쉴 수 있어야만 한다.

하나님께서 깊은 곳으로 우리를 인도하실 수 있도록 하라. 그저 말로만 그럴 듯하게 포장하려 들지 않았으면 한다. 하나님의 사랑 안에서 여러분을 변화시키실 수 있도록 하나님께 구하라. 하나님을 경배하며 더 이상 돌아갈 수 없도록 우리를 완전히 사로잡으실 때까지 기다리라.

하나님의 강에서 날마다 그 물을 마시며 그분 안에 잠기게 되면 측량할 수 없을 정도의 거부할 수 없는 사랑을 부어줄 수 있는 사람으로 변화하게 될 것이다. 깨어진 영혼들과 죽어 가는 사람들, 그리고 상처 입은 자들을 위해 사역할 때 우리의 모든 삶을 통해 하나님의 거룩한 임재가 평안과 기쁨 가운데 충만히 흘러 넘치게 될 것이다.

하나님의 가슴 깊은 곳을 이해하게 될 때까지 여러분 모두가 계속해서 하나님의 사랑에 푹 잠기게 되길 기도한다. 그리고 날마다 더 깊은 곳으로 들어가 머무르는 데 평생을 드려 보라고 권하고 싶다. 지금 나와 함께 기도해 보지 않겠는가?

"하나님, 저는 만족하지 못합니다. 발목, 무릎, 허리 높이 정도에서는 살 수 없습니다. 하나님의 임재 안에 깊이 잠기길 원합니다. 주님, 제가 여기 있습니다. 깊이 잠길 수 있도록 도와주세요. 혹시나 물에 빠져 죽을까 염려하지 않습니다. 주님의 사랑 안에 호흡이 멎어도 상관없습니다. 제가 잠겨 있는지 아니면 그렇지 않은지 알고 싶습니다. 오직 하나님께서 저를 다스려 주시기를 간절히 원합니다. 주님, 급한 물살처럼 저에게 와 주세요. 저를 휩쓸어 깊은 곳으로 인도해 주세요."

어두운 곳에서의 삶

그가 내게 이르시되 "인자야, 네가 이것을 보았느냐?" 하시고 나를 인도하여 강 가로 돌아가게 하시기로 내가 돌아가니 강 좌우편에 나무가 심히 많더라. 그가 내게 이르시되 "이 물이 동쪽으로 향하여 흘러 아라바로 내려가서 바다에 이르니 이 흘러 내리는 물로 그 바다의 물이 되살아나리라. 이 강물이 이르는 곳마다 번성하는 모든 생물이 살고 또 고기가 심히 많으리니 이 물이 흘러 들어가므로 바닷물이 되살아나겠고 이 강이 이르는 각처에 모든 것이 살 것이며."

— 에스겔 47:6~9

모잠비크에 폭우가 쏟아져 홍수 가운데 엄청난 수해가 일어난 적이 있다. 마을에서는 어쩔 수 없이 나무 위에서 아이들을 출산하기도 했다. 헬리콥터와 승합차, 그리고 보트 등을 이용해 가능한 많은 이들에게 도움을 주고자 노력했다. 그리고 이 과정에서 우리는 물살을 헤치며 끊임없이 걸어 다녀야만 했다.

하지만 이 일을 계기로 수 많은 사람들이 예수님을 믿기 시작했다. 그들은 너무나 절박했다. 끔찍한 홍수가 지금까지 이곳에서 찾아 볼 수 없었던 영적인 대 각성을 불러일으킨 것이다.

하나님의 마음을 받아들이기만 한다면 하나님께서 하시는 일을 우리 역시 할 수 있게 된다고 말씀하신다. 예수님께서는 아버지께서 하시는 것만 하셨다.

"그러므로 예수께서 그들에게 이르시되 내가 진실로 진실로 너희에게 이르노니 아들이 아버지께서 하시는 일을 보지 않고는 아무 것도 스스로 할 수 없나니 아버지께서 행하시는 그것을 아들도 그와 같이 행하느니라."

— 요한복음 5:19

  은밀한 곳에서 다져왔던 친밀한 교제를 통한 사랑이 하나님의 강이 되어 우리에게서 흘러 넘친다. 이 강 속에서 발견하게 될 생명을 찾기 위해 우리는 뛰어 들어야만 한다. 하나님의 강에 한 번 잠기게 되면 우리가 가는 곳마다 생명이 뒤따르게 된다. 아무리 어두운 곳이라도 말이다. 하나님의 강에서 살아가며 하나님의 마음으로 충만해지면 우리를 통해 치유의 역사가 일어나게 된다. 우리의 강물을 통해 강 둑과 강 가에 많은 생명들이 열리게 되는 것이다. 하나님으로부터 흘러 오는 깨끗한 물은 어떠한 오염된 물이라도 정화시키는 능력을 가진다. 짠 물이든 쓴 물이든 모두 깨끗하게 만들어 버리는 것이다.

  짧은 시간 안에 세 개의 교회에서부터 수 천 개의 교회가 생겨날 수 있었던 이유는 우리가 이전에는 경험해 보지 못했던 성령님의 충만한 임재가 우리 가운데 있었기 때문이다. 많은 사람들이 어떻게 이런 일이 일어날 수 있었느냐고 묻는다. 나는 그저 하나님께서 하셨다고 말할 뿐이다. 다른 할 말은 전혀 없기 때문이다. 티끌만도 못한 인생을 내어 드렸더니 작은 개울처럼 느껴졌던 하나님의 임재가 우리의 머리를 덮어 우리 모두를 축복하신 것이다. 하나님께서는 성령을 부어 주시고 우리의 사역 가운데 아름다운 사역자들을 보내 주셨다. 에스겔서에 나온 말씀처럼 이 강 가에서 모든 생물과 고기를 발견하게 된 것이다.

하나님께서는 우리에게 능력의 약속을 주셨다. 이 강물이 흘러 가는 곳마다 생명이 움트게 될 것이라는 약속이다. 풍성한 생명들을 상상해 보라. 우리가 가는 모든 곳에서 치유가 일어나고 측량할 수 없는 기쁨이 넘쳐난다. 이 강에 머무르는 법을 함께 배울 수 있다.

모잠비크에 홍수가 일어나기 전까지는 한 번에 단 몇 명 정도의 사람들만을 주님께 인도할 수 있었다. 그런데 지금은 엄청난 수의 사람들이 예수님께로 오고 있다. 경우에 따라 마을 전체가 단 하룻밤 사이에 예수님을 영접하기도 한다. 단 한 명의 크리스천도 없던 마을이 하나 있었는데 그곳에서 말씀을 전하기 위해 준비하던 중 앞에서 언급한 에스겔서의 말씀이 기억이 났다. 하나님의 사랑이 그 마을 가운데 생수가 되리라는 소망을 안고 그날 바로 마을로 들어가게 되었다.

보통 밤이 되면 마을은 칠흑처럼 컴컴했기 때문에 발전기를 들고 갔는데 이상하게도 그 마을의 영적인 느낌은 다른 어떤 곳보다 더 암울하기만 했다. 하지만 우리가 데리고 온 센터의 아이들은 이런 분위기에 전혀 압도되지 않았다. 조명과 스피커 시스템이 모두 준비되자 아이들은 신나게 떠들고 노래하고 드럼을 치며 생기 넘치는 예배를 드리기 시작했다. 나 역시 말씀을 전했다. 그리고 나서 말했다.

"저에게 눈 먼 사람과 귀가 들리지 않는 사람들을 데리고 오세요."

그런데 그곳에서는 귀가 먼 사람이 없었다. 아프리카에서는 매우 드문 일이었다. 하지만 곧 누군가가 내게로 다가와 중풍병에 걸린 장님 한 명을 알고 있다고 말해 주었다. 그는 움직일 수 없어 자리에서 일어나지 못했다고 했다. 너무나 완벽한 상황이었다. 나는 전등을 빌려 어린이 중보기도팀을 데리고 병자가 있는 움집으로 갔다. 우리가 도착했을 때 그곳에 앞을 보지 못하는 남자가 있었다. 그는 푸른색 스머프가 그려져 있는 담요에 둘러싸여 있었다. 이 상황에서 그다지 중요한 건 아니었지만 순간 그 담요를 어떻게 구했고, 그 마을 사람들이 스머프가 무엇인지 알까 궁금해지기도 했다.

우리는 병자를 빙 둘러싸고 앉아 그를 위해 기도하고 꼭 안아 주었다. 그는 여전히 앞을 보지 못하고 있었다. 그런데 갑자기 머리가 아프다고 말하기 시작했다. 우리는 그의 두통이 떠나가도록 기도했지만 여전히 앞을 보지는 못했다.

나는 그에게 예수님을 알고 싶은지 물어 보았다. 그와 그의 가족은 이미 예수님께 자신의 삶을 드릴 준비가 되어 있었다. 그래서 그는 이렇게 말했다.

"비록 앞을 보지 못해도 예수님을 영접하기 원합니다. 그분을 믿는다는 것은 정말 놀라운 일입니다."

그날 밤 그와 그의 가족은 모두 예수님을 믿게 되었다. 그리고 그곳을 떠나기 전 나는 이렇게 말했다.

"내일 앞을 보게 된다면 펨바에 사람을 보내 알려 주세요."

내가 살고 있는 펨바는 이 마을에서 몇 시간 떨어진 곳에 있었다. 그날 밤 나는 일반 사람들처럼 생각하고 있지 않았다. 하나님의 임재에 완전히 잠겨서 일반 세상에 있는 사람과는 완전히 다르게 생각하고 다르게 말하고 있던 것이다. 그날 밤은 너무나 힘겨운 일들의 연속이었기에 이것은 오히려 다행스러운 일이었다. 몇몇 마을 사람들은 우리에게 돌을 던지기 시작했고 우리와 함께 왔던 방문객들은 내 차에 올라타 문을 잠그고 있었다. 그들은 우리를 위해 중보기도를 하고 있던 중이라고 말했다.

우리와 함께 왔던 한 어린 소녀는 돌이 날아오는 것도 무시하고 앞을 보지 못하는 사람이 있다면 와서 고침을 받으라고 권하며 다녔다. 어떤 친절한 마을 사람들은 또 다른 장님 한 명을 우리에게 데리고 왔다. 소녀와 함께 장님을 위해 기도했고 바로 그 자리에서 앞을 볼 수 있게 되었다. 그는 병이 낫기도 전에 예수님을 영접했지만 눈을 뜨게 된 순간 바로 '할렐루야'를 외치며 가까이에 있던 마이크를 잡고 군중들에게 예수님에 대해 말하기 시작했다.

"이 사람들이 말하는 그분은 진짜예요. 나는 앞을 못 봤는데 지금은 볼 수 있게 되었어요!"

그리고 나서 마을에 있던 많은 사람들이 예수님을 믿게 되었다.

이 모든 일은 목요일 밤에 일어났고 주일까지도 우리가 만났던 첫 번째 병자에 대한 소식은 펨바에 전해지지 않았다. 약간 당황스럽기는 했다. 나는 그 사람이 완전히 낫기를 바라고 있었기 때문이다.

다음날 나는 펨바에서 상당한 영향력을 끼치고 있는 사업가 친구와 함께 이야기를 나누고 있었다. 이 친구는 다른 종교를 가지고 있었다. 우리 사무실 앞쪽에 막 주차를 했을 때 한 낯선 사람이 트럭으로 다가와 창문을 두드렸다. 친구는 의심스러운 눈빛으로 그 사람이 무엇을 하고 있는지 나에게 물었다. 펨바에서 낯선 사람과 대화하는 것이 항상 안전한 것만은 아니다.

어떠한 상황인지 전혀 알지 못하는 나는 이유를 묻기 위해 창문을 내렸다. 그런데 창문을 내리자마자 그 사람이 말했다.

"소식을 전하러 왔습니다!"

그때 또 다른 사람이 그 사람 옆에 와서 그의 말을 가로챘다.

"그 남자 볼 수 있게 되었어요! 그리고 이제 걸을 수도 있어요. 일어나서 밭일을 하고 있다고요."

이 말을 듣고 사업가 친구가 바로 그 자리에서 나에게 기도를 해달라고 부탁했다. 그리고는 내 손을 잡아 자기 눈에 대었다. 나는 그가 원하는 대로 해 주었다.

가끔씩 하나님께서는 우리가 생각하는 대로 응답하시지 않고 기다리며 그 이유를 궁금하게 하실 때가 있다. 그저 월요일까지 기다리라고 하시기도 한다. 하나님께서 하시는 일은 하나님이 가장 잘 아신다. 소식을 전하는 자가 그 시간에 도착했기 때문에 내 친구는 자신이 따르던 종교를 버리고 예수님을 경험해야 할 필요를 느꼈다.

하나님의 방법이 예상치 못한 것이라 할지라도 그것이야말로 가장 적절한 것이다. 우리가 강물 깊은 곳에 머물러 있어야 하는 이유가 바로 이 때문이다.

멀리 그물을 던져라

또 이 강가에 어부가 설 것이니 엔게디에서부터 에네글라임까지 그물 치는 곳이 될 것이라. 그 고기가 각기 종류를 따라 큰 바다의 고기 같이 심히 많으려니와 강 좌우 가에는 각종 먹을 과실나무가 자라서 그 잎이 시들지 아니하며 열매가 끊이지 아니하고 달마다 새 열매를 맺으리니 그 물이 성소를 통하여 나옴이라. 그 열매는 먹을 만하고 그 잎사귀는 약 재료가 되리라.

— 에스겔 47:10, 12

길 가운데로 흐르더라. 강 좌우에 생명 나무가 있어 열두 가지 열매를 맺
되 달마다 그 열매를 맺고 그 나무 잎사귀들은 만국을 치료하기 위하여
있더라.

— 요한계시록 22:2

우리 주변에는 하나님 아버지의 사랑의 그물에 걸려 들기를 기다리고 있는 '물고기'들이 있다. 우리 세대에 여러 끔찍한 일들이 벌어지고는 있지만 믿음으로 그물을 던져 풍성한 수확을 얻게 될 것이라는 확신을 가져야 한다.

펨바의 어린이센터 앞은 바다이기 때문에 어부들이 물고기를 잡기 위해 그물을 던지는 광경을 늘 목격할 수 있다. 보통 열 명에서 스무 명 정도 되는 여인들이 그물 하나를 던져 넣곤 하는데 그 그물은 너무나 커서 한 사람이 좌지우지 할 수 있는 것이 아니다. 여인들이 바다 밑바닥에 무거운 것으로 닻을 대신해 내려 고정시켜 두고 저녁 때가 되면 다시 돌아와 함께 노래를 부르며 잡힌 물고기들을 끌어 올리는 장면을 구경할 수 있다. 함께 일하기 때문에 모든 과정이 그리 힘겨워 보이지는 않는다.

낚싯대를 하나를 드리우고 세 시간 동안 기다렸다가 물고기 한 마리를 잡던 시대는 이제 끝났다. 한두 사람의 능력 있는 전도자가 주도했던 추수의 시간은 지나갔다는 의미이다. 하나님께서 우리에게 맡겨 주신 엄청나게 큰 그물을 합심해서 바다에 드리워야 할 때가 왔다. 그렇다고 해서 한계상황까지 밀어붙이자는 이야기가 아니다. 그저 하나님의 보좌 안에 잠잠히 거하며 함께 일하기만 하면 된다. 하나님께서는 사랑으로 교회가 연합하여 하나님의 그물을 내리는 좀더 색다른 흐름을 기대하고 계신다. 하

나님께서는 수 백만의 물고기들을 잡기 위해 각자의 위치에서 그물의 각 부분을 감당할 수 있도록, 하나님을 사랑하기 때문에 자신의 모든 것을 다 내려 놓은 군사들을 일으켜 세우고 계신다.

하나님의 보좌로부터 흘러 내려 오는 강 가에 뿌리를 내리고 있는 나무들은 때마다 열매를 맺는다. 바로 이것이 초자연적인 원리이다. 그저 물 속에 잠겨 있기만 하면 하나님께서는 우리를 통해 초자연적인 곳에서 열매를 맺어 가실 것이다.

풍성한 열매는 사랑으로 맺어진다. 열매 맺는 일은 무척 즐겁지만 이것이 마지막 목표는 아니다. 하나님과의 친밀한 관계가 바로 우리의 목적이 되어야 한다. 다른 어떤 것보다 하나님을 바란다면 열매는 그냥 맺어지게 되어 있다. 그 어떤 나무도 열심히 일해서 열매를 맺지 않는다. 그리고 스스로에게 '열매를 내어라!' 라고 명령을 내리지도 않는다. 좋은 땅에 뿌리를 내리고 있는 것 이외에 나무가 해야 할 다른 과제는 없다. 하나님의 보좌로부터 흘러 나오는 땅 속의 수분을 빨아 들이기만 하면 새로운 생명을 얻게 된다.

많은 사람들이 어떻게 하면 짧은 시간 안에 모잠비크에서처럼 수천 개의 교회를 성장하게 할 수 있었는지 그 방법을 물어본다. 그러면 우린 그저 웃을 뿐이다. 우리는 그 방법을 모른다. 아이리스에서 했던 건 그저 하나님을 사랑하고 이웃을 사랑하며 하나님의 임재 가운데 머물렀던 것뿐이다. 우리를 사용하고자 했던 분은 하나님이시다.

많은 스트레스를 견뎌내며 열심히 일해서 50명 정도 규모의 교회를 한 사람이 개척하고 이끌 수도 있다. 그리고 계절에 따라 열매를 맺을 수도 있다. 하지만 하나님께 자신을 내어 드리고 마음을 열면 계절과 상관없이 풍성한 열매를 경험할 수도 있다. 이 길을 택하여 자신의 모든 것을 제단 앞에 다 내려 놓은 사람들은 어느 곳이든 기꺼이 갈 수 있고 무엇이든 하려 할 것이다.

깊은 물 속으로 들어갈 때 열두 달 내내 열매를 맺는 삶이 여러분을 기다리고 있을 것이다. 그곳에 생명이 있고 치유가 있다. 하나님의 보좌 깊은 곳에 잠겨 그곳에 거할 때 무엇을 하고 어떻게 해야 할지 알게 될 것이다. 하나님 안에 은밀하게 거하는 법을 배우라. 그러면 초자연적인 하나님의 사랑의 열매를 가까이에서 경험하게 될 것이다.

5장
그분 안에 거하라

나는 참포도나무요 내 아버지는 농부라. 무릇 내게 붙어 있어 열매를 맺지 아니하는 가지는 아버지께서 그것을 제거해 버리시고 무릇 열매를 맺는 가지는 더 열매를 맺게 하려 하여 그것을 깨끗하게 하시느니라.
너희는 내가 일러준 말로 이미 깨끗하여졌으니 내 안에 거하라. 나도 너희 안에 거하리라. 가지가 포도나무에 붙어 있지 아니하면 스스로 열매를 맺을 수 없음 같이 너희도 내 안에 있지 아니하면 그러하리라. 나는 포도나무요 너희는 가지라. 그가 내 안에, 내가 그 안에 거하면 사람이 열매를 많이 맺나니 나를 떠나서는 너희가 아무 것도 할 수 없음이라.

| 요한복음 15:1~5 |

하나님께서는 언제나 우리의 열매가 더 풍성해지기를 원하신다. 하나님께 우리의 삶을 드리고자 할 때 하나님께서는 우리에게 가지치기를 하려 하실 것이다. 어찌된 영문인지 몰라 그 당시에는 몹시 고통스러워 보일 수도 있다. 하지만 하나님께서 땅 위의 가지를 솎아 내시는 동안 땅 속 뿌리를 더 견고하게 하신다. 불순종의 가지들을 쳐내시고 더 깊은 곳으로 뿌리가 내리도록 하기 위함이다.

처음 20년 동안의 사역을 통해 우리는 별다른 결실을 보지 못했다. 세 개의 교회를 개척했고 몇 가지 기적들을 경험했을 뿐이었다. 하지만 그 이후의 시간 동안 눈에 보이는 열매는 이와 비교할 수 없을 정도였다. 처음에는 우리가 가진 소망에 미치지 못해 너무나 절망적이어서 차라리 시간이 더 가기 전에 그리스도를 위해 순교하는 것이 더 낫겠다는 생각까지 들었다. 사는 것이 그렇게 힘들 줄 몰랐다. 그리고 집에 빨리 돌아가고 싶었다. 하나님 앞에 무릎을 꿇고 내가 맺은 열매를 하나님께 드릴 준비가 되어 있었다. 작은 포도 한 알을 맺는다 해도 그것을 위해 내 모든 것을 바쳤으니 하나님께서 소중히 여겨 주신다는 사실을 알고 있었기 때문이다.

하지만 하나님께서는 한 알의 포도알보다 더 많은 것을 원하셨다. 포도원 전체를 원하셨던 것이다. 나의 때가 이르기 전에 죽는 것보다 하나님을 위해 살아 있으면 어떻게 많은 열매를 맺을 수 있는지 보여 주셨다. 결국 포도원을 경작하기 위해서는 나 자신을 가지치기 하실 수 있도록 하나님을 초대하는 방법이 있다는 것을 알았다.

가지치기를 위해 자신을 내어 드리는 것

예수님은 참 포도나무이다. 그리고 그의 아버지 하나님은 그것을 가꾸는 정원사이다. 하나님 아버지는 우리가 풍성한 열매를 맺기를 바라시기 때문에 열매를 맺지 못하는 가지를 모두 쳐내려 하시는 것이다. 물론 고통스러운 작업이다. 하지만 사랑으로부터 비롯된 것이다. 우리 안에 있는 모든 것을 내어 놓고 가지치기를 하실 수 있도록 하나님 앞에 나아가려 해야 하는 것이다. 이 세상 끝까지 복음을 전하고자 하는 사랑의 메신저로 선택되어 부름 받았다면 결국 하나님의 영광을 드러내게 될 것이다. 하나님께서는 이러한 목적을 이루지 못하게 만드는 어떠한 장애물이든 제거하고 싶어하신다.

하나님께서는 우리가 사랑하는 것을 가지치기 하실 때도 있다. 어떤 경우에는 우리가 좋아한다고 여기는 것들을 다른 곳으로 옮겨 두기도 하신다. 하나님께서 이런 가지들을 정리하실 때 우리는 고통을 느끼기 시작한다. 하지만 동시에 하나님의 인자하심으로 우리를 보호하고 계시기도 한다. 이런 훈련을 통해 소명을 향해 한 걸음 더 나아갈 수 있게 되는 것이다.

하나님께서는 나를 묶고 있었던 것들로부터 자유롭게 해주셨다. 그럴싸한 이유로 그냥 놔 두고 있던 것들을 하나님께서 가지치기해 주셨던 것이다. 하나님께서는 고통으로 소리지르는 내 모습조차 인자하게 바라보시는 분이다. 하나님께서는 이미 그 결과의 끝을 바라보고 계시며 내가 상상했던 것보다 훨씬 더 좋아질 것이라는 것을 알고 계신다.

하나님의 마음을 이해하지 못한다면 요한복음 15장 1절과 2절에 등장하는 하나님은 그야말로 끔직한 분이라고 여길 수도 있다. 가지를 쳐내기 위해 손에 칼을 든 하나님의 모습을 보며 꼭 껴 안고 싶을 정도로 사랑스러운 분이라고 말할 수 있을까? 하지만 하나님은 영원히 자애로우신 분이라는 게 진실이라면 어떻게 하겠는가? 하나님께서 우리에게 속한 일부를 잘라내고 태워 버릴지도 모른다. 하지만 이러한 일을 하실 때 하나님께서는 큰 팔로 안으시며 우리를 얼마나 사랑하는지 알게 하신다.

37년 동안의 사역 이후에 하나님께서 나의 삶과 사역 가운데 가지를 치며 불에 태워 버리셨기에 더 많은 열매를 맺게 되었다는 사실을 깨닫기 시작했다. 그리고 이제는 변화를 위해 엄청난 고통을 겪어야 한다고 해도 만약 그것이 반드시 필요하다면 기꺼이 '예'라고 대답한다.

주님께서는 오랫동안 나의 삶에 가지치기를 해오셨다. 토론토에서 강력한 주님의 임재를 경험한 이후 하나님께서 이렇게 말씀하심을 느꼈다.

"나는 너와 더 많은 시간을 함께하길 원한단다. 중요하지 않다고 여겨지는 너의 일정들은 모두 가지치기 하려고 한다."

내가 바닥에 그대로 달라 붙어 있는 동안 더 이상 교회 생활을 할 수 없었다. 그 어떤 종교적인 활동 때문에 더 이상 바쁘게 지낼 수도 없었다. 말하거나 움직일 수도 없었을 뿐만 아니라 노래나 설교, 그리고 간증조차 할 수 없었다.

그렇게 거기에 머물러 있기만 하면 어떻게 열매를 맺을 수 있을까 궁금했다. 하지만 친밀한 사랑을 경험한 이후 기하급수적으로 열매를 맺어가기 시작했다. 하나님께서는 꿈 조차 꿀 수 없었던 모든 기적을 보여 주시며 축복해 주셨다.

토론토에서의 경험 이후에도 개인적인 체험은 수그러들지 않았지만 이조차도 변해야 할 많은 것들 중 하나라는 것도 알게 되었다. 물론 이렇게 되기까지 그 과정은 절대 쉽지 않았다.

나는 세상을 모두 정복할 준비가 다 되었다고 여겼었다.

"자, 이제 인도와 콩고 그리고 수단을 접수해 버리자. 그래! 가자."

나는 그 어떠한 것이라도 상관 없이 무조건 외쳤다.

"그래! 나가는 거야! 이곳에도, 저곳에도!"

하지만 하나님께서 모두 가지치기 하셨다. 하나님께서 직접 다 걷어 내시고 불살라 버리겠다고 말씀하셨고 내 삶에서 떠나 보내야 하는 모든 것을 다 정리하겠다고 하셨다.

하지만 나는 한 가지만큼은 절대로 양보할 수 없다고 하나님께 말했다. 그런데 장차 무엇을 할 것이고 어떤 것은 하지 않을 것인지 하나님께 제안하는 것이 얼마나 어리석은지 알게 되었다. 하나님께 이런 식으로 행동하는 것은 별로 추천하고 싶지 않다. 어찌되었든 다른 것은 상관 없지만 아이들만큼은 언제나 함께 살아야 한다고 말씀 드렸다. 그 당시 어린이 센터에는 수백 명의 아이들이 있었다. 그곳은 언제나 소란스러웠고 나 자신을 위한 시간을 내기가 좀처럼 쉽지 않았다. 하지만 그곳에 있는 모든 이들과 가까이 지내는 것이 너무나 좋았다. 거룩한 혼란 속에서도 잘 성장해 가고 있다고 생각했다.

하지만 그 순간 주님께서 나를 사랑하셔서 가지치기를 하시리라는 것을 느꼈다. 하나님께서는 나를 이 분주한 틈에서 끄집어 내어 평화로운 곳으로 인도하기 원하셨다. 우리 센터에서 5분 정도 떨어진 곳에 장만할 수 있는 집이 있었지만 굳이 그것을 필요로 하지는 않았다. 나는 항상 사람들과 아이들 사이에서 함께 지내왔었다. 그리고 그들과 떨어져 지낸다면 기름 부으심이 사라질 것이라고 생각했다.

하지만 주님께서는 완강하셨다. 하나님께서는 나와 남편이 베이스를 떠나 5분 거리의 집으로 이사하기를 원하셨다. 나는 그곳에 여덟 명의 아이들을 데려갈 수 있겠느냐고 물었지만 그 아이들은 오직 주말에만 함께 보낼 수 있다고 말씀하심을 느꼈다. 우리가 낳은 두 아이는 이미 다 자라서 대학을 다니고 있었다.

하나님께서는 그분과 함께 예배 가운데 더 많은 시간을 보내도록 나를 부르고 계셨다. 은밀한 곳에서 더 많은 시간을 함께 보내도록 말이다. 나의 삶 가운데 하나님의 가지치기를 기꺼이 맞이하면서 내 스스로에게서 벗어날 수 있게 되었다. 그러면서 배고픈 아이와 죽어가는 할머니의 두 눈을 똑바로 바라볼 수 있게 되었고 항상 모든 것은 충분하다는 것을 알게 되었다. 이 세상과 교회와 사람들이 아무리 많은 도움이 필요하다고 해도 하루 중 가장 소중한 시간을 주님께 드리는 것에 동의했다.

나는 세상의 요구 가운데 반드시 내가 하지 않아도 되는 것을 거절하는 법을 배워야 했다. 세상이 주는 부담감을 떨쳐내기 위해 하나님께 부르짖는 시간을 가질 필요가 있다. 그래서 성령님의 불을 초대하곤 한다. 가지치기에 필요한 칼날도 환영한다. 나는 여러분에게 사랑에는 앞장서되 행동으로 옮기는 것은 좀 더 시간을 둘 필요가 있다는 말을 해주고 싶다.

"모든 것은 하나님을 위한 일이고 하나님께서 가시지 않는 곳에는 나도 있을 필요가 없다. 하나님께 드리지 않은 것은 아무 것도 없다."

만약 여러분이 이에 해당된다면 하나님께서 여러분과 함께 시간 보내기를 원하신다.

하나님께서 나와 함께 긴 산책을 하려 하시고 그분께 예배하기 원하실 때 나는 기쁘게 이에 응한다. 바다로 들어가 물고기들을 보라고 나를 이끄실 때는 주저 않고 장비들을 챙겨 바다 속으로 뛰어 든다. 하나님께서 부르신다면 물 속에서 몇 시간이고 예배할 것이다. 어떤 이들은 내가 행하기는 더딘 게으른 사람이라고 생각할지도 모르겠다. 하지만 그동안 다른 방법으로 사역했을 때보다 하나님과 함께 사랑을 나누는 이 시간을 통해 훨씬 더 많은 열매를 맺는 법을 배우게 된다.

하나님께서는 우리를 사랑하기 때문에 우리가 더 시간을 낼 수 있기를 원하신다. 날마다 한 시간 정도라도 주님의 제단 앞에 여러분의 소중한 휴대폰과 컴퓨터를 내려 놓는다면 어떠한 일이 생길까? 다른 어떤 것보다도 하나님을 진심으로 우선순위에 둔다면 어떻게 될까?

하나님께서는 모든 교회들을 돌아보시며 이렇게 말씀하고 계신다.

"은밀한 곳에서 나와 사랑을 나눌 시간이 있는 사람이 있는가? 나의 사랑과 영광 가운데 깊이 잠길 때까지 자신을 내려 놓고 다시 일어섰을 때 풍성한 열매를 가득 맺기를 원하는 사람은 어디에 있는가?"

나는 여러분 모두가 이렇게 답하기를 바란다.

"주님, 여기에 있습니다. 제 안에 가지치기 하기 원하시는 것이 있다면 무엇이든 제거해 주세요. 태워 버려야 할 것들이 있다면 다 태워 주세요. 주님, 나의 하루 일과를 모두 조정해 주세요."

하나님과 함께하는 시간은 아침이 아닐 수도 있고 저녁이 아닐 수도 있다. 어쩌면 토요일 점심시간이 될 수도 있다. 어떤 이들은 때마다 산 속 오두막으로 들어가 하루 종일 예배하는 시간을 가지도록 부름 받을 수도 있다. 어떤 이들은 다른 나라로 부름 받기도 하고 어떤 이들은 도심 속으로, 또 어떤 이들은 의사가 되어 병원으로 갈 수도 있다. 또 어떤 이들은 교수나 학장, 또는 총장이 되어 대학으로 나갈 수도 있다. 주님과 함께하는 시간을 통해 주님께서는 각자의 부르심과 목적을 보여 주신다.

하지만 모든 사람에게 공통으로 부르시는 자리가 있다. 바로 주님과 함께 사랑을 나누는 은밀한 처소이다. 그 어떤 사람도 이 부르심에 제외된 이는 없다.

언제인가 하나님께서 나를 부르실 때 무척 갈등했던 적이 있다.

"사랑하는 딸아, 이리로 오너라. 그리고 함께 해변가를 거닐어 보자꾸나."

내 안에 자리잡은 편협한 종교성은 이러한 초대에 갈등을 일으켰다. 아름다운 해변으로 가는 것만큼 나 자신을 추스르기 어려운 것도 없다. 그동안의 사역을 통해 많은 것을 희생해 온 삶의 패턴 때문인지 그런 시간을 가지는 것을 무척 사치스럽게 여겼기 때문이다. 장엄한 대자연을 누리지 않는 삶이 거룩함을 지키는 길이라 생각했다. 하지만 하나님께서 나를 부르신다는 사실을 깨닫고는 결국 두 눈을 열어 하나님께 감사하며 내 주위를 둘러싼 아름다운 자연의 신비를 누리기로 결단했다.

하나님께서는 내 삶 가운데 자리 잡고 있었던 거짓된 종교성을 제하여 버리기 원하신다는 사실을 깨달았다. 하나님께서는 우리에게 주어진 것들을 누리지 않기 위해 얼마나 절제하고 있는가에 관심이 없으시다. 하나님께서는 우리의 마음이 하나님께서 주신 열정으로 가득 차 있기를 원하실 뿐이다.

예수님께서 우리 안에 열매 맺지 못하게 하는 잔 가지들을 쳐내실 수 있도록 해야 건강할 수 있다. 하지만 어느 정도 열매를 맺는 것같이 보일지라도 가지들을 제거해야 할 때도 있다. 그러면 더 많은 열매를 맺을 수 있다. 하나님께서는 오직 하나님 한 분만을 신뢰하라고 말씀하신다. 풍성한 열매는 순종의 결과물이다. 사랑하기 때문에 내려 놓은 삶은 어떠한 모습이라도 모두 다 주님을 위한 사역이다.

사랑 때문에 어떠한 것이든 하나님께서 가지치기 하실 수 있도록 내어드리되 어떤 다른 이유로도 자신을 학대해서는 안 된다. 차와 집과 모든 것을 다 팔아 세상으로 나아간다 해도 이 모든 것은 사랑에서 기인한 것이어야 한다. 그렇다면 충분하다. 한 사람의 사랑으로 인한 순종의 삶을 통해 많은 영혼들을 예수님의 품 안으로 인도할 수 있는 풍성한 열매를 맺을 수 있게 될 것이다.

갓 구운 빵과 신선한 과일

오래된 빵과 썩은 과일을 먹기 원하는 사람이 있는가? 대부분의 사람들은 좋아하지 않을 것이다. 하지만 우리의 삶을 통해 맺어지는 참 열매 가운데 사역하지 않을 경우 이러한 것들을 사람들에게 먹이게 된다. 굶주린 사람들은 교회로 달려와 우리에게서 오래된 빵 몇 조각을 받아 먹지만 왜 여전히 배가 고픈 상태인지 알 길이 없을 때가 있다. 그런데 갓 구운 빵에서 나는 향기가 퍼져 나가면 배고픈 아이들과 심지어는 부자들조차도 가던 길을 멈추고 돌아설 것이다. 포도나무에서부터 나는 향긋한 포도 내음만이 도움이 필요한 이들의 마음을 사로잡기 때문이다. 우리가 사람들이 간절히 원하는 종류의 음식을 가지고 있다면 그 어느 누구도 우리를 마다하지 않을 것이다.

대가를 지불하고 하나님 안에 거한다면 가족과 이웃에게 언제든 영적인 음식을 나누어 줄 수 있을 것이다. 여러분에게 맛 좋은 빵과 과일이 있기 때문이다. 충분히 먹고도 남을 만큼 말이다. 날마다 하나님을 구하지 않는다면 이러한 열매를 맺을 수 없다는 사실을 이해한다면 우리 삶의 목적은 더욱 분명해질 것이다.

하나님 없이 우리가 할 수 있는 것은 아무 것도 없다. 아무 것도! 예수님 없이는 아버지께 드릴 포도 한 알도 맺을 수 없다. 예수님은 포도나무이시고 우리는 그 가지들이기 때문이다. 예수님께 붙들려만 있다면 우리는 달콤한 열매를 주렁주렁 맺게 될 것이다. 그리고 해충들이 접근할 수도 없다. 또한 사람들 역시 우리들을 두려워하지 않게 될 것이다. 오히려 주님께 받은 충분한 자양분을 얻기 위해 우리에게로 다가올 것이다.

우리는 살아 있는 나무가 되어야 한다. 그리고 사랑과 친밀한 관계 안에서 사람들을 돕는 그늘막이 되어 주어야 한다. 또한 자유를 향해 나아가도록 서로 격려해야 한다. 너무나 복잡한 과업들에 얽매여 있어서는 안 된다. 우리는 하나님의 임재 안에 거하고 서로 사랑을 나누기 위해 부름 받은 존재이다. 하루를 시작할 때 은밀한 곳 하나님 보좌 앞에서 멈추고 우리 앞에 있는 사람을 사랑하기 위해 멈출 수 있어야 한다.

모든 대가를 지불해서라도 우리는 하나님 안에 머물러 있어야만 한다. 하나님께서 순종하라 말씀하실 때 그분께 자신을 내어드리라는 의미이다. 또한 하나님 안에 거하는 법을 배운다는 의미도 내포하고 있다.

어느 날 바쁜 한 주를 보낸 뒤 무척 지쳐 있을 때 나의 비서인 사라에게 중대한 결심을 나누기로 했다. 사라는 젊은 비서였는데 그녀의 세대에게 안식의 모범을 보여 주기 위해서라도 그녀를 증인으로 두고 일종의 약속을 해야 할 필요를 느꼈다. 나는 사라에게 나의 일정을 변경하고 몇 가지는 취소해야겠다고 말했다. 일의 양을 줄이고 하나님의 임재 가운데 더 머무르는 시간을 가져야겠다고 말이다.

가끔 지키기 어려운 약속이 있다. 하지만 그럴 때면 나의 가슴은 불타는 것만 같다.

이 무렵 이틀 동안 내가 가진 두 개의 시계가 말썽을 부리는 사건이 일어났다. 첫 번째 시계는 꽤 좋은 것이었는데 특별한 이유 없이 그만 멈춰 버렸다. 그래서 공항에서 좀 더 싼 다른 시계를 구입했다. 하지만 그 다음 날 똑 같은 일이 일어났다. 내가 일을 줄이면 하나님께서 더 많은 일을 하실 수 있다는 사실을 직접 보여 주시는 것 같았다.

'아니다'라고 말하는 것만큼 환영 받지 못하는 것도 없을 것이다. 하지만 하나님께 '예'라고 대답하기 위해서는 우리에게 무언가를 원하는 사람들에게 '아니오'라고 말할 수 있어야 한다. 모든 것을 다 내려 놓을 수 있어야 한다. 철저한 순종과 제한 없는 사랑을 위해 어떠한 대가를 치르더라도 말이다. 주님의 제단 앞에 우리의 삶들을 내려 놓고 오직 사랑 때문에 순종할 수 있어야만 한다.

하나님께서는 우리에게 비전과 예언을 주신다. 어떤 이들에게는 놀라운 만남을 허락하시고, 성경을 읽도록 권유하기도 하시며 믿기 어려운 생각들을 불어 넣기도 하신다. 충만한 사랑의 자리인 주님의 제단 앞에 나아갈 때 하나님의 얼굴만을 바라볼 수 있는 마음을 달라고 구해 보라. 언제나 하나님 안에 거하기를 바라는 그런 마음 말이다.

많은 사람들이 하나님의 임재를 체험하기도 하고 다른 나라나 놀라운 사역들, 혹은 미디어 세계로 나아가라는 신비로운 예언의 음성을 듣기도 한다. 하지만 이 모든 것 이전에 하나님께서는 우리가 순종의 제사를 드리기 원하신다. 많은 경우 언제나 새로운 계시가 필요한 것은 아니다. 하지만 하나님께서 주시는 말씀이 가지는 위력은 놀라운 것이다. 하나님 안에 머물러 우리에게 주신 말씀을 기억하며 순종해야만 한다.

많은 사람들이 이미 부르심 가운데 있을 것이다. 여러분 중에 이미 하나님께서 주신 인생의 목적을 발견한 이들이 있을 것이다. 모든 것을 다 내려 놓아야만 하는 또 다른 비전을 가질 필요가 없을 수도 있다. 이미 부르심 가운데서 무엇을 해야 하는지 알고 그것을 하고 있다면 이미 이 세상은 그 중심부터 흔들리게 될 것이다. 그런데 이 모든 것은 우리가 주님 안에 거할 때 일어나게 된다. 그분의 사랑 안에 거하는 삶은 곧 그분께 순종하는 삶이다.

하나님께서는 우리가 참 포도나무이자 모든 생명의 근원인 하나님 안에 거하도록 부르셨다. 이에 따르는 비용이 얼마인들 그것이 무슨 상관이 있겠는가? 물론 모든 것을 걸어야 하겠지만 말이다. 이러한 삶을 원한다면 영원한 사랑을 위해 얼마를 지불하겠는가? 어디로 가겠는가? 그리고 무엇을 하겠는가?

주님 안에 거하는 것을 배우려면

언제나 깊게 머무를 수 있는 상태에만 있을 수 없다는 사실을 인정한다. 하지만 너무나 아름다우신 우리 주님께 거하는 방법을 함께 배워 나가야만 한다. '열매를 맺기 위한 비법 열 가지' 라는 제목으로 깔끔하게 정리해 기록할 수 없는 이유가 여기에 있다. 우리는 하나님으로부터 비롯된 열매들을 창조해 낼 수 없다. 완벽한 열매는 완벽한 분에게서 오는 것이다. 우리는 열매가 드러날 때까지 그저 하나님의 보좌로 나아가 그분을 사랑하는 것만 할 뿐이다.

열매를 맺기 위해 그분을 사랑하는 것이 아니라 그분을 사랑하기 때문에 열매를 기대하게 되는 것이다. 그러기 위해 우리는 계속 배워야 한다. 세계적인 교회 성장 운동 같은 목표가 최종 목적이 아니다. 하나님의 사랑 안에 거하며 그분을 더 사랑하고 그래서 날마다 우리가 만나는 모든 남자와 여자, 그리고 아이들을 사랑하는 것이 우리의 목표가 되어야 한다. 진정으로 바라는 것이 있다면 우리의 사랑이 하나님을 위해 활활 타오르는 것이다. 하나님의 사랑이 우리를 불태운다는 것을 알기 때문이다. 하나님은 우리를 위하신다. 우리가 모든 것을 내어 드리면 우리 안에 있는 그 어떤 것도 죽은 상태로 남아 있도록 내버려 두지 않으실 것이다. 하나님께서는 말씀하신다.

"사람이 내 안에 거하지 아니하면 가지처럼 밖에 버려져 마르나니 사람들이 그것을 모아다가 불에 던져 사르느니라."

― 요한복음 15:6

하나님께서는 우리에게 가지치기를 하실 뿐만 아니라 열매를 맺지 않는 모든 가지들을 모아서 불사르기도 하신다. 하나님께서 기뻐하지 않으시는 모든 것, 그리고 불순종으로 인도하는 것은 그 어떤 것이든 불 속으로 던져진다. 우리 눈앞에서 우리를 가로막는 것들을 태워 없애 버리는 것이다. 하나님은 우리를 너무나 사랑하신다. 그래서 우리가 속한 나무 가운데 죽어 있는 가지들을 더 이상 내버려 두지 않으신다. 우리를 향한 하나님의 열정이 너무나 커서 참 포도나무이신 예수님과 상관 없이 낭비되고 있는 우리의 삶을 그냥 내버려 두실 수 없는 것이다.

우리는 각자의 꿈과 목적이 있다. 하나님께서 기뻐하지 않으시는 것은 어떠한 것이든 모두 불살라 버리시기를 기도한다. 하나님께서 기쁨으로 노래하지 못하도록 만드는 모든 욕망을 불살라 주시기를 기도한다. 하나님께서 우리를 은밀한 곳으로 더 깊이 인도해 주시기를 기도한다. 무엇을 어떻게 해야 할지 알지 못할 때 하나님께 온전히 순종할 수 있도록 도와주시기를 기도한다. 하나님께서 가지치기해 주실 때 더 깊은 친밀함으로 우리를 인도해 주실 것이다. 하나님께서 우리에게 주신 꿈 가운데 직접 개입하셔서 일하실 것이다.

예수님 안에 거할 때 그분의 마음을 더 잘 알 수 있게 된다. 그리고 우리의 욕망은 예수님의 것과 같아진다. 예수님께서는 이렇게 말씀하셨다.

"너희가 내 안에 거하고 내 말이 너희 안에 거하면 무엇이든지 원하는 대로 구하라 그리하면 이루리라."

— 요한복음 15:7

예수님 안에 거하게 되면 무엇을 원하게 될 것이라 생각하는가? 당황스러운 질문이라고 생각할 것이다. 하지만 하나님께서 여러분을 신뢰하신다는 사실을 믿으라. 은밀한 곳에서 예수님께서는 무엇이든 원하는 것을 구하라고 말씀하신다. 미전도 종족이 예수님을 알기 원하는가? 전 우주가 하나님의 사랑을 알게 되기를 원하는가? 말라리아를 고치기 원하는가? 어쩌면 요트가 갖고 싶다고 생각하는 사람도 있을지 모르겠다. 하지만 정말 그것이 당신이 원하는 것인가? 우리가 예배 가운데 예수님의 마음으로 거룩한 곳에 있을 때 정말 무엇을 원하게 되는가? 예수님 안에 거할 때 우리의 동기와 행동은 매우 명확해진다. 한번 그것을 깨닫게 되면 순수하고 단순한 바람이 생기게 된다. 마쿠아 부족이 모두 구원을 받거나 주님께서 할리우드 영화계 가운데 영향력을 끼치시기를 원할 수도 있다.

그렇다면 주님께서 이렇게 말씀하실 것이다.

"그들에게 나아가자!"

은밀한 곳에 깊이 나아갔을 때 하나님께서 무엇을 원하는지 말해 보라고 이야기하신 적이 있다. 어떤 이들은 하나님께서 원하시는 것만을 우리에게 말씀하신다고 생각하는 것 같다. 물론 그러실 경우도 있지만 하나님께서는 분명히 우리가 원하는 것이 무엇인지 물으신다.

그때 나는 내 인생에서 수 백만 명의 아이들을 돌볼 수 있는 운동이 일어나는 것을 보기를 원한다고 말씀 드렸다. 굶어 죽어가고 있는 모든 아이들을 찾아 내어 집으로 데려 오고 싶다고 말이다. 하나님께서는 이러한 바람을 좋아하셨다. 하나님께서도 나와 같은 생각을 하고 계신다고 생각했다.

은밀한 곳에서 하나님과 함께 시간을 보내다 보면 결국 하나님과 같은 생각을 하기 시작한다. 하나님의 생각을 가지게 되고 그리스도의 마음을 가지게 된다. 하나님께서는 내가 수 백만 명의 아이들을 돌보기를 원한다고 했을 때 기뻐하셨다. 좋은 외제차를 달라고 구할 수도 있었다. 물론 그냥 하나 사 버릴 수도 있었다. 하지만 나는 무언가 다른 것을 원했다. 은밀한 곳에서 나는 하나님의 임재 가운데 하나님의 목적과 연합하는 마음을 가지게 된 것이다. 나는 아이들을 원했다.

또한 젊은 주님의 군사들을 보기 원했다. 지치지 않으시며 열정으로 불타 오르는 하나님 나라 안에서 과감히 자신의 삶을 드리는 사랑에 빠진 세대들이 일어서기를 간절히 원했다. 롤랜드와 나는 세상 끝까지 경주를 쉬지 않는 사람들을 보기 원한다. 우리가 이루어 낸 결과가 그들의 발판이 되기를 원한다. 이것을 발판으로 삼아 더 빨리 달려서 우리를 따라 잡을 수 있을 정도가 되었으면 한다. 사랑의 군사들이 자신이 가진 은사들을 펼치는 것을 보았으면 한다. 기성세대가 젊은이들을 끌어안고 부자들이 가난한 사람들을 품어 주는 모습을 보기 원한다. 전쟁이 그치고 사랑이 모든 증오를 정복해 버리는 시대가 오기를 간절히 원한다.

우리에게는 비전이 있다. 우리에게는 꿈이 있다. 그리고 이 모든 것은 은밀한 곳에서 온 것이다. 예수 그리스도를 향해 우리의 눈을 고정하고 하나님과 하나가 된 곳에서 내가 원하는 것은 무엇이든 구하라고 말씀하시는 음성을 듣는다. 하나님께서 우리에게 구한 것을 주실 것이다. 하나님께서는 여러분 역시 이러한 자리 가운데 초대하고 계신다. 만약 그러한 장소에 이미 가 있다면 일생 동안 예수님 안에 거해야 한다는 사실을 절대로 잊어서는 안 된다.

선한 열매는 세상이 우리가 예수님의 참 제자라는 사실을 알게 해준다. (요 15:8) 나무는 비바람과 폭풍우 속에서 용감하게 열매를 맺어가야 한다. 좋은 땅에 깊이 뿌리를 내리고 있다면 그 목적은 충분히 달성될 것이다. 예수님 안에 거하고 예수님께서 우리를 경작하시고 양분을 먹이실 수 있도록 내어 드리라. 은밀한 곳에서 순종하며 강 속에 머물러 있을 때 하나님께서 일년 열두 달 더 많은 선한 열매가 우리를 통해 맺어지게 될 것이라 약속하신다.

우리의 아버지께서는 주변에 있는 사람들을 위해 우리의 삶을 내어 줄 때 맺게 되는 열매를 보시며 기뻐하신다. 하나님께서 원하실 때 시간을 내어 드리라. 날마다 하나님의 임재 가운데 들어가라. 갓 구워낸 빵이신 예수님을 취하라. 하나님의 가지치기 과정 가운데 들어온 것을 환영한다. 그분의 더 큰 그림을 보게 될 것이다. 당신의 몸 안에 있는 모든 세포들을 다 내어 드려보라.

예수님은 생명의 근원이시다. 예수님은 참 포도나무이시다. 예수님이 아니고서는 그 무엇도 가치 있을 수 없고 소중한 것이 될 수도 없다. 하지만 그분으로부터 그분과 함께 그분 안에서 열매를 맺게 된다면 하나님께서 영화롭게 하실 것이다.

6장
대가 지불하기

예수 그리스도의 나심은 이러하니라. 그의 어머니 마리아가 요셉과 약혼하고 동거하기 전에 성령으로 잉태된 것이 나타났더니 그의 남편 요셉은 의로운 사람이라. 그를 드러내지 아니하고 가만히 끊고자 하여 이 일을 생각할 때에 주의 사자가 현몽하여 이르되 다윗의 자손 요셉아, 네 아내 마리아 데려오기를 무서워하지 말라. 그에게 잉태된 자는 성령으로 된 것이라. 아들을 낳으리니 이름을 예수라 하라. 이는 그가 자기 백성을 그들의 죄에서 구원할 자이심이라 하니라.

| 마태복음 1:18~21

마리아는 여러 달 동안 하나님의 약속을 잉태한 상태에서 날마다 주위에서 쏟아지는 비난을 감수해야 했다. 가는 곳마다 친구들과 이웃들이 자신을 바라보는 시선과 속삭임, 그리고 그들의 정죄와 비판들을 견뎌 내야 했을 것이다. 그녀의 가족들에게도 어쩌면 이런 대우를 받았을지도 모르겠다. 모든 사람이 마리아를 완전히 부정한 여자라고 생각하고 있을 때에도 마리아는 하나님의 약속을 계속 이행해야 했다. 아무도 그녀와 그녀가 몸에 지닌 놀라운 선물에 대해 이해하지 못했지만 이 모든 것을 참아내야 했던 것이다. 마리아는 수치심과 비방과 조소를 견뎌야 했다. 이러한 고통 속에서도 마리아는 하나님께 계속해서 "예"라고 대답하고 있었던 것이다. 마리아는 하나님께서 그녀 안에 심어 두신 기적을 키워 가고 있었다.

아기를 임신한 여성들은 종종 스트레스 상황 가운데 놓인다. 배 속의 아이 무게가 추가되면서 몸을 움직이는 데 많은 불편을 호소하기도 한다. 주변 상황이 좋다고 해도 임신 기간을 가볍게 넘기기 힘들다. 제대로 잠을 이룰 수 없는 밤과 잘 먹을 수 없는 낮 시간도 견뎌내어야 한다. 그리고 출산의 고통이 기다리고 있다. 하지만 아기가 태어나는 순간 모든 고통은 기쁨으로 바뀐다!

희생의 자리

내 인생에서 주님께서 특별히 강렬하게 임하셨던 또 다른 경험은 캐나다의 레드 디어라는 곳에 위치한 어느 교회에서 열린 집회에서였다. 그 당시 우리는 아시아에서 12년, 영국에서 3년, 그리고 모잠비크에서 8년 동안 지내왔었다. 나는 그곳에서 메시지를 전하기로 했고 평소처럼 바닥에 엎드려 양 손을 펼쳐 하나님을 향해 뻗으려던 참이었다. 하나님께 부르짖었고 만약 캘리포니아의 라구나 비치로 보내신다면 그곳으로도 가겠다고 말했다.

나에게 있어 캘리포니아로 가는 것만큼 더 큰 상실감을 주는 것도 없었다. 가난한 사람들과 있는 것을 더 원했지만 하나님께서 말씀하신다면 그곳으로 가서 내 삶을 드리기로 하였다. 나는 계속 부르짖었다.

"저를 데려가서 사용해 주세요. 만약 필요하시다면 마음껏 저를 사용해 주세요!"

그러자 갑자기 하나님의 마음속으로 깊이 끌려 들어가는 느낌을 받기 시작했다. 그리고 분명한 하나님의 음성을 들었다.

"가서 나의 잃어버린 신부 마쿠아를 되찾아다오!"

나는 마쿠아가 누구인지 알지 못했다. 하지만 그들을 향한 나의 마음은 부서질 듯 아파오기 시작했다.

과거 겪었던 것과 비슷한 방법으로 하나님과 조우한 나는 또 다시 말하거나 걸을 수 없었다. 그날 밤 나는 차에 실려 돌아왔다. 내가 다시 말을 할 수 있게 되었을 때 남편 롤랜드에게 마쿠아가 도대체 누구인지 알아봐 달라고 부탁했다. 몇 시간 후 롤랜드는 나에게 그들은 아프리카 남동부에 살고 있는 미전도 종족이라고 말해 주었다. 모잠비크 북부에서 꽤 멀리 떨어진 곳에 수백만 명의 마쿠아 사람들이 살고 있었던 것이다.

나는 그들을 향해 나아가야 한다는 사실을 깨달았다. 우리가 살고 있던 곳을 떠나야 했던 것이다. 하나님께서 우리에게 말씀하신 것에 대한 부담감과 고통을 느끼기 시작했다. 남쪽 베이스에서 우리가 돌보고 있었던 수많은 아이들을 놓아두고 떠나야만 했기 때문이다. 우리는 마푸토의 쓰레기 더미와 길거리에서 많은 아이들을 발견했고 그들을 무척이나 아끼고 사랑했다. 나는 하나님께 이 아이들 가운데 50명만이라도 데리고 북쪽으로 갈 수 있겠냐고 눈물로 호소했다.

우리 대신 기존의 사역 장소에 남아 계속해서 사역을 이끌어 가야 할 팀을 꾸려 훈련시키고 준비하는 데는 꽤 긴 시간이 필요했다. 하지만 일 년이 지난 후 몇 명의 스태프들과 50명의 아이들, 그리고 우리 부부는 카보델가도 북부 지역의 펨바라는 마을로 이주하게 되었다. 그 당시 북부에는 베이스가 없었다. 그리고 우리가 살 수 있는 건물이나 마땅한 장소도 마련되어 있지 않았다. 길거리 모퉁이에서 복음을 전할 수 있는 작은 공간 하나를 발견했을 뿐이다.

도대체 이런 상황 속에서 누가 하나님의 약속을 이행할 수 있단 말인가? 누가 하나님의 마음으로 잃어버린 자들을 향해 불타는 심정을 가질 수 있겠는가? 극심한 스트레스 상황과 불편하고 불안한 상황 속에서 "예"라고 대답할 수 있는 사람이 어디에 있겠는가? 가난하고 헐벗은 불쌍한 사람들, 앞이 보이지 않는 사람들, 그리고 자신은 부유하다 여기지만 실상은 무일푼인 사람들을 만나게 되더라도 기꺼이 하나님의 사랑을 전하겠노라 말할 수 있는 사람은 어디에 있는가? 누가 북한이나 예일 대학교로 가서 하나님의 잃어버린 신부들을 되찾을 수 있을 것인가?

하나님께서 우리에게 오셔서 임재하실 때 우리 육신을 강하게 만지시는 것을 경험할 때가 있다. 얼마가 들든 상관 없이 그 대가를 지불하겠는가? 죽어가는 세상으로 뛰어 들어 아름다우신 예수님을 전하겠는가? 롤랜드와 내가 직접 목격한 대부분의 놀라운 기적들은 인생에서 가장 어려웠던 시기에 일어난 것이다.

우리를 둘러싼 상황이 가장 힘겨울 때 우리의 먹을 양식은 배가되기 시작했다. 눈 먼 사람이 보기 시작했고 귀 먹은 사람은 듣기 시작했다. 우리 목사들 가운데는 죽은 사람이 살아나는 역사를 보는 이도 생겼다.

우리를 향해 총을 쏘는 사람도 있었고 나는 감옥에 갇히기도 했었다. 집에서 쫓겨나기도 했고 타고 있던 배가 파선하기도 했으며 얻어 맞고 자동차를 도둑맞고 돌에 맞았으며 칼과 총으로 협박을 당하기도 했다. 내가 얼마나 많이 맞았는지 이제 더 이상 셀 수 없을 정도이다. 이제 이러한 일이 일어날 때면 종종 웃기도 한다. 하나님과 사랑에 빠지게 된다면 상상할 수 없는 담대함이 생겨난다. 하나님은 나의 모든 것이다!

"엄마를 보내주세요!"

모잠비크에서 기도팀과 함께 길을 걷던 중이었다. 기도팀은 여덟 살에서 열 살 정도 되는 어린 소녀들로 구성되어 있었다. 그런데 아무런 경고도 없이 경찰 트럭 한 대가 달려 와서는 우리 앞에 멈춰 섰다. 그리고는 소총으로 무장한 남자 여덟 명이 내 머리를 겨누었다. 그들은 나에게 트럭에 올라타라고 했다. 최근에 아무런 허가 없이 감옥에서 복음 전했다는 이유로 감옥에 가두어야 한다는 것이다.

나는 그들을 향해 웃으며 물었다.

"내가 그렇게도 두려운 존재인가요? 나와 이 어린 소녀들을 잡으려고 AK-47 소총으로 무장한 남자 여덟 명이나 필요한가요?"

그들은 내가 웃든 말든 상관하지 않았고 몇 사람은 내 얼굴에 겨눈 총으로 위협했다. 나는 트럭에 올라 타지 않겠다고 했다. 그리고 트럭을 따라 걸어서 감옥까지 가겠다고 말했다. 그 와중에 함께 온 여자 아이들은 울고 있었다.

"아이다 엄마에게 총을 쏘지 말아 주세요!"

나는 트럭 앞에서 그들과 함께 경찰서로 걸어갔다. 그리고 그곳에 도착했을 때 어떤 방에 감금되었다. 아이들은 나의 친구이기도 한 노상강도와 매춘부들, 그리고 갱단의 두목들을 에워쌌다. 이들은 감옥을 좋아하지 않았지만 그곳에서 많은 시간을 보내야 한다는 것은 알고 있었다. 기도팀 소녀들은 이 친구들과 함께 감옥 바깥 쪽에서 작은 무리를 지어 있었다. 그리고는 외치기 시작했다.

"엄마를 보내 주세요! 엄마를 보내 주세요! 엄마를 보내 주세요!"

경찰은 놀라움을 금치 못하며 물었다.

"당신이 저 아이들 모두의 엄마요?"

그러자 나는 대답했다.

"그럼요. 제가 낳은 영적인 자녀들입니다. 그렇게 나의 아이들이 되어 가는 중이죠!"

나를 감옥에 넣고 싶어했던 경찰서장은 곧바로 긴급한 용무가 생겨 불려 나가면서 나에게 "집으로 돌아갔다가 다음 날 아침 8시에 다시 경찰서로 와야 한다"고 말했다.

다음날 아침 나는 시간보다 일찍 경찰서 앞에 도착했다. 일반적으로 이런 일은 드물긴 하지만 말이다. 그런데 성령님께서 8시 정각이 되면 안으로 들어가라고 말씀하심을 느꼈다. 그 이유는 알 수 없었지만 그냥 순종하기로 했다. 그리고 경찰서 안으로 들어갔을 때 담당 경찰관이 답답하다는 듯 이렇게 말했다.

"이런 일이 다시 일어나다니 믿을 수 없구먼!"

경찰서장이 긴급한 용무 때문에 다시 자리를 비우게 되었다는 것이다. 나는 높은 계급에 있는 경찰관에게 그의 이름이 무엇인지 물었다. 그의 이름을 듣는 순간 성경에서 따온 것임을 알 수 있었다. 그래서 그에게 그의 이름에 대한 이야기를 들려 주어도 괜찮은지를 물었다. 그리고 그 이름에 대한 성경 이야기를 나눈 후 그가 예수님을 만날 수 있도록 하나님께 기도했다.

바로 그 순간 성령님께서 그에게 임하셨다. 나는 호주로 사역을 하러 떠나야 하기 때문에 감옥에 머물러 있을 수 없다고 그에게 말했다. 그 자리에서 빨리 떠나고 싶은 마음밖에 없었다. 그 경찰관이 나를 풀어 준 뒤 자신에게 일어난 일을 경찰서장에게 모두 전했다. 이러한 일이 일어난 지 얼마 안 되어 아이리스 글로벌 센터에 우리가 그 지역 일대의 모든 감옥에서 사역을 해도 좋다는 공식 문서가 도착했다.

그들이 나에게 무엇을 할 수 있겠는가? 두려움이 없는 사람에게 무엇을 할 수 있을까? 사전에 아무런 준비가 되어 있지 않은 상태에서 여러분을 원수라고 여기는 사람을 만나게 될지라도 해코지할 수 없는 것이다. 하지만 명심해야 할 것이 있다. 오직 사랑 안에 있을 때, 어떠한 희생이라도 감수하며 그 사랑 안에 잠겨 진정한 순종의 삶을 살 때 모든 상황 속에서 진정으로 두려움을 느끼지 않게 되는 것이다.

항상 강 속에 머물러 있다면, 사랑 안에 머물러 대가를 지불할 준비가 되어 있다면 여러분은 이 세상이 감당치 못할 사람이 되어 있을 것이다. 은밀한 곳에서는 총을 맞거나 죽는다 해도 두려움을 느끼지 않을 것이다. 예수님께서 눈앞에 실제로 나타나실 것이기 때문이다. 죽게 된다면 우리가 가는 곳은 바로 하늘 나라이지 않은가!

세상은 이해하지 못할 것이다. 하나님의 충만한 사랑으로부터 샘 솟는 담대함에 대해 알 수 있겠는가? 이러한 용기가 필요할 것이다. 하나님께서 여러분의 마음속에 꿈을 심어 주실 때 이에 따르는 대가가 있다는 사실을 알게 될 것이다. 하나님께서 여러분의 삶을 통해 이루어 가시려는 목적은 절대로 가벼운 것이 아니다. 지금까지 살아오면서 가장 즐거운 일을 하게 되겠지만 동시에 희생적인 사랑을 실천하는 성스러운 임무가 될 것이다.

BIRTHING THE MIRACULOUS

롤랜드와 하이디 베이커

작은 역사

하이디의 대학 졸업 사진, 1979년 봄,
그녀는 이미 복음을 전할 준비가 되어 있었다.

2000년, 마푸토 땅콩 공장에서 수해를 입은 아이들을 먹이고 있는 하이디

1996년 치한고 베이스 (Chihango Base)에서 침례, 소중한 생명이 예수님께로 돌아오다.

예수님 안에서 "예"라고 대답하면 더 이상 이전으로 돌아갈 수 없다!

1990년대 후반 마푸토의 짐페토 베이스(Zimpeto Base)에 있는 아이들과 함께한 베이커 가족

1990년대 후반 성령님과 함께 모험할 준비가 된 마푸토 짐페토 베이스의 소년들과 하이디

예수님을 전하기 위해 방문한 마을들

사랑 받을 준비가 되어 있는 가족

멀리 떨어진 한 마을의 생명력으로 가득한 소중한 보물들

덤불 속에서 시작된 설교

우물 파기: 깨끗한 물이 여러 생명을 살리다!

마을 교회에서 예수님을 위해 춤 추는 청년들

소망은 반드시 승리한다.

하나님의 얼굴을 간절하게 사모하며

말할 수 없는 충만한 영광 속에서의 기쁨

가깝든 멀든 하나님의 사랑을 전하기를 사모하는 우리 아이들

북부 모잠비크에서 하이디가 만난 새로운 친구들

진정한 예배자

어린 기도의 용사

북부 모잠비크의 펨바 센터
; 2004년부터 지금까지

북부 모잠비크의 펨바 베이스 (Pemba base), 기쁨의 마을

점심 식사를 기다리는 지역 어린이들

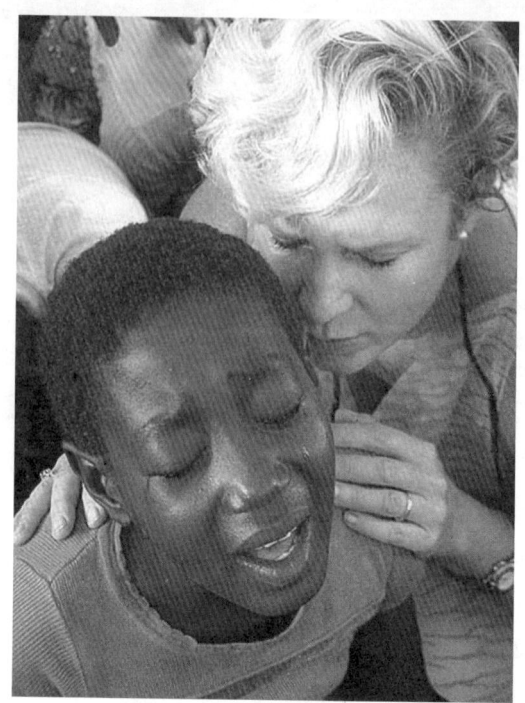

하나님, 사랑해요!

인도양에서의 침례 - 예수님을 바라며!

하비스트 미션 스쿨 (Harvest School of Missions)과
모잠비크 성경학교 (Mozambican Bible School) 의 예배

롤랜드가 새 코디악 비행기를 처음으로 비행한 후, 기념비적인 날!

펨바 빌리지 조이 스쿨 (Pemba Village of Joy School) 에서 막 집으로 돌아온 소녀들

펨바 베이스에서의 헌아식

펨바 베이스 교회, 왕 중의 왕을 예배하며

교회 갈 준비 끝! 안아 주세요!

7장
넘치게 받은 사랑

보라 아버지께서 어떠한 사랑을 우리에게 베푸사 하나님의 자녀라 일 컬음을 받게 하셨는가. 우리가 그러하도다. 그러므로 세상이 우리를 알지 못함은 그를 알지 못함이라.

| 요한일서 3:1 |

하나님의 아들, 혹은 딸이라는 사실을 이해하고 우리를 향한 아버지의 사랑이 얼마나 큰지 알게 된다면 어떠한 간섭도 받지 않고 인생의 목적을 향해 걸어갈 수 있게 된다. 이러한 사실을 통해 우리의 마음 가운데 하나님께서 심어 두신 소명에 대해 "예"라고 대답할 수 있는 확신을 갖게 된다. 하나님께서 우리를 향해 보내고 계시는 따뜻한 미소를 살짝 들여다 보기만 해도 여러분은 남은 인생 전부를 하나님께 드리려 할 것이다. 세상 끝이라도 하나님을 위해 달려가려 할 것이다.

극심한 가난 가운데 빠진 사람들과 함께 지저분한 곳에서 살아가든 하버드 엘리트들 사이에서 빛과 소금의 역할을 감당하게 되든 상관 없다. 우리는 각자 자신의 길에서 빛을 발할 수 있도록 부름 받은 존재들이다. 하나님께서는 당신에게 딱 맞는 특별한 신발을 준비해 두셨다. 앞으로 걸어가게 될 그 길에 가장 적합한 신발 말이다. 그래서 다른 사람이 신고 있는 신발이 아니라 나 자신에게 맞는 신발을 신는 법을 배워야 한다. 하나님께서 부르신 그 자리로 걸어가기 위해서는!

아버지의 마음 알기

내가 믿음을 가지게 된 것은 열여섯 살 때 인디안 보호구역에서 열린 집회에서이다. 그 전까지만 해도 발레리나가 되는 것이 꿈이었다. 일주일 중 엿새 동안 많은 시간을 연습하는 데 사용했다. 하지만 예수님께 나의 삶을 드린 그날 이후로 나는 성령으로 충만한 상태가 되었다. 그리고 성령님께서 충만하게 임하실 때면 세상이 줄 수 없는 기쁨으로 가득하게 되었다. 새로 출석하게 된 오순절 교회 통로를 오가며 주변 사람들이 어떻게 생각하든 개의치 않고 방언으로 기도하곤 했다. 그 당시 하나님의 임재 가운데 춤을 추기 시작하는 것만큼 자연스러운 것도 없었다. 나는 교회 안팎에서 예배했고 계속 춤을 추었다. 거룩한 성령의 춤을 춘 것이다.

새롭게 다니기 시작한 교회는 어려서부터 다녔던 성공회 교회보다 훨씬 더 자유로운 곳이었다. 하지만 이전 교회보다 개인적인 표현을 훨씬 더 수용하는 교회임에도 여전히 어떤 부분은 열려 있지 않았다.

그중 하나는 바로 나의 춤에 관한 것이었다. 그들은 나의 춤에 대해 깊은 의구심을 가지고 있었다. 예배 중 내가 춤을 추고 있으면 누군가 다가와 춤을 추는 것은 죄라고 말하기 시작했다.

나는 어떠한 대가를 치르고서라도 하나님을 기쁘게 해드리고자 마음먹었다. 그래서 나보다 더 연륜이 많은 크리스천들을 존중하는 마음으로 내 발레 슈즈를 제단 앞에 내려 놓았다. 나는 예수님의 사랑으로 이 모든 충고들을 받아들였다. 주님을 위해 그 어떤 것도 포기할 수 있었다.

내 발레 슈즈를 치워 버린 후 온전한 순종의 자리에 나 자신을 내려 놓았다. 내가 구원 받은 그날부터 지금까지 줄곧 이러한 자세를 유지하기 위해 노력 중이다. 춤을 포기하는 것만큼 고통스러운 것은 없었다. 하지만 희생적인 사랑을 체험할 수 있었기에 놀라운 경험이기도 했다.

3년 후 대학생이 되었을 때 예수님께서는 다시 춤을 돌려 주셨다. 뱅가드 대학교에서 캠퍼스 사역을 담당하시던 목사님께서 무용이나 연극을 해 본 사람이 있는지 물으셨을 때 나는 너무 놀랐다. 기독교 학교에서 이러한 것을 해도 될까 하는 의문을 가졌지만 계속 사역 모임에는 참석했다. 그러다가 주님께서는 돈 발드윈 교수님을 통해 예수님을 위해 마음껏 춤출 수 있는 기회를 다시 주셨다. 나는 무용과 드라마 팀을 시작했고 전 세계를 다니며 사역할 기회를 얻게 되었으며 이를 통해 수천 명의 사람들을 주님께 인도할 수 있었다.

20년이 지난 후 환상 하나를 보게 되었는데 하나님께서 얼굴 가득 미소를 지으시며 내게 다가오셨고 그때 나는 흐느껴 울 수밖에 없었다. 엄청난 사랑과 함께 나를 안아 주시는 하나님을 느꼈기 때문이다. 환상 속에서 나는 10대 때처럼 긴 곱슬 머리에 꽃을 꽂고 치마를 입고 있었다. 하나님께서는 작은 금발의 히피 아이 모습을 한 나를 바라보시며 함께 춤추기 원하신다고 말씀하셨다. 그리고는 나를 일으켜 세우시고는 사방이 트인 곳에서 함께 춤을 추기 시작했다. 우리는 뛰어 오르고 빙글빙글 돌며 미끄러지듯 잔디밭을 누볐다. 나는 너무 신이 났지만 동시에 놀라기도 했다. 하나님께서 이토록 춤추는 것을 좋아하실 줄은 몰랐다. 하나님께서는 계속 웃고 계셨고 너무나 즐거워하고 계심을 느낄 수 있었다. 나와 함께 기뻐하고 계셨다.

하나님께서 얼마나 나를 좋아하고 계시는지 알 수 있었다. 하나님을 위해 내가 무엇을 해야만 기뻐하시는 것이 아니었다. 그저 내 존재 자체로 기뻐하고 계셨다!

하나님께서는 내가 모든 순간 그분께 순종하리라는 것을 아셨다. 그렇게 하는 것이 점점 쉬워졌다. 하나님의 이러한 사랑을 느낄 때면 그 누구나 상관없이 무엇이든 다하게 될 것이다. 하나님과의 춤은 내 마음 깊은 곳에 직접 말씀하시는 구원의 순간이었다. 하나님을 위해 포기했던 바로 그것을 하나님께서 직접 돌려 주셨다. 그리고 나는 다시 하나님 앞에 완전히 무방비 상태가 되었다.

사랑으로부터 오는 권세

'충만함 (lavish)' 이란 단어는 풍부한 의미를 담고 있다. '최고를 넘어서, 상상하는 것보다 더' 라는 뜻을 가지고 있는데 이 단어는 다음 구절에서 사용되기도 했다.

> "보라 아버지께서 어떠한 사랑을 우리에게 베푸사 하나님의 자녀라 일컬음을 받게 하셨는가, 우리가 그러하도다 그러므로 세상이 우리를 알지 못함은 그를 알지 못함이라."
>
> — 요한1서 3:1

얼마나 위대한 존재인지에 상관 없이 우리는 하나님의 아들과 딸이 될 만한 자격을 가지지 못했다. 학교에서 뛰어난 성적을 받았든, 직장에서 가장 높은 지위에 있든 상관 없다. 이 세상이 줄 수 있는 그 어떤 자격 조건도 하나님의 자녀가 될 수 있는 선물과 견줄 수 없다. 하나님의 조건 없는 충만한 사랑을 통해 우리는 의사나 변호사, 혹은 사도와 같은 그 어떤 직함보다 훨씬 더 아름다운 아들과 딸이라는 호칭을 얻게 되었다.

우리는 버려졌다가 하나님께 발견된 한 가족이다. 십자가에서 죽으심으로 고난을 받으신 하나님께서 우리를 아들과 딸이라 부르기로 결정하신 것이다. 예수님과 아버지 하나님은 하나이시다. 예수님께서 일하실 때마다 아버지께서도 함께하신다. 두 분은 함께 일하신다. 우리를 향한 아버지와 아들의 사랑의 연합체가 십자가를 통해 드러났다. 예수님께서는 아무런 가족 관계에 있지 않던 우리가 서로 형제와 자매라고 부를 수 있게 하기 위해 돌아가셨다.

나는 맞아도 봤고 총으로 위협도 당했으며 거짓에 속기도 했다. 심지어 목 졸라 죽이려는 사람들도 있었다. 나는 두렵지 않다. 폭력배들 가운데 담대히 걸어가 예수님의 이름으로 그 일을 멈추라고 말할 수 있다. 그들에게 칼을 버리라고 하면 일반적으로 놀랍게도 그들은 무척 점잖게 나온다. 가끔 나를 바라보며 용서를 구하기도 한다.

그렇다면 이런 확신은 어디에서 오는 것일까? 나를 사랑하시는 아버지를 아는 믿음으로부터 말미암은 것이다. 내가 사랑 받고 있다는 사실을 알기 때문에 아무것도 두렵지 않다.

하나님께서는 우리가 사랑 받는 자녀라는 사실을 깨닫는 것에서 사역이 일어나기를 바라신다. 이러한 상태라면 사람들이 우리를 어떻게 바라보든 염려하지 않게 된다. 우리가 만나게 될 사람이 좋은 사람인지 괴롭힐 사람인지 별로 걱정하지 않게 된다. 또한 그들이 우리를 사랑해 줄지 증오하게 될지도 중요하지 않다. 그들을 사랑하고 하나님을 사랑하기에 그들을 만나러 간 것이기 때문에 아무 것도 두려워하지 않게 되는 것이다. 하나님께서 어떤 분이시고 나에 대해 어떻게 생각하고 계시는지 아는 것에서 이러한 담대함이 나올 수 있다. 하나님이 자녀가 된다는 것은 바로 이러한 것이다.

하지만 우리가 심각한 실수를 저지르게 된다면 어떻게 될까? 여전히 사람들과 어울리는 것이 어려운 결점 가득한 존재라면 어떻게 해야 할까? 그럼에도 하나님께서는 우리를 여전히 사랑하실까?

수 년 동안 우리는 수천 명의 아이들을 데려와 함께 살아 왔다. 그런데 그 아이들 가운데 유독 눈에 띄는 악동이 한 명 있었다. 기회만 생기면 말썽을 부리기 일쑤였다. 가지고 싶은 것은 무엇이든지 훔쳤고 형제 자매들을 때렸다. 그리고 강박적으로 거짓말을 해댔다. 다른 여자 아이를 임신하게 만들어 놓고 자신의 아이가 아니라고 부인하기도 했다. 그 아이는 분노와 원망으로 가득했고 대하기 너무나 힘들어서 새로운 방법을 모색해야 할 만큼 무척 독특했다.

그 아이가 자라서 작은 집을 하나 주게 되었다. 그리고 그 집을 잘 돌볼 수 있도록 훈련시켰다. 하나님께서 그 아이의 인생을 사용해 주실 것을 믿었지만 그 아이는 자신과 관계된 모든 사람들의 삶까지 파괴시키고 있었다. 결국 그 아이는 집을 버리고 도망쳤다. 집이 필요한 수천 명의 아이들이 있었기에 이 사건을 통해 우리는 절망에 빠지고 말았다. 우리가 지은 모든 집은 모두 소중했기 때문이다.

나는 하나님께 도대체 그 아이를 어떻게 하면 좋을지 여쭈어 보았다. 하나님께서는 그 아이를 계속 사랑하라고 말씀하셨다. 나는 그 아이를 정말 사랑하지만 그 아이는 학교도 가지 않고 자기를 위해 마련해 둔 모든 것을 소중히 여기지 않고 계속 우리를 속이기만 한다고 말씀 드렸다. 그리고는 다시 하나님께 그 아이를 어떻게 하면 좋을지 여쭈어 보았다. 하나님께서는 똑같이 내가 그 아이를 계속 사랑해 주기를 원한다고 말씀하셨다. 절망

적이었다. 어떻게 그 아이를 사랑해 줄 수 있을지 그 방법을 물었다. 주님께서는 그 아이를 위해 좀 더 시간을 가지고 매일 기도한다면 하나님의 집으로 그 아이를 부르시겠노라 말씀하셨다.

그래서 나와 스태프들은 함께 기도하며 기다렸다. 하지만 오랜 시간이 흘러도 별다른 변화는 일어나지 않았다. 이런 결점에도 불구하고 그 아이는 매우 카리스마가 있었다. 이러한 삶은 지속되었고 결국 그 아이는 영국으로 건너갔다.

최근에 영국에서 말씀을 전할 일이 있었는데 그곳에서 그 아이를 다시 보게 되었다. 그리고 하나님의 임재가 얼마나 강력하게 그 아이에게 임하는지 지켜 보았다. 그 아이가 내게로 다가와서 흐느끼며 내 손을 잡고 흔들어 대기 시작했다. 서툰 영어로 그는 말했다.

"어머니, 감사해요. 저를 향한 사랑을 멈추지 않아 주셔서 감사해요."

나 역시 울부짖기 시작했다. 그리고 그 아이의 팔을 잡고는 바닥에 쓰러졌다. 그 아이는 하나님께서 이 모임 가운데 나타나 주시기를 기도했다. 그리고 나를 축복하며 온 마음을 다해 나를 위해 울며 기도했다. 이러고 있는 동안 갑자기 하나님께서 나에게 "이 아이를 위해 네 목숨을 줄 수 있겠냐"고 물으셨다.

"예, 그럼요. 내 생명을 이 아이를 위해 내어 놓겠습니다."

나는 이렇게 답했다.

예수님께서 우리에게 자신을 내어 주셨을 때 장차 오게 될 기쁨을 바라보고 계셨다.(히 12:2) 장차 이 아들을 향해 우리가 갖게 될 기쁨은 그 아이가 학교 교육을 무사히 마치게 되면 갖게 될 그런 기쁨에 비할 수 없는 것이다. 물론 그 아이가 학교를 졸업하게 되면 무척 기쁘겠지만 말이다. 우리의 기쁨은 그 아이가 하나님의 임재로 가득 차 있는 것을 볼 때 발견할 수 있었다. 우리의 기쁨은 그 아이가 아버지의 집으로 가서 자녀가 되는 것을 보는 데 있었다.

이제 새 사람이 된 그 아이는 자신이 어떠한 존재인지 알게 되었다. 자신은 버려진 존재가 아닌 사랑 받는 아들이라는 사실을 알게 되었다. 거짓말하고 죄 없는 아이들에게 돌을 던지고 때리고 간음을 저질렀지만 하나님께서 자신을 사랑하셨다는 사실을 너무나 잘 알게 된 것이다. 우리를 아들과 딸이라고 부르시기 위해 이 땅 가운데 오신 하나님의 놀라운 은혜 때문에 그 아이는 사랑을 받게 되었다. 우리 가운데 어느 누구나 이러한 사랑을 받을 자격이 없다. 그저 은혜로 받게 된 것이다.

하늘의 아버지는 여러분 역시 이와 같이 사랑하고 계신다. 하나님께서는 우리가 어떤 짓을 저질러도, 어떠한 실수를 한다고 해도 우리를 포기하지 않으신다. 하나님의 아들을 이 땅 가운데 보내셨을 때 하나님께서 우리를 향해 말씀하신 사랑이 바로 이것이다. 예수님께서는 십자가 위에서 모든 것을 쏟아 부으셨다. 교회는 이 세상 가운데 예수님의 이와 같은 모습을 그대로 보여 줄 수 있어야 한다. 이토록 충만한 사랑은 절대로 사라져 없어질 수 없는 것이다.

이러한 사랑 때문에 우리 모두가 하나님의 자녀가 되었다. 비록 우리가 이러한 사실을 믿지 않는다 해도 이것은 진실이다.(요일 3:1) 우리에게는 자신이 사랑 받았다는 사실을 오랫동안 믿지 않았던 아이들이 있다. 앞에서 언급했던 그 아이는 자신의 존재를 인정하기까지 무려 14년 동안이나 우리와 함께 지냈다. 기다리고 또 기다리며 너무나 고통스러운 시간을 보냈다. 성령님께서 이런 방법으로 사람들의 마음을 감동시키신다면 결국은 자신이 하나님의 자녀라는 사실을 알게 되는 것이다. 우리는 이 위대한 기적을 기념하며 너무나 기뻐했다. 무려 14년 동안이나 기다려 왔기 때문이다.

오늘도 여러분이 하나님의 자녀라는 사실을 잊지 말라. 여러분의 진정한 정체성은 이러한 진리를 기반으로 하는 것이다. 사람들이 여러분에게 어떠한 짓을 하든 여러분을 뭐라고 부르든 그것은 중요하지 않다. 여러분이 어디서 무엇을 하고 어디에 앉아 있는지도 중요하지 않다. 여러분은 하나님의 아들과 딸이다. 지금까지 여러분이 바라왔던 그 어떠한 것보다 더 소중한 지위를 가지게 된 것이다.

예수님처럼 사랑하기

예수님처럼 되기 원하는가? 예수님처럼 보이고 예수님과 같은 향기를 내고 예수님처럼 느끼고 싶은가? 당연히 그렇게 될 수 있다! 물론 오랜 시간이 걸릴 수도 있지만 이것만이 우리의 유일한 삶의 목표이다. 예수님처럼 행하고 그분처럼 사랑하고 싶지 않은가?

사도 요한은 우리가 예수님을 만나게 될 때 그분과 같아질 것이라 말하고 있다.(요일 3:2) 모든 사람은 하나님의 형상으로 지음 받았다. 하나님의 형상으로 만들어졌다는 사실이 무엇을 의미하는지에 대해 조금밖에 이해할 수 없더라도 우리 각자는 고유한 가치를 지녔고 성스러운 아름다움을 가지고 있다는 사실을 믿어야 한다. 그렇기 때문에 예수님께서 보는 방식으로 사람들을 바라볼 수 있는 눈을 가져야 한다. 예수님께서는 모든 사람들이 예수님의 충만한 사랑을 알 수 있도록 하기 위해 자기 자신을 내어 주셨다. 이러한 사랑을 보여 주는 것이 바로 우리의 할 일이다. 우리 각자에게 기름 부어 주신 인생 목적의 최종 목표는 바로 이것이다.

이러한 부르심은 이해하기 어려운 것이 아니다. 그리고 이것으로부터 도망칠 수도 없다. 우리는 살아 계시는 하나님의 자녀가 된다는 것이 무엇을 의미하는지 각자가 알 때까지 모든 사람을 사랑해야 한다. 영적인 자녀가 되는 게 어떠한 것인지 확실히 알 때까지 서로를 섬겨야 한다. 우리 자신을 통해 비춰질 아름다움을 볼 수 있어야 한다.

우리가 하나님의 자녀이기에 하나님께서는 우리를 고아와 같이 버려두지 않겠다고 약속하셨다.(요 14:18) 이 말씀은 우리에게 매우 특별한데 그 이유는 하나님께서 우리를 모잠비크의 고아와 과부를 돌보기 위해 부르셨기 때문이다. 하나님께서는 그들 모두를 사랑하고 가족으로 받아들이라고 말씀하셨다. 어떻게 이러한 일이 가능할까 늘 의아했지만 하나님께서 직접 길을 내어 주셨다.

우리는 하나님께서 자녀로 삼아 주심을 각인하기 위해 우리 센터의 이름을 '고아원'이라고 짓지 않았다. 하나님께서는 그 어느 누구도 고아로 내어버려 두지 않는 신실한 분이시다. 가끔 이곳에 방문객들이 찾아올 때면 끔찍한 상황일 것이라고들 생각한다. 그래서 우리 아이들의 행복한 모습을 보고 놀라는 표정을 짓는다. 우리는 하나님께서 이 아이들을 고아로 내버려 두지 않으셨기에 아이들이 행복해하는 것이라 말해 준다. 이 아이들은 모두 하나님의 자녀로 입양되었다. 그리고 가족을 가지게 되었다. 이 아이들은 사랑으로 가득 차 있다. 오히려 아이들이 방문객들에게 하나님 아버지의 마음을 가르쳐 주는 역할을 하고 있다!

세계 각지에서 많은 방문객들이 찾아 온다. 그들 가운데에는 목회자들도 있고 가진 것이 별로 없지만 자원봉사를 하기 위해 온 사람들도 있다.

부유하며 잘 차려 입은 사람들도 방문한다. 그럴 때면 20~30명 정도 되는 우리 아이들이 다가가 한두 명 정도의 방문객을 에워 싼다. 아이들은 종종 하루 종일 밖에서 놀기 때문에 작은 두 손은 언제나 먼지로 가득하다. 그 손을 새로 온 사람들의 머리에 얹고 기도를 한다. 그런데 그냥 간단히 손만 얹어 기도하는 것이 아니다. 완벽하게 치장한 머리는 더 이상 유지할 수 없게 되어 버리고 만다. 가끔 아이들은 방문객의 머리를 땋아 주기도 한다. 하지만 우리 아이들은 온 마음을 다해 방문객들을 환영한다. 이 아이들의 사역은 그야말로 멋지고 아름다운 것이다.

우리는 많은 시간 아이들을 안아 주며 보낸다. 하나님의 사랑이 끊임없이 이 아이들 가운데 부어지기를 간절히 기도한다. 솔직히 그 어느 곳에서도 우리 아이들처럼 행복한 아이들을 본 적이 없다. 이 아이들은 고아가 아니다. 그리고 여러분도 마찬가지이다. 아빠가 직접 여러분을 입양했다. 그리고 여러분의 두 눈을 똑바로 바라보며 여러분은 완벽한 존재라고 말씀해 주신다.

하나님께서 이미 우리를 받아 주셨기에 우리는 하나님께서 사랑하시는 사람이 되었다. 우리 자신에 대해 잘 알고 있다고 생각할지도 모르겠다. 하지만 여러분이 스스로를 받아들이지 않는다면 자신에 대해 잘 알고 있다고 자신 있게 말할 수 있을까? 이 얼마나 비극적인 일인가! 모든 우주의 하나님께서 당신을 너무나 사랑하신다는 사실은 진리이다. 예수님의 보혈로 옷 입은 우리이다. 바로 이 때문에 하나님을 알 수 있게 되었고 사랑할 수 있게 된 것이다. 이를 완전히 이해하게 될 때 거룩함으로 나아가 어떠한 상처라도 치유받을 수 있게 될 것이다.

아버지 하나님의 마음을 알게 된다면 더 이상 투덜거리며 원망하는 사람이 되지 않을 것이다. 그리고 마지 못해 하나님께 순종하는 일도 없을 것이다. 그리고 하나님의 말씀에 불평하는 일을 영원히 멈추게 될 것이다.

사람들은 항상 나에게 이렇게 말한다.

"나는 정말 아프리카로 가고 싶지 않아요. 하지만 지금 바닥에 무릎을 꿇는다면 하나님께서 저를 아프리카로 보내실 거예요. 하나님께서는 분명히 저에게 아프리카로 가라고 말씀하실 거예요. 대신 당신에게 헌금을 해도 될까요?"

이 얼마나 우스운 장면인가!

하나님은 인자하신 분이다. 당신을 아프리카로 부르실 수도 있고 그렇지 않을 수도 있다. 하지만 만약 아프리카로 부르신다면 여러분은 아프리카를 사랑하게 될 것이다. 우리는 주님께서 보내시는 곳이라면 아프리카와 아시아, 그리고 유럽, 그 어떤 곳이라도 사랑에 빠지고 만다. 하나님께서 가라고 부르신다면 행복하게 가게 될 것이다. 하나님께서 사랑하라고 하신 그 사람들을 여러분도 기꺼이 사랑하게 될 것이다.

가끔 사람들은 우리를 동정한다.

"가난한 사람들을 위해 사역을 하시는군요. 말라리아와 콜레라, 이질 같은 질병들도 있죠? 빈민가에서 지내야만 하구요. 엄청난 희생을 감수하고 있네요!"

그럴 때면 우리는 그저 웃는다. 이 가운데 그 어떤 것도 우리에게 엄청난 희생이 아니다. 우리의 삶을 드릴 수 있어 기쁠 뿐이다. 우리는 주님의 기쁨으로 가득 찬 사역자들이다. 여호와를 기뻐하는 것이 우리의 힘이다. 우리는 이곳 상황이 얼마나 끔찍한가에 대한 편지를 보내지 않는다. 쓰레기 더미에서 하나님의 사랑이 부어지는 것만큼 세상에서 가장 놀라운 일이 있을까! 하나님께서 함께하신다면 이 지구상의 그 어느 곳보다 더 영광스러운 성소가 되는 것이다.

요한복음 14장 15절에서 예수님께서 이러한 말씀을 하셨다.

"너희가 나를 사랑하면 나의 계명을 지키리라."

우리가 사랑을 나누고 사랑 받고 있다는 사실을 알게 될 때 순종은 자연스럽게 뒤따라 오는 것이다. 그리고 죄가 얼마나 끔직한 것인지 발견하게 될 것이다. 나를 사랑하는 분의 마음을 아프게 하고 싶지 않기 때문에 거룩함을 사모하게 될 것이다.

하나님의 자녀가 된다는 것은 곧 왕족이 된다는 의미이다. 이는 엄청난 특권이다. 하지만 동시에 엄청난 책임을 가지게 된다. 하나님께 진심으로 감사한 마음이 있다면 마음을 다해 하나님을 기쁘게 해드리고 싶어질 것이다. 그리고 우리가 누리는 권세가 어떠한지 알게 된다면 그보다 더한 일을 해야만 할 것이다. 그것을 사용하라. 아버지께서는 우리가 거저 받은 사랑을 조건 없이 주라고 말씀하신다. 사랑을 받을 만한 사람뿐만 아니라 여러분 앞에 있는 사람이라면 그 어느 누구든 모두 사랑하라고 말씀하신다.

요즘 교회와 집회를 돌며 내 인생에서 세 번째 여행과 강연을 진행하고 있다. 서구 사회에서는 하나님의 자녀 되는 권세에 대한 설교를 얼마나 많이 했는지 셀 수 없을 정도이다. 하지만 이 메시지를 반복해서 전하는 것만큼 행복한 것도 없다. 너무나 아름다운 진실이기 때문이다. 하지만 우리가 어떻게 왕족의 일원으로서 살아가야 하는지 예수님께서 가르쳐 주시는 바를 아는 것도 중요하다. 왕 중의 왕이 말구유에서 태어날 것을 선택하셨다. 가난한 이들과 함께 먼지 더미에서 산다는 것이 어떤 것인지 아셨다.

예수님께서는 자신의 삶을 온전히 내어 주셨다. 자신이 어떠한 존재인지 확실히 아셨지만 우리를 위해 그 어떠한 것도 되지 않기로 결심하셨다. 하나님 나라에서 가장 높은 자는 모든 이들을 섬기는 것을 의미한다.(막 9:35)

내 발에 맞는 신을 신고 걷기

> 우리는 그가 만드신 바라. 그리스도 예수 안에서 선한 일을 위하여 지으심을 받은 자니 이 일은 하나님이 전에 예비하사 우리로 그 가운데서 행하게 하려 하심이니라.
>
> — 에베소서 2:10

하나님의 아들과 딸들은 똑같지 않다. 고유의 독특함을 지니고 있다. 각자 주님으로부터 받은 자신만의 부르심이 있다. 하나님의 충만한 사랑을 맛본 이들은 자신에게 주어진 길에 대해 만족감을 가지게 될 것이다. 다른 사람들의 부르심을 그대로 따라 하려 하지 말라. 부츠를 신고 발레를 하기 쉽지 않다. 하나님께서 여러분에게 발레 슈즈를 주셨다면 발레를 하라. 그리고 산악용 부츠를 주셨다면 나무를 베러 산으로 가라!

다른 사람에게 기름 부으신 것을 따라 하는 것이 어떤 것인지 나는 잘 알고 있다. 한 번은 큰 집회에서 잠시 여성 휴게실에 있었던 적이 있다. 그곳에서 한 여성이 나에 대해 말하는 것을 어깨 너머로 듣게 되었다.

"글쎄, 하이디를 초대했다는군. 그녀는 집회 내내 바닥에 누워만 있을걸?"

이 말에 상처를 받지 않을 수 없었다. 나는 생각했다.

'나는 베이커 박사야. 박사 학위가 있는 여자라고. 10년 동안이나 공부를 했어. 다른 학식을 많이 나눌 수 있지."

그래서 다음 메시지는 철학적인 내용으로 가득 채우겠노라 다짐했다.

나는 가족이 있는 집으로 돌아와 손님이 머무는 방으로 들어가 문을 걸어 잠갔다. 필요한 책을 모두 빌려서 세 시간 동안 한 장씩 읽으며 필기하고 인용할 내용을 정리했다. 그러자 내가 전할 설교에 대해 무척 자랑스러운 마음이 들었다.

나는 기도하기 위해 예정된 시간보다 조금 일찍 교회에 도착했다. 바닥에 엎드려 기도를 하려 했을 때 주님께서는 시작하고 싶으면 해도 좋다고 말씀하셨다.

그 순간 내가 배운 것들을 의지하려면 더 이상 기도할 필요 없이 바로 시작해도 좋다고 말씀하신다고 생각했다. 하나님께서 내가 얼마나 많은 지식이 있는지 사람들 앞에서 자랑해도 된다고 말씀하시는 것이다.

"아니오!"

나는 울부짖었다. 그리고 눈물을 흘리며 이렇게 말씀 드렸다.

"아니오! 제가 잘못했어요!"

그리고 예배가 시작되었고 나는 1,000명이 넘는 청중들 앞에 섰다. 대부분은 연륜 있는 목회자들이었다. 나는 설교단에서 한 걸음 앞으로 나아가 바로 바닥을 세게 내리쳤다. 그리고 성령님께서 완전히 내게 임하시는 것을 느낄 수 있었다. 나는 도저히 표정관리를 할 수 없었다. 정성껏 준비해 놓은 두꺼운 설교문은 손에서 흘러 무대로 흩어져 떨어졌다. 그리고는 흐느끼기 시작했다.

"나는 돌아갈 수 없습니다. 철학적인 내용들을 다루지 못하겠습니다. 세련된 말들이나 메모들이나 인용들을 못 하겠습니다. 나는 그저 모든 것을 내려 놓은 사랑에 빠진 한 사람에 불과해요. 그저 내가 할 수 있는 것은 그 분을 사랑하는 겁니다."

내가 아닌 다른 것을 시도하려 했던 나를 용서해 달라고 청중들에게 사과했다.

사역자들 가운데 훌륭한 달변가들은 많다. 설교 구성과 자료 조사, 그리고 수사학에도 능하다. 설교문을 작성하거나 인용구 사용에도 능숙하다. 이러한 능력은 놀라운 은사이다. 하지만 나는 이러한 방식으로 설교할 수 없었다. 하나님께서는 나에게 다른 은사를 주셨기 때문이다.

그곳에서 흐느끼는 동안 그곳에 있는 목회자들 중 많은 사람들이 나를 둘러싸고 있는 성령님 아래 모두 쓰러졌다. 그리고 더 이상 설교할 수 없었다. 하나님께서 주도하시기로 결정하셨기에 내가 준비한 그 어떤 것도 모두 소용이 없게 되었다.

그 뒤로 또 한 번 여러 자료들을 통해 설교를 준비하려던 때가 있었다. 서점으로 가서 책들을 고르려 하는데 그곳에서 하나님의 강력한 임재와 함께 나는 책꽂이 사이에 주저 앉고 말았다.

서점 바닥에서 또 다른 환상 하나를 보게 되었는데 하나님께서 나의 발을 내려다 보시며 내게 말씀하시고 계셨고 나도 고개를 떨구고 있었다. 나는 엄청나게 큰 광대 신발을 신고 있었다. 제대로 걸을 수조차 없을 정도로 괴상하고 우스꽝스러울 정도로 큰 것이었다. 주님께서 다른 사람들이 신고 있는 신발을 신으려 하지 말라고 말씀하시는 것을 느꼈다. 하나님께서는 자신의 아들과 딸들이 각각 자신에게 딱 맞는 신발을 신기 원하신다. 각자에게 하나님께서 부르신 소명과 기름 부으심이 있다. 큰 광대 신발을 신고 자연스럽게 걸어 보려 애를 쓰는 것처럼 다른 사람들처럼 되려고 노력해 봤자 헛수고일 뿐이다.

나는 일어나지 못했다. 몇 시간이 지난 후에야 사람들에게 들려져서 설교단 뒤쪽에 누운 상태로 마이크를 건네 받았다. 그 어떤 인용구 하나도 제대로 사용하지 못한 채 내가 아는 모든 것을 그들에게 전했다. 그들은 집으로 바로 돌아가지 않고 그곳에 꼼짝하지 않고 앉아 있었다. 다 듣지 못한 이야기를 마저 다 들어야만 했기 때문이다. 그래야만 계속해서 강하고 담대하게 자신의 목적을 달성할 수 있다. 예수님과 친밀한 자리가운데 머물러 있어야만 하나님이 어떠한 분이시고 하나님 안에 속한 우리는 어떠한 존재인지 알게 된다.

하나님께서는 우리가 만들어진 모습대로 살아갈 수 있는 자유를 주셨다. 그리고 이 자유는 목적을 가지고 있다. 우리들 각자는 고유하게 각자의 분야에서 추수할 수 있는 권세를 부여 받았다. 제대로 추수하려면 하나님께서 주신 권세가 반드시 필요하다. 나는 어떠한 존재인지 알아야만 한다. 하나님을 위해 열매를 맺으려 한다면 하나님께서 지으신 그 모습으로 살아가는 데 필요한 위험을 감수하며 발걸음을 떼어야만 한다. 다른 이들이 기대하는 방식이 아니라도 말이다.

모잠비크 펨바에 있는 기쁨의 마을에 유니라는 이름을 가진 젊은 여성이 함께 일하고 있다. 유니는 부모님으로부터 의사나 변호사가 되어야 한다는 말을 듣고 자랐다. 그녀는 결국 의사가 되기로 결심했지만 의학 공부를 마치지 못했다 그 대신 간호 조무사가 되었다. 그녀가 이곳에 도착했을 때 이러한 모든 상황으로 인해 힘겨워했다. 하지만 여기서 의료센터를 운영하다 보면 새로운 만족감이 생길 것이라 여기고 있었다. 그녀는 부모님의 말씀에 순종하기를 원했고 하나님을 위해 무언가 위대한 일을 하기를 원했다. 하지만 그녀의 본심은 그렇지 않았다. 해야 할 무언가를 찾으려는 마음도 딱히 없는 듯했다. 그저 자신을 좁은 상자 안에 밀어 넣으려고만 했다.

어느 날 그녀는 너무나 지쳐서 더 이상 그 어떤 것도 할 수 없을 지경에 이르렀다. 그녀는 나를 찾아와 의료센터를 운영하고 싶지 않다고 고백했다. 센터를 운영할 다른 사람이 없었지만 나는 깊은 숨을 한 번 쉬고는 그녀에게 이렇게 말했다.

"그래요. 의료센터를 운영할 필요 없습니다. 그럼 이제 무엇을 하고 싶나요?"

그러자 그녀가 대답했다.

"오락을 담당하고 싶어요."

나는 그게 어떠한 일인지 몰라 그녀에게 설명해 달라고 부탁했다.

"아이들을 위해서 생일 파티 같은 것을 기획하고 싶어요."

이것이야말로 거룩한 사역이다. 이 일이 그렇게 중요한 일인가 반문할지도 모르겠다. 우리 아이들 중에는 빵 하나에 팔려간 아이들이 있다. 그리고 콜라 하나를 얻기 위해 자신의 몸을 판 아이도 있다. 열 살부터 매춘부로 일하기 시작한 어린 소녀들도 있고, 경찰들에게 매일 밤 성폭행을 당한 소년들도 있다. 이 아이들을 처음 발견했을 때 그들은 노는 게 어떤 것인지 알지 못했다. 또한 사랑 받는다는 것이 어떠한 것인지도 알지 못했다. 이 아이들은 이제 의사나 기술자가 되어 일하고 있다. 하지만 이러한 결과가 나를 기쁘게 만드는 것이 아니다. 그 아이들이 뛰어 다니며 웃고 춤추며 노는 모습을 볼 때 우리의 심장은 두근거린다. 하나님께서 두려움과 고통을 몰아내 주실 때 아이들은 자신이 안전하고 자유로우며 사랑 받고 있다는 사실을 알게 되었다. 아이들의 표정만 보아도 금방 알 수 있는 일이다. 유니는 아이들에게 꼭 필요한 것을 해주었다. 아이들에게 노는 법을 가르쳐 준 것이다. 자신을 만드신 목적을 찾은 후 자유로움을 만끽한 유니는 많은 생명들을 뒤바꾸어 놓았다. 다른 사람이 신고 있던 신발을 벗어 버리고 자신에게 맞는 신발을 찾아 신었기 때문이다.

많은 크리스천들이 서로 모방하려 하는 것 같다. 하나님을 위해 공장에서 생산된 로봇같이 말이다. 이렇게 살아가려 한다면 하나님께서 각자에게 나누어 주신 귀한 은사가 무엇인지 제대로 알지 못하게 된다. 하나님께서 우리에게 주신 비전을 성취하려면 하나님께서 주신 은사가 필요하다.

설교를 할 때, 죽어가는 아이를 집으로 데리고 올 때, 상처 입은 누군가에게 사랑을 보여 줄 때 하나님께서 기뻐하심을 느낄 수 있다. 나는 이것을 위해 창조되었다. 나는 이전에 모잠비크 바깥으로는 나가려 하지 않았다. 쓰레기 더미야말로 내가 가장 좋아하는 곳이었다. 오성급 호텔에 머무르든 아프리카 변두리에서 지내든 나에게는 별로 큰 차이가 없었다. 먼지 따위가 나를 괴롭게 할 수는 없다. 화장실 대신 땅에 파 놓은 구멍을 사용한 적도 있다. 이런 변소에 빠지지 않는 방법도 익혔다.

하나님께서는 날마다 더 많은 자유를 주시기 위해 어느 곳에서든 행복할 수 있는 법을 배우게 하셨다. 하나님께서 나를 보내신다면 그곳이 어디든지 기뻐하기로 했다. 하나님께서 꾸는 꿈을 나 역시 꾸는 것이다. 내가 이 땅에 온 목적대로 살 수만 있다면 무엇이든 말씀하시는 그것을 하는 것이다.

하나님께서 여러분에게 주신 소명을 잘 묵상해 보라고 말하고 싶다. 다른 이에게 어떤 소명을 주셨는지 너무 염려하지 말라. 여러분이 하고 싶은 것은 무엇인가? 어떠한 사람이 되고 싶은가? 어떠한 사람으로 알려지기를 원하는가? 성령님께 이러한 것들을 한 번도 물어본 적이 없다면 시간을 내어 당장 여쭈어 보길 바란다. 여러분의 인생 가운데 사랑으로 예비해 두신 고유한 목적을 알게 된다면 이전과는 비교할 수 없는 행복을 누리게 될 것이다.

믿든 믿지 않든 여러분이 하나님의 자녀라는 사실은 변함없는 진리이다. 여러분이 기술자이든 과학자이든 의사이든 정신과 의사이든 간호사나 설교가나 운동선수, 혹은 가정 주부이든 모든 이가 하나님을 영화롭게 할 고유한 목적을 가지고 사랑스럽게 창조되었다. 그래서 "무엇을 하든지 다 하나님의 영광을 위해서 하라" 라고 말씀하신다.(고전 10:31)

가난한 이들을 위해 부름 받았든, 혹은 부유한 이를 위해 부름 받았든, 아니면 길거리의 외로운 아이들이나 아이비 리그에 있는 대학교를 다니는 학생을 위해서 부름을 받았든 오직 여러분만이 감당할 수 있는 인생의 목적은 이 세상 가운데 아버지의 빛을 반영하는 것이다.

만약 여러분이 잘못된 길을 걷고 있다면 하나님께서 건져 내어 그분의 팔에 꽉 안아 주시며 고쳐 가실 것이다. 여러분을 안으신 후에는 다시 걸을 수 있도록 내려 놓으실 것이다. 하나님께서는 자녀들에게 이처럼 행하신다. 하나님께서 여러분과 춤추실 것이다. 그리고 여러분의 아름다운 얼굴을 바라보며 환하게 웃으며 충만한 사랑을 당신에게 쏟아 부으실 것이다. 그 사랑이 넘쳐날 때까지.

하나님께서는 우리가 소명을 이루어 갈 때 아무런 힘이 없는 상태로 남겨지도록 내버려 두지 않으신다. 하나님의 아들과 딸들에게는 하나님께서 주신 무기가 있다. (엡 6:17). 두 손으로 능숙하게 칼을 휘두르는 법을 배워야만 한다. 여러분의 모든 삶을 다 내려 놓도록 부름 받았는가? 전능하신 하나님이 함께하신다. 낮은 자리에 머물러 있어야 할 때가 있고 독수리처럼 날아 오를 때가 있다. 어떤 경우는 하나님께서 여러분을 감추어 둘 수도 있다. 하지만 어떤 경우는 여러분을 통해 하나님의 능력을 밝히 보이기도 하실 것이다.

여러분의 발에 맞게 하나님께서 만드신 신발은 다른 이에게 적합하지 않다. 자신의 신발을 신으라!

8장
겸손의 필요성

마리아가 이르되
"내 영혼이 주를 찬양하며 내 마음이 하나님 내 구주를 기뻐하였음은 그의 여종의 비천함을 돌보셨음이라. 보라 이제 후로는 만세에 나를 복이 있다 일컬으리로다. 능하신 이가 큰 일을 내게 행하셨으니 그 이름이 거룩하시며 긍휼하심이 두려워하는 자에게 대대로 이르는 도다. 그의 팔로 힘을 보이사 마음의 생각이 교만한 자들을 흩으셨고 주리는 자를 좋은 것으로 배불리셨으며 부자는 빈 손으로 보내셨도다."

| 누가복음 1:46~53 |

왕 중의 왕이신 영광의 하나님께서는 이 땅에 모든 것을 쏟아 붓기 위해 하늘에 있는 모든 것을 포기하셨다. 하나님께서는 자신을 스스로 비우시고 하늘에서 떠나 스스로 연약한 상태가 되셨다. 성경에서 "그는 그 앞에 있는 기쁨을 위하여" (히 12:2) 라고 말하고 있다. 하나님의 어린 양은 십자가의 모든 저주를 몸소 짊어지시며 자신에게 맡겨진 희생을 견디어 내셨다. 금으로 된 길과 하늘의 모든 화려한 것들을 뒤에 남겨 두시고 말이다.

가지고 있던 모든 지식 또한 포기하시지 않았을까 하는 생각도 든다. 예수님이 태어나자마자 모든 것을 아시는 상태에서 "나를 따라오너라. 내가 하나님의 아들이다" 라고 말씀하셨을 거라고 생각하는가? 나는 그렇게 생각하지 않는다. 우주를 창조하신 하나님께서 완전히 자신을 비우기로 선택하신 것이다.

예수님도 태어나자마자 어머니의 젖을 먹으셔야 했고, 필요한 모든 것은 어머니에게 의지하셨다. 자신의 생명까지도 말이다. 하나님의 아들 역시 걷는 법과 말하는 법을 배워야 했다. 그 당시 사용했던 언어를 배우셔야 했던 것이다. 또한 자신을 둘러싼 이들에게 유대 지방에서 살아 남을 수 있는 기본적인 생존법에 대해서도 배우셔야 했다. 예수님은 학생이 되었고 이 모든 것을 감당하시면서 의존의 아름다움이 무엇인지를 보여 주셨다.

우리의 왕이 가축의 오물로 가득한 먼지투성이 말구유에서 젊은 여인을 통해 태어나셨다. 왕이 태어나기에 적합하지 않은, 아니 불명예스러운 곳에서 사랑이라는 단 한 가지 이유만으로 자신을 낮추셨다.

아프리카의 시골로 아웃리치를 떠날 때면 우리를 반겨 주는 마을에서 보여 주는 극진한 환대는 그저 놀라울 따름이다. 그들은 자신이 가진 최고의 것을 내어 준다. 그런데 이러한 환대는 보통 하나밖에 없는 진흙 집에서 아이들과 그곳에서 키우는 닭들과 함께 지내는 것을 의미한다.

특히 수탉은 시간관념이 전혀 없다. 설교를 한 이후 긴 긴 밤을 잠들기 위해 머릿속으로 얼마나 많은 숫자를 세어야 하는지 모른다. 그런데 여전히 캄캄한 중에도 갑자기 "꼬끼오!" 하고 울어대는 수탉 소리가 바로 귀 앞에서 들려 올 때가 있다.

나는 이런 환경 속에서 자란 적이 없다. 하지만 지저분한 곳에서 사는 게 어떤 것인지는 조금 알 것 같다. 예수님께서 태어나신 곳이 바로 이와 같았을 것이라고 생각한다. 진흙으로 빚은 집에서 두세 명의 아이들이 누워 있는 밧줄 침대 옆에서 수탉이 부스럭대는 소리를 무시하며 밤을 보낼 때 주님의 기쁨을 느끼곤 한다.

어떤 경우는 지붕 위에 짚이 듬성듬성 얹혀 있을 때가 있다. 그럴 때면 아프리카의 밤 하늘을 뚜렷하게 볼 수 있다. 도심의 불빛에서 벗어나 온통 별들로 수놓여 있는 그런 밤 하늘 말이다. 나는 이것을 백만 성급 호텔이라고 부른다.

영광의 무게 가운데 천천히!

캐나다의 마룻바닥에서 걷지도 말하지도 못한 채 일주일이 되던 날 하나님을 완전히 의지하는 법을 배웠다. 너무나 기쁜 상황에서 일어나 움직이지 못하거나 말하지 못하거나 내 스스로 휴게실로 가지 못하는 것만큼 불쾌한 것도 없을 것이다. 다른 사람의 손길이 절대적으로 필요한 것만큼 불안하고 불편한 것이 있을까? 내 스스로가 깨어지기 쉬운 연약한 존재임을 절실히 느끼게 된다. 일주일 동안 그곳에 함께 있던 동료들이 없었다면 나는 아무 것도 할 수 없었을 것이다. 그들은 내가 가야 하는 곳으로 나를 들어서 옮겨 주었다.

이러한 시간을 겪으면서 늘 자유롭게 움직일 수 있지만 어떤 경우는 멈춰 서서 조용히 그대로 쉬기도 해야 한다고 주님께서 말씀하심을 느꼈다. 바닥에 엎드려 주님의 사랑을 받으라고 하시는 것이다.

하나님께서는 그분의 영광의 무게로 나를 붙들어 두셨다. 서두르지 않고 천천히 지나가며 하나님의 임재 바깥으로 나가지 않도록 권고하셨다. 하나님께서는 아름다운 언어로 나에게 말씀하시며 그대로 머물러 있게 하셨다.

내 스스로를 통제하지 못하는 상태에서 바닥에서 꼼짝도 못 하고 있는 불편한 가운데 하나님께 대답했다.

"예, 하나님. 주님의 뜻대로 하세요. 순종하겠습니다!"

물론 계속 몸을 움직이고 싶었지만 하나님과 싸우고 싶은 마음은 없었다. 가끔 물을 마시고 싶다는 생각만 해도 나를 알지 못하는 사람이 다가와 물 한 컵을 주고 가기도 했다.

하나님께서는 나의 모든 관심을 집중하게 하셨다. 예수님과 예수님의 몸인 공동체가 없이는 아무 것도 할 수 없다는 사실을 가르치셨다. 나의 작은 마음과 환상이 폭발하며 퍼져나가게 하기 위해 무언가 강력한 것을 내 속에서 움트게 하시는 하나님의 손길이었다. 하나님께서는 나의 무력함을 그분의 능력이 되게 하셨다. 성령님께서 내게 임하셔서 섬기게 될 나라의 씨앗을 내 속에 뿌려 놓으신 것이다.

하나님께서는 어떻게 이 일을 하시려는 걸까? 이에 대해 누가 무슨 말을 할 수 있겠는가? 그분은 하나님이시다. 그리고 원하는 것은 무엇이든 하실 수 있는 분이다. 나처럼 보잘 것 없는 여염집 아낙네도 사용하실 수 있는 분이다. 하나님과 사랑에 빠져 "예"라고 대답하며 순종하는 사람은 누구든지 사용하실 수 있다.

하나님에게는 불가능이란 없다

집회 기간 동안 주님께서는 모잠비크에 수백 개의 교회를 세우시겠다 말씀하셨다. 상상할 수 없는 일이었다. 나는 내 자신이 아주 작은 질그릇에 불과하다는 것을 잘 알고 있다. 하지만 내 안에 계신 주님께서 나를 통해 자신을 드러내길 원하신다고 말씀하고 계셨다.

하나님의 약속 가운데 몇 가지 상황을 겪은 것을 보고 어떻게 이러한 일을 견뎌낼 수 있을까 의아해하며 당황하는 사람들이 있을지도 모르겠다. 하지만 주님의 천사가 마리아에게 이 세상에서 가장 괴상하고도 믿기 어려운 약속을 전해 주었을 때 어떠한 일이 일어났는지 기억해 보라. 그 약속은 일반적으로는 절대로 일어날 수 없는 일이다. 하지만 마리아는 그 약속을 믿었다. 어린아이와 같이 단순한 믿음을 바로 여기에서 발견할 수 있다.

"주의 여종이오니 말씀대로 내게 이루어지이다." (눅 1:38)

여러분 역시 하나님께 같은 고백을 할 수 있다.

캐나다에서 이런 일이 있은 후 일 년 뒤 토론토에서 열리는 또 다른 집회에 참석했다. 새로운 말씀을 얻기 위해 하나님의 얼굴을 구하러 찾은 집회였다. 정말 그것이 필요했다. 지난해에는 "수백 개의 교회"라는 약속의 말씀을 들었다.

하지만 그 뒤로 상황은 더 어렵게 흘러가고 있었다. 남편은 뇌성 말라리아에 걸렸고 20달러 때문에 계약이 파기되었다. 그래서 우리가 가지고 있던 땅을 잃고 300명 이상의 아이들이 집을 잃게 되었다.

나는 집회에서 가능한 최선을 다해 조용히 앉아 설교를 들으려 애를 썼다. 하지만 이번에도 역시 성령님께서 임하시자 교회에서 거꾸로 물구나무서기를 한 상태로 있게 되었다. 머리를 아래로 하고서 말이다.

나는 하나님께 바로 노래 하나를 지어 불러 드렸다.

"저를 데려가 사용하세요. 필요하다면 저는 온 몸에 멍이 들 수도 있어요. 아이들은 울고 있고 사람들은 죽어가요. 제발 저를 데려가 사용해 주세요."

내 의지와 반대가 되는 하나님의 음성을 지금까지 들어본 적이 없었다. 사람들은 "성령님은 신사이시기 때문에" 절대로 우리를 다치게 하실 거라고 생각하지 않는다. 하지만 내 생각은 좀 다르다. 수천 명의 신자들이 모여 있는 곳에서 거꾸로 서 있는 게 정상적인 나의 모습인가? 하지만 실제로 그러한 일이 일어나고 말았다. 나는 그 상태로 한 시간 동안 있었다. 그리고 결국 머리 끝부터 발끝까지 멍으로 뒤덮였다.

그런데 더 나쁜 상황이 발생했다. 그렇게 거꾸로 서 있는 동안 예언의 은사를 가진 다른 동료들이 내게 다가와 말을 걸었다.

"실례해도 되겠습니까?"

이런 상황에서 왜 내게 말을 거는지 의아했지만 그는 계속 말을 이어갔다.

"하나님께서 당신에게 물을 부으라고 말씀하시는데 괜찮으시겠습니까?"

그래서 나는 그에게 말했다.

"그럼요. 그렇게 하세요."

안 될 것도 없지 않은가? 그는 큰 물통에 들어 있던 물을 나의 다리와 발에 모두 부었다. 그 물이 흘러 내려와 옷을 흠뻑 적셨고 집회 군중들 속에서 거꾸로 서서 완전히 젖은 상태로 있게 되었다. 지난 10년 동안 공부해 온 것을 사용하기로 결정한 것에 대해 나의 오랜 신학 교수님들은 이를 보고 어떤 생각을 하실지 무척 궁금했다.

그곳에 그런 모습으로 있으면서 도대체 이 모든 것은 무엇을 의미하는지 하나님께 물었다. 그러자 하나님께서는 이렇게 말씀하셨다.

"너의 사역을 위에서 아래로 완전히 뒤집어 버릴 것이다. 사도적 사명은 완전히 뒤집힐 것이다. 너는 가장 낮은 곳으로 갈 수 있게 될 것이다!"

집회에서 돌아오자마자 모잠비크에는 큰 홍수가 일어났다. 어떤 곳은 40일 주야로 비가 내렸다. 수백 개의 도시와 마을들을 포함해 나라 전체를 엄청난 물줄기가 한바탕 휩쓸고 지나갔다. 처음에는 홍수로 그 다음은 콜레라와 물로 인해 전파되는 질병으로, 마지막에는 유해 환경에 노출되거나 먹을 것이 없어서 수천 명의 사람들이 죽었다.

수해가 일어난 그 달은 여러 날 잠을 이루지 못했다. 센터 중 한 곳은 완전히 물에 뒤덮였다. 스태프들은 아이들을 어깨 위에 앉혀 안전한 곳으로 이동시켜야 했다. 대피하는 동안 아이들은 열 명씩 뭉쳐서 불어나는 물 속에 솟아난 나무 꼭대기 위에 앉아 있어야 했다.

할 수 있는 한 최선을 다해 수해 피해자들을 돕기 위해 여러 지역을 돌아다녔다. 우리가 가진 트럭이 물에 씻겨 떠내려갈 때까지 우리는 진흙과 물 속을 헤치며 달려갔다. 트럭을 잃고 난 이후에는 걸어 다니며 복구를 도왔다. 난민 캠프가 도처에 생겼고 셀 수 없는 많은 사람들이 집을 잃었다. 외국인 구호단체들이 들어 왔지만 그들이 감당하기에는 너무나도 많은 이들이 굶주렸다.

우리는 할 수 있는 한 최선을 다해 더 많은 사람들에게 먹을 것을 주려 애썼다. 육적인 양식뿐만 아니라 영적인 양식 또한 공급하려 했다. 나라 전체에 하나님을 향한 굶주림 역시 극에 달했기 때문이다. 수 백 명, 아니 수 천 명이 예수님께 오기 시작했다.

얼마 지나지 않아 유엔 대표가 방문해 헬리콥터를 얼마나 지원해 주면 되는지를 물었다. 그들은 하루에 5~7대의 헬리콥터를 빌려 주기로 했고 그 편으로 음식과 설교자들을 함께 보낼 수 있었다. 홍수로 인해 잠긴 지역에 물이 채 다 빠져나가지 않은 상태에서 수 천 개의 교회들이 세워졌다.

어떤 곳에서는 엄청나게 많은 양의 음식이 초자연적으로 공급되기도 했다. 한 번은 식량이 들어 있는 컨테이너를 가득 실은 화물선이 아무런 예고 없이 들어와 우리에게 먹을 것을 내려 주고 갔다. 중앙 정부의 계획 같은 것은 없었다. 정말 끔찍한 시간이었지만 기대 이상의 긍정적인 열매를 거둘 수 있었다.

겸손의 노래

겸손은 우리의 이해를 넘어서는 그 어떠한 것이라도 기쁨으로 받아들일 수 있도록 해준다. 마리아가 하나님께서 주신 약속의 말씀에 대해 자신이 무엇을 해야 하는지 배운 것을 노래로 불렀다. 그녀의 이러한 겸손의 자세는 우리가 어떠한 삶을 살아야 할지 가르쳐 준다. 기쁨과 겸손은 서로 가까이에 있다. 마리아는 무방비상태였다. 그녀는 위대한 것을 구하지 않았다. 그리고 그녀가 맞이하게 될 축제는 아픔 속에서 피어나고 있었다. 그녀의 입장에서 봤을 때 사람이 이해하기에 너무나 위대한 약속이기에 이것에서 도망칠 수도 있었을 것이다. 하지만 그녀는 "예" 하고 대답하며 받아들였다

마리아가 받게 될 상급은 하나님의 아들이었다. 마리아는 주님 안에서 기뻐했지만 모든 상태가 분명해졌을 때 그녀를 판단했던 모든 사람들에게 은혜와 긍휼을 베풀어야 할 책임도 가지고 있었다. 핍박을 견디어 내는 것이 가끔은 이해가 불가능한 기적적인 상황 속에서 하나님께 영광을 돌리는 방법 중 하나라는 생각이 든다.

마리아처럼 결정할 수 있을 정도의 여력이 내 안에 없다고 여기는 사람들이 있을 것이다. 하지만 마리아는 자신을 뛰어 넘는 초자연적인 힘으로 감당해 내는 법을 알려 주고 있다. 사랑스러운 그분에게 우리의 시선을 고정하고 아름다운 주님을 바라보며 그분만을 예배하는 것이다. 그러면 주님께서는 초자연적인 능력을 우리에게 부어 주실 것이다. 기쁨으로 대가를 지불할 수 있는 은혜를 주실 것이다. 우리를 핍박했던 사람들을 축복할 수 있도록 힘을 더해 주실 것이다. 예수님 때문에 원수들에게도 자비를 베풀 수 있게 되는 것이다.

이뿐만 아니라 하나님의 약속을 이행하는 데 필요한 거룩한 두려움을 가질 수 있어야 한다. 마리아는 이렇게 노래했다.

"긍휼하심이 두려워하는 자에게 대대로 이르는도다." (눅 1:50)

이러한 두려움의 근본은 하나님의 영광을 나의 것으로 취하려 하지 않는 데 있다고 믿는다. 하나님의 임재를 구하며 가장 높으신 하나님의 약속을 우리 안에 새겨 둘지라도 하나님의 영광에 이르지 못할 수도 있다!

하나님께서 우리에게 다가 오셔서 예언의 약속을 하실 때 우리 역시 마리아처럼 "긍휼하심이 두려워하는 자에게 이르는도다" 라고 고백할 수 있어야 한다. 아무리 많이 금식하고 희생하고 고생을 했을지라도 우리가 한 그 어떤 것도 자랑할 수 없다. 우리 힘으로는 아무런 열매도 맺을 수 없기 때문이다. 나는 예수님과 예수님의 몸 된 공동체가 없다면 할 수 있는 게 없다는 것을 잘 알고 있다. 주님을 두려워한다면, 주님을 신뢰한다면 나와 같은 질그릇에게도 주님의 긍휼이 넘쳐 세상의 잃어버린 영혼과 죽어가는 사람들에게 주님의 영광을 나타낼 수 있을 것이다.

우리 속에서는 그 어떠한 선한 것도 생길 수 없다. 하나님 없이 우리의 노력만으로 엄청난 열매를 맺을 수 있을 것이라 생각하는가? 아무리 애를 쓴다고 해도 소용 없다. 우리가 할 수 있는 것은 우리의 삶 속에 부어진 아버지의 말씀에 순종하는 것뿐이다. 우리의 마음을 겸손과 갈급함으로 채울 수 있다. 하나님께서는 갈급한 심령을 기뻐하신다.

사람들은 서구의 부유하고 안정된 삶을 사는 사람들보다 왜 가난한 사람들에게 그렇게 많은 기적이 일어나는지 그 이유를 묻는다. 대답은 간단하다. 가난한 이들은 자신이 도움이 필요하다는 사실을 알고 있다. 절박한 상황과 배고픔이 무엇인지 안다. 그래서 그 마음을 그대로 하나님께 가지고 나아온다. 그들은 필사적이다. 늘 갈급한 상태로 있는 것이다. 하나님께서는 겸손한 사람을 들어 올리시고 갈급한 이들에게 좋은 것으로 채우신다. (눅 1:52~53)

"의에 주리고 목마른 자는 복이 있나니 그들이 배부를 것임이요"

― 마태복음 5:6

9장
포기하지 말라

엘리사벳이 마리아가 문안함을 들으매 아이가 복중에서 뛰노는지라. 엘리사벳이 성령의 충만함을 받아 큰 소리로 불러 이르되 여자 중에 네가 복이 있으며 네 태중의 아이도 복이 있도다. 내 주의 어머니가 내게 나아오니 이 어찌 된 일인가. 보라 네 문안하는 소리가 내 귀에 들릴 때에 아이가 내 복중에서 기쁨으로 뛰놀았도다. 주께서 하신 말씀이 반드시 이루어지리라고 믿은 그 여자에게 복이 있도다.

| 누가복음 1:41~45 |

하나님께서 우리 안에 약속을 심어 놓으실 때 우리는 그 약속이 잘 자랄 수 있도록 보살피면서 반드시 성취될 것이라 믿어야 한다. 지금까지 나는 하나님께서 내게 주신 모든 말씀에 대해 인내하고 그 말씀에 순종하며 올곧게 걸어 왔다.

하나님의 약속들에 나 자신을 맞춰 나가며 모든 것을 선택하고 결정하면서 여기까지 온 것이다. 주님께 "예"라고 대답하고 그냥 잊어버려서는 안 된다. 그 말씀에 날마다 순종하며 살아가야 하는 것이다. 그리고 내 안에 주신 말씀이 잘 자랄 수 있도록 계속 양분을 주어야 한다.

주님께서 사역자가 될 것이라고 내게 말씀하셨을 때 단 하루 만에 낯선 외국 땅에 새로운 교회를 세운 것이 아니다. 비행기 티켓을 사서 비행기를 타고 빈민가를 찾아 나서는 과정을 모두 거쳐야 했다. 그리고 주님께서 나에게 학위를 받게 될 것이라고 말씀하셨을 때 어느 누가 내게 편지를 보낸 것도 아니었다. 내가 직접 지원서를 보내고 4년 동안 공부하며 논문을 쓰고 어려운 시험들을 통과해야만 했다.

하나님의 양식으로 먹이라

하나님의 약속에 따라 살아간다는 것은 매 순간 실제적인 결정을 내리며 살아가는 것을 의미한다. 마리아는 초자연적인 약속의 말씀을 받았다. 하지만 여전히 배 속의 아이를 잘 보살펴야 했다. 그 아기가 잘 자라기 위해서는 마리아의 사랑스런 보살핌이 필요했다. 잘 쉬고 잘 먹고 아기를 가진 몸을 잘 지켜야만 했다.

건강한 아기를 원한다면 아기와 자신의 몸에 좋은 음식을 먹어야 한다. 우리 역시 마찬가지이다. 나쁜 음식으로 우리에게 주어진 하나님의 약속을 죽이거나 상처 입혀서는 안 된다. 부정적인 태도와 비판, 험담과 불신, 불안한 마음을 가져서는 안 되는 것이다. 하나님께서 여러분에게 주신 아기, 즉 약속이 잘 자라도록 하기 위해 이러한 것들을 피해야 한다. 하나님께서 우리 안에 심어 두신 것이 잘 자라도록 하려면 이에 맞는 음식을 먹어야 한다.

무엇보다 은밀한 곳에서 시간을 갖는 것이 중요하다. 기도와 말씀, 그리고 그리스도의 공동체를 통해 양분을 공급 받아야 한다. 우리 안에서 자라나는 아기를 위한 특별한 음식이 필요할 때도 있다. 예를 들어 하나님께서 여러분을 치유의 전도자로 부르셨다면 역사 속에 등장하는 위대한 치유의 전도자 이야기를 읽을 필요가 있을 것이다. 또한 더 배우고 익히기 위한 장소를 찾아 나가야 할 수도 있다.

하나님께서 주신 아기가 잘 자랄 수 있도록 필요한 모든 음식을 먹으라.

약속 안으로 들어가라

여러 해 동안 치유의 기적을 직접 볼 수 있기를 간절히 사모했다.

눈 먼 사람들이 눈을 뜨고 귀 먹은 사람들이 듣게 되고 말하지 못했던 사람이 말을 하고 다리를 저는 사람들이 걷게 되는 그런 치유의 기적 말이다. 빈민가에 살며 이 세상에서 가장 가난한 사람들을 위해 일하다 보면 치유가 필요한 사람들을 종종 만나게 되는데 그들을 바라볼 때면 가슴이 찢어지는 것 같은 아픔을 느낀다.

눈 먼 사람들이 눈을 뜨고 이 나라가 변화되는 모습을 보게 되리라는 주님의 약속을 받은 이후 앞이 보이지 않는 사람을 만날 때면 언제나 기도해 주었다.

하지만 한동안은 그 어느 누구도 앞을 다시 볼 수 없었다. 그래도 포기하지 않았다. 이 일을 위해 하나님께서 기름 부어 주셨다는 사실을 믿었다. 나뿐만 아니라 남편과 아이들도 이 사실을 믿었다. 나는 더 많은 소경들을 찾아 다녔다. 그리고 집회 때마다 그들을 앞으로 초청했다. 길을 가다 앞을 보지 못하는 사람들을 마주 칠 때면 트럭에서 뛰어 나와 그들에게 손을 얹어 기도해 주었다. 내가 기도해 준 사람들 대부분은 예수님을 영접했지만 여전히 앞을 보지는 못했다.

그리고 어느 날 기적이 일어났다.

모잠비크 중부의 한 진흙으로 만든 교회에 있을 때였다. 나는 그곳에서 앞을 보지 못하는 한 노년의 여인을 위해 손을 얹어 기도하고 있었다. 그녀의 눈동자는 구름이 낀 것처럼 온통 하얀 빛깔을 띠었다. 그런데 기도를 하던 중 그녀가 갑자기 바닥에 고꾸라지고 말았다. 갑자기 하얗던 눈동자에 감돌기 시작한 회색 빛이 점점 진해지더니 밝게 빛나는 고동색으로 바뀌고 있었다. 오랜 세월 동안 간절히 바라고 울부짖으며 기도했던 그 기적을 눈앞에서 보게 된 것이다. 소경이 앞을 볼 수 있게 된 것이다!

뭐라 말로 표현할 수 없는 기쁨에 가득 찬 목소리로 그 여인에게 물었다.
"이름이 뭐예요?"
그리고 그녀가 대답했다.
"마마 아이다예요!"
"아니, 이런. 제 이름도 마마 아이다예요!"
나는 소리쳤다. 하이디라는 이름을 포르투갈식으로 하면 '아이다'라고 부르는데 모잠비크에서는 내 이름을 이렇게 부르고 있었다.
그 여인이 앞을 보게 되었을 때 교회 안에는 40명 정도의 성도가 앉아 있었는데 그들은 모두 소리를 지르며 환호하기 시작했다.
"마마 아이다가 앞을 본다!"
그날 밤 우리는 이웃 마을에 위치한 또 다른 교회를 방문했다. 교회 성도들은 여덟 살 때부터 앞을 보지 못했던 할머니 한 분을 모셔 왔다. 그녀를 위해 기도하며 붙잡고 흐느껴 울었다. 그때 그녀가 나를 밀치며 소리쳤다.
"아니, 당신은 검정 셔츠를 입었군요!"
할머니는 다시 앞을 볼 수 있게 된 것이다.
우리는 바깥으로 나왔고 모여 있던 군중들이 할머니를 에워싸기 시작했다. 얼마 지나지 않아 마을 사람들은 모두 기쁨으로 소리치며 뛰며 춤추기 시작했다. 이러한 기적을 경험한 할머니의 이름 역시 마마 아이다였다! 나는 이 모든 일이 너무나 이상하게 여겨졌다. 기적이 일어난 후 두 번째 날에도 마을 전체에서 나와 같은 이름이 울려 퍼지는 소리를 듣게 된 것이다.
"마마 아이다가 앞을 본다! 마마 아이다가 앞을 본다!"

이 일이 있은 후 그 다음날 치모우라는 세 번째 마을로 들어갔는데 그곳에는 이미 엄청난 무리의 군중들이 모여 있었다. 나는 평소처럼 설교를 한 후 앞을 보지 못하거나 귀가 들리지 않는 사람들, 혹은 다른 장애를 가진 이들을 앞으로 초청했다. 그러자 군중들을 헤치고 누더기 옷을 걸친 한 어린 아이가 앞을 보지 못하는 여인을 데리고 나왔다. 이 여인은 전날 내가 만난 두 여인보다도 더 나이가 든 사람이었다.

우리는 기도했다. 그러자 하나님의 임재가 가득하기 시작했다. 이 여인은 성령님의 손길을 느끼자 바닥에 쓰러졌고 울부짖기 시작했다.

"앞이 보여요! 내가 볼 수 있게 되었어요!"

모여든 군중들이 소리 치며 흥분하기도 전에 이 소식은 급속하게 퍼져 나갔다. 그 와중에 나는 다소 두려워하는 마음으로 그녀의 이름을 물었다. 그러자 그녀가 대답했다.

"아이다예요."

사흘 연속으로 눈을 뜨게 된 세 명의 여인이 모두 나와 같은 이름을 가진 것이다!

이 사건들이 의미하는 바가 무엇인지 예수님께 물었을 때 나는 그분의 칭찬을 받게 될 것이라 생각했다. 그리고 드디어 내게도 치유의 은사가 생겼다고 말씀하실 것이라 믿었다. 기름 부음 받은 유명한 치유 전도자인 카린 쿨만이나 에이미 샘플 맥퍼슨이 가진 것과 같은 은사를 받았다고 확인해 주시리라 기대했다.

그런데 주님으로부터 온 반응을 느낀 나는 소스라치게 놀랐다. 주님께서는 내가 그 여인들처럼 눈 먼 장님이라고 말씀하시는 것이다!

이 말을 들은 나는 기분이 별로 좋지 않았다. 그래서 주님께 말했다.

"하지만 저는 사역자가 아닙니까? 열여섯 살 때부터 지금까지 예수님을 전해 왔어요. 그리고 가난한 사람들과 함께 살고 있잖아요."

그러자 또 다시 나야말로 앞을 보지 못하는 장님이라고 말씀하시는 주님의 음성을 느꼈다. 내 마음은 찢어지는 것만 같았다. 그래서 손으로 얼굴을 감싸며 흐느껴 울었다. 하나님께 나의 눈을 열어 보게 해달라고 간구했다. 하나님께서는 그렇게 해주셨다. 동서양의 모든 그리스도의 신부들이 눈앞에 보이기 시작한 것이다. 셀 수 없이 많은 부유한 교회들이 잘못된 양식을 먹고 있는 것이 눈앞에 펼쳐졌다.

부유한 나라에서 살고 있는 하나님의 자녀들은 하나님의 식탁에서 떨어지고 있는 부스러기만으로 연명하고 있었다. 영광스러운 하늘의 양식을 먹도록 부름 받은 존재들임에도 불구하고 무엇을 먹고 있는지조차 깨닫지 못하고 있는 것 같았다. 풍성한 잔칫상이 눈앞에 차려져 있는데 굶어 죽기 직전의 상황까지 치달아 있었다. 겉으로는 화려한 옷을 걸치고 있었지만 영적으로는 누더기를 입고 있는 모습을 하고 있었다. 화려함 속에 은밀하게 가려진 굶주리고 가난하고 헐벗은 사람들의 모습을 보게 된 것이다. 그리고 난 후 예수님의 음성이 들려왔다.

"이 사람들 역시 사랑해 주지 않겠느냐?"

"예"라고 대답하기

도대체 이 말씀이 내 인생에서 무엇을 의미하는지 알 수 없었다. 하지만 얼마 지나지 않아 내가 전 세계를 다니며 말씀을 전하게 될 것이라 주님께서 다시 말씀해 주셨다.

18년 동안 서구 세계에서 말씀을 전한 것은 불과 몇 번에 그치지 않았다. 빈민가와 쓰레기 더미에 숨어 살면서 마약 중독자들과 가난한 아이들로부터 하나님의 나라를 배우는 것이 너무나 좋았다. 솔직하게 말하자면 서구 교회들에 대해서 그다지 애정을 가지고 있지 않았다. 내가 하고 싶은 것은 오직 가난한 이들과 함께 살면서 옆에 있어 주고 안아 주고 친구가 되는 일뿐이었다. 가능한 더 많은 아들과 딸들을 길거리에서 집으로 데리고 오는 삶을 즐기고 있었던 것이다. 나는 순회하며 설교하는 그런 사역을 원했던 적이 없다. 집회에서 말씀을 전하고 싶은 마음은 전혀 없었다.

세 명의 마마 아이다가 눈을 뜬 후 얼마 지나지 않아 뒷마당에 앉아 예배를 드리고 있을 때였다. 아이들 몇 명이 나에게 손을 얹어 기도하고 있었는데 주님께서 내 인생의 3분의 1을 선진국에서 보내게 될 것이라 말씀하시는 것을 들었다.

나는 울기 시작했다. 가고 싶지 않았다. 내 인생의 3분의 1이나 되는 시간 동안 이 아이들과 떨어져 지낸다는 것은 상상도 할 수 없었다. 그때 주님께서 요한복음 14장 15절 말씀을 생각나게 해주셨다.

"만약 나를 사랑한다면 나의 계명을 지키라."

나는 울며 대답했다.

"주님, 주님께서 원하시는 것은 무엇이든 하겠습니다."

그날 늦게 컴퓨터를 켜고 이메일을 열어 보는 순간 세계 각국의 다양한 나라에서 사역 요청이 들어와 있었다. 그 가운데에는 내가 한 번도 가 보지 않은 나라도 있었다. 그리고 모두 부유한 곳이었다.

가난하지 않은 이들을 위한 사역은 가능한 하고 있지 않으며 서구 세계와 담을 쌓은 지 이미 오래 된 상태였다. 그나마 방문한 미국 교회들이 있다면 일리노이주 페어 뱅크와 알래스카에 있는 교회들이었다. 하지만 넉 달 정도 되는 기간 동안 쇠약해진 몸의 회복을 위해 휴식을 취하며 병상에 누워 있기 위해 머물렀던 것뿐이다. 전 세계의 부유한 교회들에 대해서는 그다지 관심을 기울이고 싶지 않았다. 그런데 주님께서는 내 눈을 열어 동서양의 모든 교회들 가운데 하늘로부터 온 신선한 빵을 먹이고 싶다고 말씀하고 계셨다. 노예처럼 살아가는 그들이 눈을 뜨고 분명하게 볼 수 있기를 원하셨다.

나는 한 해의 3분의 1을 여행하는 데 시간을 보내기 시작했다. 순종했지만 이 사역을 기쁨으로 감당하지는 못했다. 집회가 싫다고 종종 말하기도 했다. 모잠비크를 떠날 때면 날마다 매 순간 아이들이 눈에 어른거렸다. 멋진 호텔에 앉아 있을 때면 먼지더미에서 가난한 이들과 함께 보낸 시간이 그리워졌다. 계속 향수병에 시달리고 있던 것이다.

어느 날 주님께서 인자한 음성으로 나를 책망하셨다. 주님께서는 나의 순종을 기뻐하셨지만 그 일을 감당할 때 기쁨으로 하기 원하셨다. 그리고 이 말씀은 나의 마음을 강타했다.

우크라이나에 있었을 때 주님께서 부탁하신 일에 대해 내가 어떻게 해야 할지 가르쳐 주시기 시작했다. 나는 주님께서 이렇게 말씀하고 계심을 느꼈다.

"네 앞에 있는 한 사람을 바라보아라."

그 순간 내 팔에는 우크라이나 여인이 안겨 있었고 놀랍게도 모잠비크의 아이들을 사랑한 것과 같은 마음이 이 여인에게서도 느껴지기 시작했다.

얼마 지나지 않아 예루살렘의 젊은 청년을 안고 기도하는 모습도 보게 되었다. 그리고 이 젊은이가 속해 있는 나라와 국민들을 향한 하나님의 사랑의 무게가 어떠한지를 알게 되었다. 만약 그들을 위해 내가 죽게 된다 하더라도 기꺼이 그럴 수 있겠다는 생각이 들었다. 이 젊은 유대 청년을 위해 기꺼이 내 목숨을 드릴 수 있게 된 것이다.

시간이 지날수록 하나님께서는 내 앞에 사람들을 보여 주시기 시작했고 부유한 나라에 있는 동안에도 가난한 이들을 위해 살아 오며 배웠던 것들을 그대로 할 수 있어야 한다 가르치셨다. 이러한 경험 이후 여행 가운데 기쁨을 찾기 시작했다.

현재까지 나는 200만 마일이나 되는 거리를 여행했다. 매일 밤 다른 호텔 방에서 잠들었고 며칠 사이 시간대가 다른 곳을 넘나들었다. 내 눈을 열어 주신 이후 동서양의 부유함 뒤에 가려진 절박한 상태의 굶주린 사람들을 볼 수 있게 되었다. 하나님께서 보여 주셨기에 끊임없는 계획들 가운데 "예"라고 대답할 수 있었다. 내 앞에 두신 기쁨 때문에 나를 통해 이루어질 하나님의 약속에 대한 희생을 감수할 수 있었다.

이렇게 세계를 다니며 강연하는 것이 큰 기쁨이 될 수 있었던 것은 이러한 사역 역시 큰 희생을 감수하는 것임을 깨닫게 되었기 때문이다. 그리고 전 세계에서 자신의 삶을 예수님께 드리며 다음과 같이 고백하는 것을 지켜 보는 것만큼 큰 축복이 없다는 사실을 깨닫게 되었다.

"그 대가가 어떠하든 저는 가겠습니다. 내 인생의 목적을 향해 달려 가며 잃어버린 영혼들과 죽어가는 세상 가운데 하나님의 사랑을 전하겠습니다!"

어떻게 보여도 상관없다!

마리아는 그녀의 약속이 이 땅에 태어날 때까지 아홉 달을 기다려야만 했다. 어떤 경우 주님께서 말씀하시는 것이 눈앞에 나타날 때까지 수 년이 걸리기도 한다. 아홉 달 동안 마리아는 홀로 하나님의 약속을 몸 속에 지녔다. 다른 이들은 성전에서 중보기도를 했을 수도 있지만 그 어느 누구도 마리아의 배 속에 있는 아이를 대신 품고 있을 수 없다. 또한 태아의 무게를 대신 느낄 수도 없다. 마리아는 베들레헴까지 긴 여행을 해야 했고 숙소를 찾아 여기저기 돌아다녀야만 했다. 그리고 마구간에서 아기를 낳기 위한 준비를 했다. 어두운 밤 동물들이 여기 저기 돌아다니고 여기저기서 향기롭지 않은 냄새가 진동하는 곳에서 오직 요셉만이 도움의 손길을 줄 뿐이다. 해산의 고통은 오로지 마리아의 몫이다. 하나님께서 주신 약속이 이루어지는 것을 보기에 그리 썩 달가운 상황은 아니다.

　우리 안에 심어 두신 약속의 무게를 느끼지만 아무 것도 보지 못할 때가 있다. 긴 여행 이후 먼지투성이의 지저분한 마구간에서 지내야 할 때도 있다. 확고한 믿음을 가질 수 있도록 응원해 주는 이가 단 한 사람도 나타나지 않을 수 있다. 다른 이들 앞에서 오히려 부끄러움을 당한다고 느낄 수도 있다. 앞을 보지 못하는 사람들을 위해 계속 기도하지만 그 어느 누구도 앞을 보지 못하게 되었을 때 얼마나 부끄럽고 혼란스러웠는지 모른다. 특히 내 친구 앞에서 이러한 일을 겪었을 때는 두 말할 것도 없다. 물론 모든 기대를 버리고 그쯤에서 기도를 멈출 수도 있었다. 하지만 이런 상황도 모두 헤치고 나와야 한다고 생각했다.

　기다림의 시간 속에서 우리는 위대한 주님을 바라보아야 한다. 그분께 우리의 시선을 고정하고 우리를 뒤흔들거나 아프게 하는 어려운 상황으로부터 눈길을 돌려야 한다. 영광스러운 하나님 한 분만이 우리가 바라볼 분이시다. 하나님의 약속을 어떻게 바라보며 그것을 어떻게 이행해야 할지, 그리고 이 세상을 어떤 시각으로 바라봐야 할지가 중요하다. 오직 주님만을 바라보라. 지금까지 보지 못했던 것에 마음 쓸 필요 없다. 나에게 일어나는 상황과 주변을 어떠한 시각으로 바라보아야 하는가는 우리의 선택에 달려 있다.

어떠한 일들이 일어나든 아름다우신 주님의 얼굴에서 시선을 떼지 말라. 주님께서 여러분에게 주신 그 약속을 믿으며 그 자리에 머물러 있으라.

10장
불가능한 것을 믿으라

> 마리아가 천사에게 말하되 나는 남자를 알지 못하니 어찌 이 일이 있으리이까. 천사가 대답하여 이르되 성령이 네게 임하시고 지극히 높으신 이의 능력이 너를 덮으시리니 이러므로 나실 바 거룩한 이는 하나님의 아들이라 일컬어지리라. 보라 네 친족 엘리사벳도 늙어서 아들을 배었느니라. 본래 임신하지 못한다고 알려진 이가 이미 여섯 달이 되었나니 대저 하나님의 모든 말씀은 능하지 못하심이 없느니라. 마리아가 이르되 주의 여종이오니 말씀대로 내게 이루어 지이다. 하매 천사가 떠나가니라.
>
> | 누가복음 1:34~38 |

마리아는 하나님께서 주신 약속을 처음 들었을 때 "나는 남자를 알지 못하는 처녀의 몸인데 어떻게 이런 일이 일어날 수 있나요?"라고 물었다. 일반 자연 법칙으로는 도저히 일어날 수 없는 약속이다. 유대인들이 가지고 있었던 구약에서도 이러한 일들에 대해 그 어떤 지침도 줄 수 없었다. 전적으로 불가능한 일이지 않은가?

주님으로부터 받은 약속은 가끔 이렇게 불가능한 모습으로 나타난다. 여러분이 받은 약속이 불가능한 것처럼 보이지 않는다면 어쩌면 하나님께로부터 온 것이 아닐 수도 있다.

하나님께서 여러분에게 불어 넣으신 것은 무엇인가? 여러분에게 주신 약속들은 도대체 어떤 종류의 것인가? 여러분의 노력과 능력으로 이룰 수 있는 것이라면 초자연적일 필요가 없다. 예수님을 약속으로 받은 것이라면 초자연적인 것일 수밖에 없지 않은가? 하나님은 모든 것을 초월하시는 분이다. 하나님께서는 초자연적인 사랑을 나타내 보이실 수밖에 없다. 여러분 안에서 여러분을 통해 하나님께서 열매 맺기 원하시는 것은 절대로 스스로의 힘으로 이룰 수 없다. 하나님께서 찾으시는 것은 월등한 능력이 아니다. 하나님은 우리의 마음과 순종하는 삶을 원하신다.

초자연적인 약속

지금 내가 하고 있는 일은 나에게 적합한 것이 아니다. 나는 캘리포니아에서도 제법 부유한 지역인 라구나 비치 출신 여성이다. 모잠비크에 어울리지 않을 법한 피부색과 성별을 지녔으며, 사회경제적인 배경이나 교육적인 배경 역시 뭔가 이 나라와는 맞지 않다.

언제인가 하나님께 내가 얼마나 적합하지 않은 사람인지에 대해 이야기했다. 그런데 나를 통해 뭔가 초자연적인 것을 태어나게 하려면 어떻게 하면 좋겠는지 물어보시는 것을 느꼈다.

하나님께서는 우리에게 요청한 그 과제에 적합한 사람이 될 수 있도록 우리를 만들어 가신다. 자신의 모든 것을 기꺼이 내어 드리고자 하는 사람, 성령님에게 완전히 사로잡히기 원하는 사람을 찾으신다.

주님께서 우리를 모잠비크의 마누카 부족에게 인도하셨을 때 그 부족이 예수님을 사랑할 수 있도록 하기 위해 우리가 할 수 있는 일은 없었다. 이런 일이 일어날 수 있는 실제적인 계획 같은 것은 전혀 만들 수 없었다. 그 부족은 예수님을 알고 싶어 하지도 않았다. 이러한 사실이 우리를 절망에 빠뜨렸지만 바로 이때가 그들을 방문할 적절한 시기라고 하나님께서 분명히 말씀하심을 느꼈다. 그들이 주님을 만나고 주님을 알게 될 것이라고 믿었다. 왜냐하면 하나님 한 분만이 그 일을 하실 수 있기 때문이다.

펨바 북부로 이사하기 직전 롤랜드는 여섯 명만 태울 수 있는 경비행기를 타고 우리가 있는 곳으로 날아왔다. 우리는 주님께서 도대체 어디에서 살라고 말씀하시는지 알고 싶었다. 펨바와 주변 지역을 알아보러 다니면서 정말 먼지 외에는 아무 것도 없다는 것을 안 순간 적지 않은 충격을 받았다. 상점은 거의 없었고 전기나 물도 자주 끊기는 곳이었다. 인터넷을 할 수 있는 상황이 아니었는데 우리들의 사역 대부분이 주로 이메일을 통해 이루어지기 때문에 큰 문제가 아닐 수 없었다. 그리고 무엇보다 새로운 베이스를 시작할 수 있는 재정도 충분하지 않은 상태에서 살 곳을 마련하기란 쉬운 일이 아니었다.

펨바 지역 주민들은 이토록 가난했다. 하지만 해안을 끼고 있는 마을의 경관은 말할 수 없이 아름다웠다. 이런 아름다운 자연을 바라보며 여기서 살면 정말 좋겠다는 생각과 동시에 이러한 황홀함을 만끽하며 안주해서는 안 된다는 마음이 들었다. 인생에서 가장 오랜 시간을 빈민가와 쓰레기 더미, 그리고 뒷골목에서 지내왔었다. 그러면서 다른 이들이 가려고 하지 않는 누추한 곳에 머물러야만 하나님을 잘 섬길 수 있다고 여겼다. 그런데 이러한 나의 생각을 주님께 알려 드렸더니 비웃으시는 느낌을 받기 시작했다. 주님께서는 아름다운 곳에 사는 사람들 역시 잃어버린 영혼들이며 굶주린 사람들이라는 사실을 다시 깨닫게 하셨다.

펨바의 한 공예품 가게 앞에서 처음으로 복음을 전했다. 그곳에서 나의 말을 들어 주는 사람들은 내게 물건 하나라도 팔아볼 마음이었다. 하지만 상관없었다. 하나님께서는 신실한 분이셨다. 인간의 삶과 죽음에 대하여, 그리고 예수 그리스도의 부활에 대하여 말씀을 전했고 곧 북부지역 교회에 첫 성도들이 생기기 시작했다. 그들의 이름은 모하메드와 오말, 이스마엘과 아마디였다. 이들뿐만 아니라 다른 이들도 자신의 삶을 주 예수님께 드렸다.

얼마 지나지 않아 우리는 펨바 바깥 지역에서 더 큰 규모의 아웃리치를 하기로 계획했다. 저녁이 되자 음향 기계를 설치하고 엄청난 소음을 내는 작은 발전기를 작동시켰다. 그리고 남부에서 모잠비크 친구 몇 명이 찾아와 드럼을 치며 노래를 불렀다.

사람들이 몰려들기 시작했다. 하지만 오랜 시간 동안 아무런 일도 일어나지 않았다. 유명한 설교가가 방문했고 최선을 다해 열정적으로 말씀을 전하려 했다. 하지만 사람들은 그다지 집중하지 않았다. 그리고 여기 저기에서 싸움이 일어났고 어떤 이들은 우리에게 모래와 돌멩이를 던지기 시작했다. 집회는 순식간에 위험한 곳이 되어 버렸다. 상황은 갈수록 더 악화되었고 이런 상황 속에서 하나님께서 말씀하셨던 음성이 기억났다.

"가서 마쿠아에 있는 나의 신부들을 되찾아다오."

무엇을 어떻게 해야 할지 몰랐다. 그저 하나님을 향해 간절한 마음으로 기도하고 있는데 귀신들린 사람들을 앞으로 초대하라고 말씀하시는 주님의 음성을 듣게 되었다. 모여든 사람들 대부분이 전통적인 주술이 섞인 토속 신앙을 가지고 있었기 때문에 이렇게 해도 괜찮을지 걱정이 되었다. 하지만 말씀하신 대로 행했다. 내 경험으로 미루어 보았을 때 성령님께서 임하실 때 의아한 마음이 들더라도 그것을 해야 할 때가 있다.

어찌되었든 하나님의 능력을 보기 원한다면 귀신 들려 고통 받고 있는 사람들은 누구나 예배단 앞으로 나오라고 외쳤다. 그러자 놀랍게도 서른 명 정도가 앞으로 나왔다. 군중들 사이를 나오며 그들은 경련을 일으키며 신음소리를 내며 귀신에게 사로잡힌 발작 증세를 보이기 시작했다. 그곳은 교회 건물 안이 아니었다. 부서진 시멘트 조각과 흙먼지 속에 모두 서 있었다. 이전에 귀신에 들린 사람들을 개인적으로 기도해 준 적은 있었지만 이렇게 앞으로 불러 낸 적은 한 번도 없었기에 하나님께 도움을 구했다. 귀신 들린 사람들이 한 줄로 정렬해 있는 동안 나는 한 발짝 물러서서 그들을 관찰했다. 발작을 일으키고 있는 그들의 모습은 정말 눈을 뜨고 볼 수 없을 지경이었다. 크리스천은 아니었지만 그들 모두는 자신이 귀신 들렸다는 사실을 알고 있었고 그 귀신들을 떨쳐내고 싶어했다. 아프리카 지역에 살고 있는 사람이라면 악한 영에 대한 것쯤은 누구나 다 알고 있다. 군중들은 모두 흥미로운 눈빛으로 집중하며 지켜 보고 있었다.

마침내 내가 할 수 있는 유일한 일을 했다. 예수님의 이름으로 모든 마귀들이 떠나갈 것을 큰 소리로 명령한 것이다. 그 순간 앞에 서 있던 서른 명 모두 땅바닥에 쓰러졌다. 그리고 쓰러진 그 자리에서 일어나지 못했다. 그들은 아무 것도 할 수 없었다.

나는 그들에게로 다가가 한 사람씩 일으켜 세워서 무슨 일이 일어났는지 물었다. 그들 모두는 훨씬 기분이 좋아졌다고 대답했다. 하지만 그 가운데 두 명은 다시 평소의 모습으로 돌아와 있었다. 그래서 한쪽에 기다리게 하고는 그 두 명을 위해 따로 기도했다. 두 번째 기도를 받은 그 두 명은 다시 바닥에 쓰러졌고 결국 앞으로 나온 서른 명 모두에게서 귀신이 떠나가게 되었다. 그들 모두 자유를 얻게 된 것이다.

그리고 나서 나는 군중을 향해 외쳤다.

"예수님을 원하는 사람은 누구인가요?"

많은 사람들이 외치기 시작했다.

"저요! 저요!"

모든 사람이 바닥에 무릎을 꿇고 예수님을 영접하는 기도를 드렸다. 그리고 이곳 카보 델가도 지역에 첫 번째 교회가 세워지게 되었다.

2년 반 동안 마쿠아에 200여 개의 교회가 개척되었고 10년이 지난 지금

2,000개가 넘는 교회들이 카보 델가도 전역에 세워졌다.

큰 배에 오르라

몇 해 전, 주님께서는 카보 델가도에서 가장 고립된 지역에 살고 있는 사람들에게 나아가라고 말씀하셨다. 섬과 작은 만 주위에 흩어져 있는 해안 마을에 살고 있는 사람들을 향해서 말이다. 그 지역 대부분은 육상으로 접근할 수 없었다. 그래서인지 그 지역 사람들은 단 한 번도 복음을 들어보지 못했다. 나는 그들에 대한 조사를 끝내자마자 날마다 중보기도를 하며 어떻게 그곳으로 가서 사역을 할지 고민하기 시작했다.

이런 일이 있은 후 뉴질랜드에서 강연을 할 기회가 생겼는데 집회를 마친 후 야영할 수 있는 도구들을 사기 위해 스포츠 전문점으로 향했다. 그곳에서 밝은 색상을 한 카약을 보게 되었고 순간 재미있는 생각이 스쳐 지나갔다.

'만약 저 카약으로 해안 마을을 돌면 어떨까?'

나는 그곳에서 카약을 샀다. 무언가를 하려면 일단 시작을 해야 하는 법이다. 카약이 마침내 모잠비크에 도착했고 펨바에서 가까운 해안 마을까지 노 젓는 연습을 했다. 지쳐서 계속 할 수 없을 때까지 한 장소에서 다른 장소로 옮겨 다녔다. 그러면서 좀더 많은 연습이 필요한 곳부터 시작해 보면 어떨까 하는 생각을 하게 되었다.

어느 날 노를 저어 나갈 준비를 하며 여행을 위해 기도하는데 하나님께서 더 큰 배를 사기 전까지는 아무 데도 가지 말고 기다리라고 말씀하시는 것을 느꼈다. 정말 좋은 계획이라고 생각했다. 그래서 그런 배가 있는지 알아보기 시작했다. 마침 아이리스 글로벌에서 8미터 길이의 배를 살 수 있을 정도의 재정이 마련되었고 그 배를 구입하게 되었다.

우리가 방문한 첫 번째 장소는 론도라는 마을이었다. 우리는 해안에 돛을 내려 배를 정박하고는 작은 보트에 올라탔다. 그 당시 우리가 가지고 있던 보트는 오래되고 낡아서 군데군데 뚫린 구멍들을 테이프로 막아 둔 상태였다. 하지만 해변까지 가기에는 충분했다.

나는 조시와 딜로 목사와 함께 마을에 도착해서 마을의 촌장이 누구인지 물었다. 모잠비크에서는 마을에 들어가기 전에 촌장의 허가를 받아야 한다. 그들은 촌장이 멀리 고기를 잡으러 떠났기 때문에 다음 서열에 있는 사람이 누구인지를 알려 주었다. 우리는 진흙 언덕을 올라가 한 오래된 목공소에서 그 사람을 발견했다. 마치 예수님께서 일하셨던 장소 같다는 생각을 하며 들 뜬 마음으로 그와 대화를 나누었다.

그는 우리에게 마을 사람들에게 복음을 전해도 좋다고 했다. 우리는 마쿠아어로 찬송가를 부르기 시작했고 사람들이 천천히 다가왔다. 마을 사람들 대부분이 모여들자 병자들을 고치시고 악한 영에게 붙잡힌 사람들을 도와주셨으며 아무런 조건 없이 사랑해 주신 예수님에 대해 이야기해 주었다. 마을 사람들은 예수님을 만나기 원했고 다음 방문 때 예수님을 보트에 모시고 와 달라고 부탁했다.

그래서 예수님께서 십자가에서 돌아가셔서 우리의 모든 죄를 씻어 주시고 죽음 가운데 부활하셨다는 사실을 알려 주었다. 그리고 예수님은 지금 우리 마음에 살아 계시며 조시와 딜로뿐만 아니라 예수님을 믿는 모든 사람들의 마음 가운데 함께 계심을 전했다.

그리고는 마쿠아 언어로 녹음한 요한복음 테이프를 마을 사람들에게 들려 주었다. 해가 지기 전에 마을사람들은 그들의 마음에 예수님을 주님으로 영접했다.

어른과 아이들은 해변가까지 우리를 따라 왔다. 그리고 더 많은 이야기를 듣고 싶으니 가능한 빠른 시일 내에 다시 와 달라고 부탁했다.

집으로 돌아오는 도중 배의 엔진들이 고장이 났고 우리는 집까지 간신히 도착했다. 하지만 배를 다시 고치기까지 한 달 반이나 되는 시간이 필요했다. 캐나다에서 부품을 보내 주어야만 필리핀 기술자가 엔진을 고칠 수 있기 때문이다.

다시 그 마을을 방문했을 때 멀리서 우리 배가 오는 것을 본 마을 사람들이 해변으로 나와 줄을 지어 노래하며 춤을 추고 있었다. 성경의 말씀들을 가지고 노래를 만들어 부르며 암송하고 있었던 것이다. 지난 번 방문 때 태양열로 작동하는 오디오 성경을 그곳에 두고 온 보람이 있었다. 이 후로 우리는 론도에 자주 방문하게 되었다.

어느 날 밤 우리가 도착하자마자 사나운 폭풍이 몰아 닥쳤다. 우리는 보트를 꺼내 수면 위에 던졌다. 해안가에 무사히 도착하기 전까지 얼마나 큰 위협을 느꼈는지 모른다. 우리는 완전히 젖은 상태로 도착했고 평소와 마찬가지로 마을 사람들은 모래 위에서 우리를 기다리고 있었다. 그들은 다른 날보다 더 흥분한 상태로 우리를 맞이했고 나를 위해 만들어 놓은 새 집을 보여 주고 싶어했다. 마을 사람들은 예전에 우리와 함께 지었던 교회와 학교 가까운 언덕에 너무나 멋진 진흙 집을 하나 만들어 놓았다.

나는 너무나 감격스러워 마을 사람들과 웃으며 서로 부둥켜안았다. 그 때 멀리 정박해 있던 배의 선장이 다급하게 부르는 소리가 들렸다. 배에 물이 새어 들어와 가라앉고 있는 중이라고 말하는 듯했다.

"잠시만요! 조금 이따가요! 지금은 안 돼요!"

나는 소리쳤다. 마을 사람들에게 받은 선물 때문에 기뻐하느라 너무나 바빴기 때문이다.

그러자 선장이 다시 외쳤다.

"지금 들으실 여력이 없겠지만 배가 가라앉고 있다고요!"

별다른 선택의 여지 없이 우리는 펨바에서 보내 주는 구명선을 기다릴 수밖에 없었다. 그런데 불행하게도 우리의 선장은 경험이 없었고 구명 보트를 가져 온 선장은 술에 취해 있었다. 우리 선장은 하나밖에 없는 신호탄을 그만 물 속으로 쏘았고 우리를 데리러 온 사람들은 어두운 곳에서 헤매느라 한참 만에 우리 배를 찾을 수 있었다. 일기 상황은 악화되었고 우리를 구하러 온 선원들은 너무 화가 나 있었다. 그들은 가라앉고 있던 배 안의 사람들을 모두 태운 후 나와 조시, 그리고 딜로와 마리오는 그대로 육지에 남겨 둔 채 떠나버렸다. 해변까지 와서 우리를 태울 기분이 아니었기 때문이다.

마을 사람들은 남겨진 우리를 위해 어깨를 들썩이며 불을 피우기 시작했다. 나는 사도 바울의 시련이 떠올라 혼자서 웃었다. 돌을 맞았는가? 매를 맞았는가? 감옥에 갇혔는가? 배 고프고 추워 보았는가? 그리고 배가 파선되었는가? 이 모든 경험을 그대로 하게 되다니!

사도행전 28장을 기억하며 예수님의 이름으로 불 가운데 맴돌고 있는 뱀이 있다면 묶어 달라는 짧은 기도를 드렸다. 잠들기 전 나는 마을에서 가장 높은 흰개미 언덕으로 올라갔다. 펨바로 전화할 수 있는 전파가 수신되는지 확인해 보기 위해서이다. 그곳에서 신호 눈금 하나가 잡혔다. 그리고 휴대폰은 거의 방전상태였다. 그래서 베이스에 있는 중보기도팀에게 기적을 위해 기도해 달라는 문자를 남겼다. 이러한 상황 속에서 가장 필요한 기도제목이다. 하나님으로부터 온 꿈들은 항상 중보기도가 필요한 법이다. 산파들처럼 여러분의 삶 가운데 잉태된 기적의 약속들을 잘 출산할 수 있도록 도울 중보기도자들이 필요하다. 그들의 기도를 통해 여러분이 넘어야 할 장애물들은 꽤 견딜 만한 것이 된다.

나는 한 움막으로 잠을 청하기 위해 들어갔고 조시와 딜로와 마리오는 다른 집으로 향했다. 새벽 3시 정도 되었을까. 무시무시한 비명소리에 잠을 깼다. 나는 방에서 뛰어 나와 불개미에 덮인 형제 세 명을 발견했다. 나 역시 개미들을 털어내 버려야 했다.

그 마을에는 전기가 없었다. 우리가 들고 간 손전등도 모두 사용할 수 없었다. 나는 그들을 달빛이 쏟아지는 밖으로 데리고 나와 부어 오른 팔과 다리에 붙어 있는 불개미들을 털어서 떨어뜨리려고 했다. 정말 너무나 성가신 존재였다.

아마도 다음 번에 이곳에서 또 자려고 한다면 너무나 순진한 생각일까? 첫 닭이 울기도 전에 아직 어두운 새벽녘인데도 우리가 머물던 집은 동네 사람들에게 둘러싸였다. 마을 사람들은 노래를 부르기 시작했다. 이 마을 사람들은 보통 동이 트기 전에 일찍 일어나는 습관을 가진데다가 우리의 방문과 교회 헌당으로 인해 매우 흥분한 상태였다.

우리는 말할 수 없이 피곤했다. 하지만 마을 사람들이 춤을 추는 동안 일어나 새 교회를 향해 올라갔다. 가는 길에 너무나 힘이 들어 화장실에서 멈추어 쉬기도 했다. 불개미에 물려 퉁퉁 부어 시야는 흐릿했지만 온 힘을 다해 교회와 학교를 예수님께 드리는 시간을 가졌다. 딜로와 조시, 그리고 나는 주님께서 우리에게 주신 모든 것을 다 나눌 때까지 돌아가며 설교를 했다. 드디어 아침이 밝았다. 이미 주변은 너무나 더운 상태였다. 우리는 잠자는 것을 포기하고 다시 펨바로 돌아가기로 결정했다.

한밤중에 우리 팀을 데리고 떠난 술 취한 선장은 다시 돌아오지 않았다. 그래서 마을의 카누를 빌려서는 반 정도 물에 잠긴 우리 배가 있는 곳까지 돌아갔다. 그곳에 있는 무선을 사용해 보려 했지만 엔진이 이미 물에 잠겨서 전기가 끊어진 상태였다. 다시 낡은 소형 보트가 있는 해변으로 돌아왔다. 마리오는 소형 보트에 있는 작은 엔진을 작동시켰다. 그리고 꽤 멀리 떨어져 있다는 것을 알고 있었지만 그 배를 타고 펨바로 향했다.

그런데 떠나는 순간 우리는 심각한 실수를 저질렀다는 사실을 깨닫게 되었다. 우리의 소형 보트에 물이 새어 들어 오기 시작한 것이다. 물은 곧 무릎까지 차 올랐다. 이런 상황에 뭐라도 해야겠다는 심정으로 휘슬과 마실 물을 손에 쥔 채 구명 조끼를 입었다. 하지만 점점 물이 불어나기 시작했고 우리 모두가 곤경에 빠졌다는 사실을 알게 되었다. 만약 바닷물에 쓸려 간다면 구명 조끼로는 생명을 유지할 수 없었다. 하나님께서 우리를 구해 줄 누군가를 보내 주시기만을 간절히 기도할 뿐이었다.

그때 당시 조시 목사의 아내는 아기를 가진 지 9개월이 된 상태였다. 지난 10년 동안 조시는 아이를 가지기 위해 기도해 왔었다. 그의 아내 알버티나가 불임이었기 때문이다. 하지만 우리 모두 그녀를 위해 금식을 했고 그해에 아기가 생겼다. 그리고 이제 곧 태어날 예정이었다. 하나님께서 그녀에게 주신 약속을 이제 곧 출산할 참이었던 것이다. 무릎까지 물이 차오르자 조시는 울부짖었다.

"이제 태어날 우리 아이가 너무나 보고 싶습니다."

조시는 수영할 줄 몰랐다. 그래서 배에 올라탈 때마다 늘 긴장하곤 했다. 그런데도 함께 따라 나섰다. 조시는 자신이 만날 수 있는 모든 사람들에게 복음을 전하길 원했다. 예수님을 위해서라면 무엇이든 할 것이라고 말했다. 그리고 그것을 증명해 보이고 있었다.

수년 전 길거리에서 데리고 온 나의 양아들 딜로는 먹을 것을 간절히 원했고 굶주림으로 너무나 지친 상태였다.

우리의 부선장인 마리오는 더 이상 말할 기운도 없어 보였다.

하나님께서 나의 인생에 대해 주신 환상들 가운데에는 전 세계의 대학교를 돌아다니며 복음을 전하는 사역도 포함되어 있었다. 하지만 배가 가라앉는 상황에서 이런 환상들은 모두 물거품이 될 수밖에 없다고 여겼다. 사실 다음날 영국의 옥스퍼드에서 열릴 '러브 옥스퍼드'라는 행사에서 강연을 할 예정이었다.

그렇다면 이런 상황 속에서 하나님께서 내게 주신 약속들을 어떻게 무사히 이행할 수 있겠는가?

그런데 멀리서 작은 배가 하나 보이기 시작했다. 그 배가 가까이 다가오자 새 똥으로 뒤덮인 오래된 어선임을 알 수 있었다. 우리는 미친 듯이 휘슬을 불며 팔을 흔들었다. 그러자 노인이 운전하는 그 어선이 다가오기 시작했다. 이 노인은 엄청난 비용을 요구하며 우리가 펨바로 돌아갈 수 있도록 해주겠다고 말했다. 그리고 흥정이 시작되었다.

배 안의 물이 우리 허리에 차오를 때까지 실랑이는 끝나지 않았고 나는 공포에 빠졌다. 하지만 우리는 그 돈을 지불할 능력이 되지 않는다고 말할 수밖에 없었다. 그러자 그는 엔진을 다시 작동시킨 후 우리를 그곳에 내버려두고 떠났다.

함께한 형제들은 웃다 울기를 반복했다. 그리고 큰 소리로 울부짖으며 하나님께서 무슨 말이라도 해주시기를 기도했다. 결국 그 노인을 다시 불러 그가 원하는 것은 무엇이든 주어야겠다고 생각했다. 우리 인생 가운데 하나님께서 주신 약속들이 이 세상 가운데 빛을 볼 수 있도록 하기 위해서는 어떠한 비용도 개의치 말아야겠다고 생각한 것이다. 예수님의 사랑이 세상 깊숙이 숨어 있는 종족들과 유명한 대학들, 그리고 버려지고 상처 입었으며 죽어 가는 사람들에게 전해지기 위해서는 아무리 큰 돈이라도 투자할 수 있겠다는 생각이 들었다. 지구 곳곳에서 모든 것을 내려 놓고 하나님만을 사랑하는 사람들이 일어서는 것을 두 눈으로 똑똑히 지켜봐야겠다는 생각이 든 것이다. 그렇다면 이에 드는 비용은 얼마라도 아깝지 않은 것이다.

상당한 금액의 비용을 지불하기로 약속한 후 우리는 가까스로 어부의 배에 올라타 앉을 곳을 찾았다. 다 허물어져 가는 배 안에는 그다지 많은 공간이 마련되어 있지 않았지만 우리에게는 이 어선을 탄 것만으로도 기적이었다.

뒤에 남겨 두고 온 소형 보트는 그 이후 다시는 찾을 수 없었다. 그런데 비극은 여기서 끝나지 않았다. 얼마 가지 않아 우리가 올라탄 어선의 엔진 역시 고장이 난 것이다. 우리는 잠시 서로를 바라보며 웃었다. 하지만 곧바로 처음보다 더 많이 울부짖어야 했다. 우리를 구해 준 노인은 자신의 엔진이 지금까지 단 한 번도 문제를 일으킨 적이 없었다고 말했다. 그래서 배를 저을 수 있는 노가 하나도 없다고 말했다. 우리는 모든 것을 다 이해한다고 말했다. 우리 스스로 문제를 해결해야 한다고 생각했다.

파도가 점점 거세어지면서 어부의 힘없는 배는 바다 위로 들쭉날쭉 솟아 오른 검은 바위에 부딪칠 것 같았다. 또 다시 배가 부서질 것 같은 순간이었다. 우리는 성령님을 구하는 기도를 드렸다. 우리의 삶과 하나님께서 우리 가운데 심어 두신 기적과 같은 약속들에 대해서도 함께 기도했다. 나는 옥스포드로 가서 말씀을 전해야 했고 조시 목사는 그의 아기가 태어나는 것을 보아야 했다. 딜로는 먹을 것이 필요했고 마리오는 보살핌을 받아야만 했다.

하나님께서 어떻게 하실지 알 수 없다

모든 희망이 사라졌다고 생각할 무렵 멀리서 또 다른 목재 어선 한 척이 보이기 시작했다. 여섯 명이 탈 수 있을 정도의 배였다. 우리는 필사적으로 휘슬을 불어댔다. 그러자 그 배에 타고 있던 어부들이 노를 저어 다가왔다.

가장 먼저 내 눈에 들어온 건 완전히 벌거벗은 어부들의 모습이었다. 그들은 그 시간에 바다에서 누군가를 만날 것이라고 생각하지 않았던 것이다.

나는 눈을 가리고는 우리를 구해 주려면 얼마나 필요한지 물었다.

"돈이라니요? 필요 없습니다!"

그들은 웃으며 대답했다.

"우리가 살려 주지 않으면 그냥 죽게 될 거 아닙니까?"

그리고 나서 그 가운데 한 명이 바다로 뛰어들더니 해안가를 향해 수영하기 시작했다. 그는 쭉쭉 앞을 향해 수영을 해나갔다. 나는 그 사람이 왜 바다에 뛰어 들었는지 영문을 알지 못했다. 그가 해안가를 향해 수영을 하는 동안 다른 어부 한 명은 처음 우리를 구출해 주려 했던 노인을 도와 안전여부를 확인했다.

바다로 뛰어 들었던 어부는 곧 자신과 다른 다섯 명의 어부들이 입을 수 있는 옷을 가지고 왔다. 그들은 옷을 갖춰 입고 자신의 배로 옮겨 탈 수 있도록 도와주었다. 지금까지 살아오면서 나는 여러 종류의 융숭한 대접을 받아보았다. 칠성 급 호텔에도 머물러 보았고 어마어마한 식사 대접도 받아 보았다. 개인 비행기와 헬리콥터를 타고 이동해 본 적도 있다. 하지만 그 어떤 것도 이 어부들이 나에게 해주었던 것에 미치지 못했다.

수영을 하지 못하는 조시는 우리가 배로 옮겨 타는 동안 물에 빠지고 말았다. 그는 주황색 구명 조끼 속에서 물 위로 오르내리기를 반복하며 소리지르고 있었다. 그러자 우리의 친구가 된 어부들이 그를 물 속에서 건져 내었다. 그가 배 위로 올라와 털썩 주저 앉아 안심하고 있는 동안 배 밑바닥에 잡아 둔 물고기가 눈앞에 들어왔다. 그때 주님께서는 에스겔 47장 말씀을 떠오르게 하시며 추수할 곡식과 잡아 올린 엄청난 양의 물고기 값에 대해 말씀해 주셨다.

여섯 명이 탈 수 있는 배에 다섯 명이 더 올라탄 상태에서 우리의 배는 파도가 일렁이는 물 위에 이리저리 흔들리며 한쪽으로 뒤집힐 것만 같았다. 배가 전복될까 너무나 두려워하는 마음으로 물 속으로 빠질지도 모른다는 생각을 하고 있을 때 여섯 명의 어부들은 큰 소리로 함께 노래를 부르기 시작했다. 그리고는 돛을 펼쳤다.

"호, 호, 호!"

그러자 배가 위로 올라서기 시작했다. 그리고 바람을 타고 속력을 내며 물살을 가로질러 앞으로 나아갔다. 아슬아슬했던 모험은 끝났다. 집으로 가는 길에 내 인생에서 가장 영광스러운 빛을 뿜어 내는 노을을 바라보았다. 보라색과 주황색, 분홍색과 빨간색이 그 강렬한 불빛을 내며 웅장하게 비치고 있었다.

해변가에 거의 다다랐을 때 나는 허리춤에 차고 있던 가방 속에 들어 있는 신약 성경책이 생각났다. 이와 동시에 지역을 대표하는 큰 성경 공회에서 아이리스 글로벌 센터를 위해 약 3,000권의 신약 성경책을 기증하고 싶다고 말했던 게 떠올랐다. 그 당시 성경책 기증에는 조건이 뒤따랐다. 나는 아이리스 글로벌 리더 중 한 명이었지만 그들은 자신의 성경책을 여자에게 건네 주고 싶어 하지 않았다. 모잠비크 남자들만이 그 성경책을 받을 수 있었다.

처음에 나는 너무나 기분이 상했다. 그때 성령님께서는 아이리스 글로벌 센터에서 사역하고 있는 수백 명의 남자들이 이 선물을 받을 준비가 되어 있으며 다른 이들에게 자신이 받은 선물을 나누어 줄 수 있을 것이라고 말씀해 주셨다. 그래서 나는 우리 사무실에 있던 100명의 남자들을 불러 신약 성경을 받게 했다. 모두가 성경책을 받을 때까지 옆줄에서 기다리던 나는 남아 있던 성경책을 가져도 좋다는 허락을 받았다. 그때 받았던 성경 중 한 권을 여전히 지니고 다녔던 것이다.

만약 여러분 안에 있는 기적이 나타나길 원한다면 기분이 상한 상태에서 시간을 낭비해선 안 된다. 공격적인 성향은 우리 인생을 통해 약속을 성취해 나가는 데 방해가 된다. 그리고 우리를 화나게 만드는 상황 속에서 하나님께서 어떻게 일하실지 볼 수 있는 기회를 잃고 만다.

우리가 타고 있던 배가 점점 육지에 가까워졌을 때 나는 작은 신약 성경을 꺼내어 우리를 구해 준 어부들에게 요한복음 3장 16절을 읽어 주었다. 그러자 놀랍게도 어부들 가운데 한 명이 글을 읽을 줄 안다는 사실을 알게 되었다. 그래서 그에게 성경책을 주었다. 그리고 헤어지기 전에 여섯 명의 어부들은 모두 예수 그리스도를 구세주로 영접하게 되었다.

우리는 집 근처 육지에 내렸다. 하지만 하나님께서 우리에게 주신 약속이 모두 이루어진 것은 아니었다. 우리가 내린 곳은 펨바에서도 외진 마을이었기 때문에 집까지 걸어가야 했다. 이 지역은 강도가 많기로 유명한 곳이었다. 그래서 어두울 무렵에는 절대로 이곳에 오지 않는다. 우리는 탈진한 상태에서 두려움에 떨었다.

나는 금발 머리에 흰 피부를 가진 사람이다. 그래서 아프리카 어떤 마을에서도 사람들 사이에서 섞일 수 있는 그런 외모가 아니었다. 특히 주황색 구명 조끼를 입은 상태에서는 금방 눈에 띌 것이 분명했다. 우리는 다시 마음을 다해 기도했다. 강도나 이보다 더한 것을 만나지 않도록.

다행히 아무런 사고 없이 도로가 있는 곳까지 올 수 있게 되었다. 하지만 곧 차량 한 대가 우리 옆에 멈춰 섰다. 어두운 창문을 한 검정색 차였다. 창문이 열리고 그 안에서 험상궂게 생긴 한 남자가 우리를 바라보며 말을 걸었다. 이 차는 강도 두목들이 타고 다니는 차량 중 하나였다.

내 아들 딜로는 마침 생선 몇 마리를 가지고 있었다. 하루 종일 먹지 못한 딜로는 어부들과 헤어지기 전에 그들에게서 물고기 몇 마리를 사 두었다. 그런데 그 강도가 우리에게서 생선 비린내를 맡더니 정색을 하며 비켜 서라고 말하고는 도망치듯 달아났다.

우리는 어둠 속에서 걷고 또 걸었다. 누군가 태워 주기를 간절히 바라면서 말이다. 마침내 트럭 한 대가 멈춰 섰고 뒤칸에 올라타도 좋다는 허락을 받았다. 비포장도로에서 덜컹거리며 오랜 시간 달린 후 드디어 집에 도착했다. 기쁨의 마을이라 불리는 아이리스 센터의 문 앞까지 온 것이다.

센터에 있던 사람들이 우리를 보았을 때 아이들이 곧장 언덕 아래로 뛰어 내려왔다. 아이들은 춤을 추며 기쁨의 눈물을 흘리고 있었다. 하루 이상 얼굴을 보지 못한 상태로 지냈으니 얼마나 반가웠을까. 그들은 우리가 어떻게 되었는지 알지 못했기에 근심하고 있었다. 그리고 사랑하는 친구 매리 앤은 우리가 살아 있는지 여부를 묻는 이메일을 받고 있었다. 아이들은 우리가 바다로 사라진 이후 줄곧 걱정과 두려움에 휩싸여 있었다.

우리 네 명은 모두 먼지로 뒤범벅이 된 상태에서 아이들과 부둥켜안으며 기뻐했다. 하나님께서 우리의 생명을 지켜 주심을 확인할 수 있는 그런 날이었다.

어렵게 얻은 추수

나는 온 몸이 젖은 상태에서 배고프고 완전히 지쳐 있었다. 하지만 가장 먼저 해야 할 일은 옥스포드로 가기 위해 가방을 싸는 것이었다.

그 다음날 남아프리카의 수도 요하네스버그에서 비행기를 타고 다시 영국으로 가야 했는데 비행기 좌석을 확인해 보니 내 자리는 가장 뒤쪽 중간에 있었다. 그곳에서는 도저히 쉴 수 없을 것 같았다. 세 명의 다른 승객들 틈에서 아홉 시간 동안 꼼짝 못 하고 있을 것을 생각하니 눈물이 나올 것만 같았다. 그래서 항공사 측에 부탁해 통로 쪽 자리가 날 때까지 탑승하기를 기다릴 수 있겠느냐고 물었다. 내가 타고 갈 비행기는 평소에 이용하던 항공사의 것이 아니었다. 그래서 큰 기대는 하지 않은 채 다른 승객들이 탑승하는 동안 지친 몸을 이끌고 기도하며 기다리고 있었다.

문이 닫히기 직전 탑승구 쪽 승무원이 나를 불렀다. 그녀는 활짝 웃으며 이렇게 말했다.

"일등석에 통로 쪽 좌석이 하나 남았습니다."

눈물이 터져 나왔다.

자리를 찾아 앉으니 승무원들이 나에게 파자마를 가져다 주었다. 지금까지 이렇게 편안한 비행을 경험한 적이 없을 정도였다. 런던에 도착할 때까지 나는 너무나 편안하게 잠을 잘 수 있었다.

옥스퍼드에 도착하자 추운 공기를 가르며 폭우가 쏟아지는 일반적인 영국 날씨와 마주하게 되었다. 행사는 바깥에서 열리기로 했는데 함께 예배를 시작하자마자 하나님께서 충만하게 임하셨고 그 어느 누구도 쏟아지는 빗줄기에 연연해하지 않았다. 우산을 받쳐 든 셀 수 없는 무리가 무릎을 꿇고 있었다. 많은 이들이 기적적인 약속들을 이루는 데 자신의 삶을 드리겠노라 고백했다. 어떠한 대가도 상관없이 말이다. 어떤 이들은 진흙 속에 자신의 얼굴을 묻고 하나님의 임재 가운데 깊이 잠겼다.

지난 며칠 동안 내게 일어났던 모든 일들이 커다란 보람으로 다가오는 시간이었다.

네 떡을 물 위에 던지라

조난 사고를 겪은 후 다음 아웃리치는 어떻게 가면 좋을지 하나님께 물었다. 배를 타고 다니며 열매를 맺기란 쉬워 보이지 않았기 때문이다. 물론 굉장한 경험을 할 수는 있겠지만 비극적인 최후를 맞이할 수도 있었다. 그러자 주님께서 또 다시 말씀하시는 것을 느꼈다.

"더 큰 배를 구하거라!"

이 무렵 네덜란드 출신 매튜스 반 더 스틴이라는 이름을 가진 친구가 내가 더 큰 배를 위해 기도한다는 소식을 듣게 되었다. 그는 10퍼센트 정도 할인된 가격으로 시장에서 요트 하나를 발견했다. 과거 스페인의 왕이 소유하고 있던 배였다. 아이리스 글로벌 센터에서 그 배를 구입해서 100

여 명의 자원 봉사자가 배를 고치는 데 일 년 넘는 수고를 기울였다. 우리는 왕이 사용하던 방들을 없애고 그곳에 2층 침대를 들여 놓았다. 더 많은 사람들을 전도 여행에 참여할 수 있도록 하기 위해서였다. 우리는 이 배를 '아이리스 컴패션'(Iris Compassion)이라고 이름 붙였다.

아이리스 컴패션을 처음 띄웠을 때 우리는 많은 아이들과 함께 예배자들과 중보기도자들로 구성된 팀을 안전하게 태울 수 있었다. 우리 아이들은 가장 높으신 왕의 자녀들이기에 이 배가 자기들의 것임을 알고 있었다.

우리는 선장에게 가장 먼저 우리를 데려가고 싶은 곳을 위해 기도해 보라고 했다. 선장은 우리가 한 번도 가 보지 못한 마을을 한 군데 알고 있었다. 태양이 찬란하게 빛나는 갑판에서 우리 모두가 예배를 드리는 동안 아이리스 컴패션호는 그 마을을 향해 앞으로 나아갔다.

도착하자 마자 늘 그랬듯이 사역을 시작하기 전에 그곳의 족장을 찾아가려 했다. 그런데 육지에 도착하기 전에 모터를 단 작은 배가 다가오는 모습이 먼저 시야에 들어왔다. 그 배가 물보라를 만들며 마을로 향해 지나가려 할 때 잠시 멈춰서 우리가 들고 온 빵 자루를 받아 줄 수 있냐고 물었다. 우리는 그 배를 향해 빵이 든 가방을 던졌지만 미처 도달하지 못하고 물 속에 떨어지고 말았다. 다행히 빵을 담은 플라스틱 통은 물이 새어 들어오지 않아 물 위에 그대로 떠 있었다.

우리는 빵을 가지러 가기 위해 그 주위를 맴돌았고 그때 주님께서 말씀한 구절을 떠오르게 하셨다.

"너는 네 떡을 물 위에 던져라. 여러 날 후에 도로 찾으리라."

— 전도서 11:1

좀 전에 보았던 배에 탄 사람들이 가까이 다가오자 그들의 언어로 족장이 사는 곳이 어디냐고 물었다. 그러자 그 가운데 있던 한 사람이 말했다.

"내가 족장이요."

그 자리에서 족장은 우리가 마을로 들어가는 것을 허락했다.

바로 그 순간 족장이 타고 있던 배의 엔진에서 큰 소리와 함께 연기가 나더니 곧 멈춰 버렸다. 아이리스 글로벌은 엔진과 관련해 특별한 기름부으심이 있는 것은 아닐까 하는 우스운 생각이 잠깐 들었다. 우리는 엔진에 어떤 문제가 있는지 살펴볼 수 있도록 우리 측 기술자를 보내 주었다. 다행히 그들에게 필요한 점화 플러그 여분이 우리 배에 있었다. 나는 우리 선장한테 그들에게 하나를 줄 수 있겠느냐 물었다. 그러자 나를 이상한 눈으로 바라보았다. 그들에게 주었으면 했던 부품은 모잠비크에 배송되기 아주 어려운 것이었고 아이리스 컴패션을 운행하는 데 필요할지도 모르는 것이었다. 하지만 나는 끝까지 고집을 부렸다.

우리에게 주신 하나님의 약속을 온전히 이루어 가기 위해서는 다른 이들도 그 약속을 이루어갈 수 있도록 도와주어야만 한다. 우리가 가려고 하는 목적지에 도착하기 원한다면 다른 이들 역시 그 물을 건너갈 수 있도록 도와주어야 하는 것이다. 우리의 형제와 자매들이 자신의 사명을 완수할 수 있도록 할 수 있는 모든 것을 해야만 한다. 우리는 가진 것을 나누고 거저 주기 위해 부름 받은 사람들이다.

족장의 배가 움직일 수 있도록 도와준 이후에 자신토, 딜로와 함께 우리 쪽 배에서 내려 족장의 배를 타고 뭍으로 들어가기로 했다. 배에 있던 중보기도자들이 계속 기도하고 예배하도록 한 뒤 배를 옮겨 탔다.

우리는 넓게 펼쳐진 진흙 삼각주에 도착했다. 그곳은 바닷물의 증발로 인해 염분이 침전된 평지였다. 마을은 그곳에서 몇 마일 떨어진 곳에 있었다. 한낮의 뜨거운 태양 아래 소금 밭을 지나가며 개코 원숭이들이 우리를 궁금한 눈길로 바라보고 있었다. 마을에 도착했을 때 물도 먹지 않은 채 금식하고 있는 사람들을 발견했다. 그들은 신이 자신을 축복해 주기를 바라고 있었다. 다른 신앙에 자신을 헌신하고 있었던 것이다.

37년 동안 말씀을 전하면서 그날처럼 가장 따뜻한 환대를 받은 적도 없었던 것 같다. 움막에서 나온 주민들은 한 가족씩 우리를 안아 주며 문안 인사를 나누었다. 족장은 우리를 위해 망고나무 아래 자신의 가장 소중한 플라스틱 의자들을 꺼내 놓았다. 그는 마을의 왕과 여왕, 교사들과 장로들을 불러 모았다. 아이들 역시 무슨 일이 일어나는지 구경하기 위해 몰려들었다. 수백 명이나 되는 사람들이 모여 들었고 족장은 우리가 왜 이 마을을 방문했는지 물었다.

나는 요한복음 3장 16절의 "하나님이 세상을 이처럼 사랑하사 독생자를 주셨으니 이는 그를 믿는 자마다 멸망하지 않고 영생을 얻게 하려 하심이라" 라는 성경 구절을 가지고 이야기를 나누기 시작했다. 이 구절이 의미하는 바를 간단히 전하자 마자 그곳에 모인 왕과 왕비, 그리고 족장과 장로들과 아이들과 교사들과 말씀을 들은 모든 사람들이 절을 하며 예수님을 구세주로 영접했다. 아무런 의심 없이 예수님께 자신의 삶을 드리는 것을 주저하지 않았다.

족장은 가장 좋은 땅을 선물로 주며 그곳에 교회를 지을 수 있도록 허락했다. 그뿐만 아니라 멀리 떨어진 친구들 중 오토바이를 가진 이들에게 연락해서 우리의 배가 있는 곳까지 데려다 주도록 했다. 우리는 빠른 속도로 개코 원숭이들을 지나 배가 정박해 있는 곳에 도착했다. 그리고 펨바로 돌아와 미션 스쿨과 성경 학교 졸업식에 참석할 수 있었다. 30여 개국에서 온 600여 명의 학생들은 지난 8개월 동안 우리와 함께 공부해 왔었다. 졸업생들 가운데 어떤 이는 스무 개의 팀으로 나누어 전 세계를 다니며 복음을 전하게 될 예정이었다. 나머지 학생들은 자기가 살고 있던 곳으로 돌아가 하나님께서 주신 소명을 감당할 준비가 되어 있었다.

우리는 여전히 이러한 비전이 더 많이 성취되는 것을 바라보기 원한다. 다음 번에는 하나님께서 아이리스에 화물선을 주실 것을 기대하고 있다.

작은 카약이 왕의 요트가 되기까지

가끔 하나님께서 우리 마음 가운데 심어 두신 꿈들이 너무나 어리석게 느껴질 수도 있다. 그 꿈들은 항상 너무 크게 느껴지기도 한다. 주님의 꿈을 이루어 가려고 노력하는 모습이 이상해 보일까 두려워하기도 한다. 우리는 사전 조사를 위해 수 마일 떨어진 섬들을 향해 카약을 타고 노를 저어 가려는 시도 자체가 생각보다 훨씬 어려운 일이었음을 깨달았다. 그럼에도 불구하고 우리 안에 착한 일을 시작하신 분께서 그 일을 이루어 주시리라는 확신을 가졌다. (빌 1:6)

성경은 바울이 교회가 모든 것을 참고 견딜 수 있기를 기도한다고 말했다. (골 1:11) 우리는 가끔 너무나 빨리 포기하는 경향이 있다. 카약을 가지고 사역하려 했던 나의 생각이 빗나갔을 때 내 스스로를 비웃기도 했었다. 그리고 내가 탄 첫 배가 가라앉고 조난 당했을 때는 모든 것을 포기할 수도 있었다. 배 문제가 아니고서라도 모잠비크에서 지내며 여러 번 포기할 수 있는 상황이 많았다. 사람들이 나에게 총을 겨누고 깡패 집단이 나를 따라 올 때도 포기할 수 있었다. 콩고에 있던 친구들이 교회 안에서 칼로 난

도질된 채 발견되었을 때도, 우리에게 보내 온 비타민들을 검사했던 곳에서 나를 마약상으로 오해하고 신문에 게재했을 때도, 예수님을 전하고 있을 때 계속되는 돌팔매질을 당할 때도 포기할 수 있었다.

무엇보다 남편 롤랜드가 뇌성 말라리아에 걸려 여러 차례 찾아 온 뇌졸중 증세로 생명이 위독했을 때 모든 것을 내려 놓고 떠날 수도 있었다. 결국 남편은 회복되었지만 지난 2년 동안의 기억이 모두 사라졌고 사역이나 행정에서도 그 역할을 완전히 다할 수는 없게 되었다.

이런 모든 상황 속에서도 포기하지 않았던 단 한 가지 이유는 내 안에 주님께서 심어 두신 약속 때문이었다. 하나님과 친밀한 관계를 가지게 되면 그분이 얼마나 존귀한 분인지 알기에 절대로 포기할 수 없다.

어떤 약속들은 오랜 시간의 기다림이 필요하기도 하다. 열여섯 살이 되었을 때 주님께서 나를 아프리카와 아시아, 그리고 영국으로 보내실 것이라고 말씀하셨지만 모잠비크에 와서 부르심의 자리 가운데 한 걸음 나아가기까지 무려 20년이 넘는 세월이 필요했다.

사실 그 어느 때보다 지금 더 하나님의 강력한 임재 가운데 있음을 깨닫게 된다. 물론 여전히 불안한 면도 없지는 않다. 하나님의 약속이 내 안에서 자라 갈수록 엄청난 압박감이 느껴지기 때문이다. 하지만 하나님께서 주신 약속들이 이 세상에 태어나는 것을 간절히 바라기에 기뻐할 수 있다.

계속해서 주님의 약속을 신실하게 이어가라. 그리고 그 약속이 자라갈수록 필요한 양분을 공급해 주라. 여러분의 나이는 중요하지 않다. 언제 시작해도 늦지 않다. 주님께서는 여러분 자신과 여러분의 능력을 뛰어 넘을 수 있도록 여러분을 부르신다. 하나님께서는 이미 나이가 너무나 많아 불임 상태였던 여인이 인생 가운데 처음으로 열매를 맺을 수 있도록 해주셨다. 마리아에게 천사가 했던 말을 기억하는가?

> "보라 네 친족 엘리사벳도 늙어서 아들을 배었느니라. 본래 임신하지 못한다고 알려진 이가 이미 여섯 달이 되었나니 대저 하나님의 모든 말씀은 능하지 못하심이 없느니라."
>
> — 누가복음 1:36~37

주님의 임재 가운데 있을 때 두 가지 마음이 들 것이다. 처음 주님의 말씀을 들었을 때는 도저히 이루어질 수 없을 것 같은 하나님의 특별한 약속처럼 생각될 것이다. 하지만 곧 하나님에게는 불가능이 없기에 그 약속은 매우 당연한 것으로 여겨질 것이다.

우리의 하나님은 불가능이 없는 분이시다. 하나님께서는 열매를 맺을 수 없는 사역 가운데 성령님의 생명을 불어 넣으실 수 있다. 비록 여러분의 나이가 많다고 해도 하나님께서 생명을 불어 넣으신다면 얼마든지 사역과 약속, 또는 계시의 열매를 맺을 수 있게 될 것이다. 그리고 하나님의 영광을 나타낼 아름다운 선물을 이 세상 끝까지 전달할 수 있게 될 것이다. 하나님께서는 가장 비참하고 깨어진 삶을 사용하신다. 여러 차례 하나님께서 주신 말씀을 버리려 했던 사람들이라고 해도 말이다. 하나님께서는 새로운 영광의 약속을 다시 심어 주시고 그 약속을 끝까지 이루어 갈 수 있는 힘을 함께 주실 것이다.

11장
그분의 안식에 들어가라

> 그러므로 우리는 두려워할지니 그의 안식에 들어갈 약속이 남아 있을지라도 너희 중에는 혹 이르지 못할 자가 있을까 함이라. 그들과 같이 우리도 복음 전함을 받은 자이나 들은 바 그 말씀이 그들에게 유익하지 못한 것은 듣는 자가 믿음과 결부시키지 아니함이라. 이미 믿는 우리들은 저 안식에 들어가는도다. 그가 말씀하신 바와 같으니 내가 노하여 맹세한 바와 같이 그들이 내 안식에 들어오지 못하리라 하셨다 하였으나 세상을 창조할 때부터 그 일이 이루어졌느니라.
>
> | 히브리서 4:1~3 |

하나님의 마음 안에는 쉴 공간이 마련되어 있다. 혼란과 어려운 시기에 그분을 신뢰하는 법을 배울 수 있는 장소이다. 하나님께 기대어 그의 심장 박동을 들을 때, 언제 달려야 하고 언제 쉬어야 하는지 그리고 언제 내려놓아야 하는지 그 리듬을 발견하게 된다. 하나님께서 마련해 두신 안식 가운데로 들어갈 때 우리 자신이 하나님께서 들어오셔서 충만하게 거하실 수 있는 안식의 장소가 된다.

하나님 안에서 안식하는 법을 배울 때만이 인생의 폭풍 속으로 들어갈 수 있으며 사랑을 베푸는 자리 가운데로 나아갈 수 있다. 히브리서 4장 1~3절에서는 하나님의 안식에 들어가지 못할까 주의하라고 말하고 있다. 또한 우리의 행위로 안식을 얻게 되는 것이 아니라고 말하고 있다. 누구든 자랑하지 못하게 하기 위해서이다.(엡 2:9) 우리는 하나님의 약속 가운데 들어와 쉴 수 있어야 한다. 왕의 품 안에서는 안전하다. 그렇기에 그분의 품 안에서 사는 법을 배워야 한다.

내 삶을 돌아보면 많은 것들이 나의 안식을 빼앗아 가려고 늘 위협하고 있다는 사실을 발견하게 된다. 최근에 모잠비크 정부가 공식적으로 노조 허가를 내준 아이리스 글로벌 센터에는 이제 1,000명이 넘는 스태프들이 일하고 있다. 그런데 고용된 노조 직원들은 어느 때부터인가 센터 안에서 집회를 열기 시작했다. 처음 열린 집회는 사무실 바로 앞에서 진행되었는데 거의 폭동으로 번질 조짐까지 보였다. 그때 나는 하나님께서 아무 것도 염려하지 말고 안식 가운데 들어오라고 말씀하시는 것을 느꼈다.

나는 안식 가운데 잘 들어갈 줄 아는 사람이 아니다. 그래서인지 하나님께서는 더 깊은 곳으로 들어와 하나님께서 모든 일을 해결해 주실 것을 신뢰하라고 권면하신다. 하나님과 함께 쉼을 누린다면 나의 삶 가운데 내가 기대했던 것보다 더 많은 것들을 행하실 수 있다고 말씀하시면서 말이다.

안식일

> 그런즉 안식할 때가 하나님의 백성에게 남아 있도다. 이미 그의 안식에 들어간 자는 하나님이 자기의 일을 쉬심과 같이 그도 자기의 일을 쉬느니라.
> — 히브리서 4:9~10

안식일은 일주일 중 하루 쉬어야 하는 날이다. 그런데 반드시 그날은 쉬어야 한다고 말하면 많은 사람들이 안절부절못하는 경우를 본다.

"우리는 나가야만 해요! 계속 달려야 한다고요!"

물론 나도 종종 이런 태도를 보이곤 한다.

그렇다. 우리는 달려야만 한다. 하지만 쉬는 것도 필요하다. 하나님의 심장 박동 리듬 안에 쉼표도 있는 것이다. 하나님께서는 그분의 백성들에게 안식일을 주셨다. 안식 가운데 들어가는 사람이라면 하나님이 그러하셨듯이 누구나 자신의 일을 쉴 수 있어야 한다. 하나님께서는 엿새 동안 일하시고 일곱째 날 쉬셨다.

물론 일주일 중 일곱째 날이 되면 바닥에 누워만 있으라는 이야기가 아니다. 그렇게 한다면 오히려 안식하는 것이 더 힘들고 피곤한 일이 될 것이다. 그런데 전혀 쉬지 않는다면 달릴 수 있는 힘을 얻을 수 없다. 재충전 없이는 긴 마라톤을 완주할 수 없기 때문이다.

그 어떤 것도 말씀이 되신 예수님을 대신할 수는 없다. 우리 자신이 모든 사람의 구세주가 될 수 없는 것이다. 우리는 그저 종이요, 하나님의 자녀이며 신부일 뿐이다. 구원자가 아니다. 우리에게는 오직 한 분의 구세주가 계실 뿐이다. 그리고 그분의 일을 대신 할 수도 없다. 우리는 안식에 들어가도록 부르심을 받은 존재들이다. 하나님께서는 어떠한 방법으로든 이 세상이 계속 돌아갈 수 있도록 하신다. 하나님께서 우리에게 부탁하신 그 이상의 것을 할 필요가 없다는 사실을 이해하는 것이 매우 중요하다.

어떤 이들은 안식의 원리가 우리에게 그대로 적용할 수 없는 것이라 생각한다. 하지만 나는 그렇게 생각하지 않는다. 우리에게 안식은 절대적으로 필요하다. 하나님의 사랑을 입은 자라면 누구든 안식할 수 있어야 한다. 열심히 노력하며 일을 하는 것보다 안식을 통해 훨씬 더 많은 것들을 이룰 수 있다는 사실을 명심하라. 안식일을 지켜야 하는 이유가 바로 여기에 있다.

나는 매일 3~5시간 정도를 기도하는 데 보낸다. 일찍 일어나 기도와 예배를 드리고 나서 조금 더 기도하는 시간을 갖는다. 한 번은 나의 안식에 대해 어떻게 정의를 내려야 하나 고민했지만 하나님께서는 굳이 그런 생각을 할 필요가 없다고 말씀하셨다. 그저 노는 것을 원하셨다.

하나님께서 여러분이 하던 일을 멈추고 신나게 노는 것을 좋아하신다는 사실을 알고 있는가? 어느 날 하나님께서는 여러 나라로부터 아이리스 글로벌에 온 리더십을 데리고 펨바로 가라고 말씀하셨다. 그곳에서 신나게 놀며 기도해 보라면서 말이다. 혹시 다른 프로그램이 필요하지 않을까 물었지만 하나님께서는 필요하지 않다고 말씀하셨다.

우리는 아이리스 컴패션호에 올라타 항해를 시작했다. 그곳에서 놀며 기도하고 실컷 먹는 시간을 가졌다. 얼핏 들으면 시간 낭비를 하고 있다고 생각하겠지만 하나님께서는 우리가 이런 시간을 보내는 것을 원하셨다. 우리들 가운데 어떤 이들은 좀 더 계획적으로 놀이 프로그램을 가질 필요가 있다고 제안했지만 리더들과 친구들 모두 함께 어울려 놀 줄만 알아도 함께 일해야 할 때 더 잘해 낼 수 있을 것이라 믿었다.

안식의 자리

> 그러므로 우리가 저 안식에 들어가기를 힘쓸지니 이는 누구든지 저 순종하지 아니하는 본에 빠지지 않게 하려 함이라.
>
> — 히브리서 4:11

나는 엄청난 끈기를 가지고 있다. 하루 열여덟 시간을 며칠 동안 쉬지 않고 일하는 법을 터득했을 정도다. 나는 조직 신학 박사 학위를 받기 위해 지난 10년 동안 열심히 공부했다. 그래서 부지런히 일하는 것이 어떤 것인지 모를 수 없다.

나의 이러한 배경을 이야기하는 이유는 혹시라도 내가 다른 사람들보다 쉽게 안식할 줄 아는 사람이라고 오해할까 해서이다. 어쨌든 잘 쉴 줄 모르는 내가 언제부터인가 안식에 들어가도록 최선을 다하기 위해 부름 받았다는 사실을 깨닫게 되었다. 이상하게 들릴지는 모르겠지만 엄청난 영적 전쟁과 치열한 싸움 가운데 하루를 온종일 안식하는 데 보내는 것이 얼마나 중요한지 알게 된 것이다. 나에게는 주술사들의 저주와 싸우는 것보다 안식하는 것이 훨씬 더 어렵다. 그리고 모임과 집회를 하나라도 더 참석해 달라는 요청을 끊임없이 받는다. 거절하는 것이 그리 쉬운 일은 아니지만 주님께 순종하기 위해 이러한 요청을 모두 다 받아들이지는 못한다.

언제인가 쉬어야 하는 날에 억지로 모임을 인도했던 적이 있다. 너무나 지쳤고 혼란스러웠다. 하지만 예수님께서 모임 가운데 함께하셨고 그분의 임재를 매우 강하게 느낄 수 있었다. 그러다가 갑자기 환상을 보게 되었다. 그림 속에서 하얀 말 위에 올라 타고 있는 내 모습을 발견했다. 나는 말을 너무나 좋아한다. 하지만 환상 속의 흰 말은 엄청나게 빠른 속도로 달리고 있어서 너무 무서웠다.

마치 나의 삶을 그대로 보여 주고 있는 것 같았다. 그 당시 나와 관련된 하나님의 약속들이 엄청나게 빠른 속도로 부흥하며 자라나는 모습을 그대로 보여 주고 있었다. 하지만 나는 말에서 떨어질까 조바심을 내고 있었다. 바로 이때 주님께서 나를 향해 이렇게 말씀하시는 것을 들었다.

"기대거라. 하이디. 기대어 보거라!"

나는 말의 갈기 위에 엎드려 몸을 낮추었다. 그러자 예수님께서 내 뒤에서 두 팔로 꽉 붙잡고 계심을 느낄 수 있었다. 말에 기대어 달리는 동안 나는 예수님의 마음 깊은 곳으로 빠져 들고 있었다. 그리고 우리는 한몸이 되어 말을 타고 있었다.

바로 이때 소중한 휴일을 잃어 버리면 엄청난 기쁨을 누리지 못하게 된다는 사실을 깨달았다. 하나님께서 나의 생각을 바로잡아 주신 것이다. 하나님께서는 내가 약한 가운데 그분의 강함을 보여 주시기 원하기 때문에 이처럼 행하신 것이다. 모든 것은 주님께 달렸다는 사실을 다시 한 번 배우게 되었다.

하나님께서는 우리를 안식의 자리 가운데 초대하고 계신다. 하얀 말을 타고 있지만 그러한 상황 속에서도 전적으로 하나님을 의지할 수 있는 자리 가운데 우리를 불러 내신다. 폭풍 가운데에서도, 폭발적인 부흥과 위대한 사역들 속에서도 평안한 마음으로 잠잠히 쉴 수 있도록 말이다.

쉼과 달리기와 내려 놓기

> 그러므로 우리에게 큰 대제사장이 계시니 승천하신 이 곧 하나님의 아들 예수시라. 우리가 믿는 도리를 굳게 잡을지어다. 우리에게 있는 대제사장은 우리의 연약함을 동정하지 못하실 이가 아니요 모든 일에 우리와 똑같이 시험을 받으신 이로되 죄는 없으시니라. 그러므로 우리는 긍휼하심을 받고 때를 따라 돕는 은혜를 얻기 위하여 은혜의 보좌 앞에 담대히 나아갈 것이니라.
>
> — 히브리서 4:14~16

하나님의 보좌 가운데 들어갈 준비가 되었는가? 지금까지 경험한 것보다 더 가까이 주님 곁에 머물러 있고 싶은가? 당신의 가슴속에서 예수님의 심장박동 소리를 느끼기 원하는가?

어린 아이처럼 은혜의 보좌 앞으로 나아가 보자. 하나님은 불의하신 분이 아니시다. 여러분이 지금까지 해왔던 일들을 하나도 빠짐없이 기억하고 있는 분이시다. 사람들을 섬기며 그들에게 하나님이 어떤 분이신지 알려 주었던 이들을 향한 사랑의 눈길을 거두지 않으실 것이다. 믿음을 굳게 붙잡으라.

하나님께서는 쉴 것을 명하셨다. 게으르게 살라는 말씀이 아니라 소망을 굳게 붙잡으라는 의미이다. 낮밤으로 편안하게 여유를 즐기라는 말씀이 아니다. 하나님께서는 우리가 예수님에 대한 약속을 유업으로 받아 믿음을 따라 살았던 사람들을 본받으라고 말씀하신다.

우리는 모잠비크에 일어난 엄청난 재앙들을 몇 차례 겪었다. 한 번은 350여 개의 교회들이 모두 물에 잠겼고, 수 십만 명의 사람들이 소유물과 집과 농작물을 잃었으며 죽기도 했다.

이러한 상황 속에서 나는 잠을 잘 수 없었다. 하지만 긴급할 때일수록 안식의 시간을 가지는 것은 무척 중요하다. 재앙 속에서 쉴 수 있는 방법은 하나님께 기대어 그분의 마음으로부터 들려 오는 소리를 듣는 것이다. 심장박동 리듬을 들으며 그 안에서 쉬기도 하고 뛰기도 하며 내려 놓기도 하는 것이다.

뛰며 안식하며 내려 놓기!

한 번은 모잠비크에 홍수가 있었을 때 캐나다의 한 집회에 참석하고 있었다. 모잠비크의 아들들 중 한 명이 전화했는데 수화기 너머로 들리는 그의 목소리는 떨리고 있었다. 아들은 사람들이 죽어가고 있으며 굶고 있다고 말하며 흐느꼈다. 지금까지 본 것 중 이번 재앙은 그야말로 최악이라는 것이다. 이 아들은 한꺼번에 엄청난 비극을 본 것이다.

이때는 이미 어떻게 안식으로 들어갈 수 있는지에 대해 하나님께서 일 년 동안이나 가르쳐 주신 상태였다. 그런데 내 나라에서 수천 명의 사람들이 고통 받고 있다는 울부짖음을 들었을 때 어떻게 해야 할지 몰랐다. 그렇게 많은 사람들이 절망 속에서 죽어가고 있는데 어떻게 안식할 수 있겠는가? 하지만 지난 번 배를 타고 있을 때 주님을 신뢰하며 두려워 말고 안식하라고 말씀하셨던 것이 떠올랐다.

그래도 여전히 이해할 수 없었다. 내 나라가 가라앉고 있는데 어떻게 안식할 수 있다는 말인가? 전화벨 소리는 쉴 새 없이 울렸다. 하지만 캐나다에 며칠간 더 머물러 말씀을 전해야만 하는 상황이었다.

하나님께서는 달리고 안식하고 내려 놓는 삶의 리듬에 대해 다시 묵상하게 하셨다. 나는 계속 기도하며 말씀을 듣고자 했다. 그러자 하나님께서 이제 모두 다 내려 놓으라고 말씀하셨다. 큰 재앙을 마주하고서 무엇을 어떻게 내려놓아야 하는지 알 수 없었다. 그 순간 주님께서는 내 아들과 딸들을 모두 내려 놓으라고 말씀하셨다.

나는 모잠비크의 아들들에게 전화를 걸었다. 이 아들들은 대부분 길거리에서 발견되었다. 그 가운데 몇 명은 도둑과 강도들이었지만 지금은 어른이 되어 주님 안에서 강한 아들들이 되었다. 우리는 엄청난 액수의 재정을 그 아이들에게 맡겨 난민 수용소에 머물고 있는 배고픈 이들에게 먹을 것을 전달하게 하고자 했다. 하지만 운전 경험이 부족한 아이들이 차량 사고를 겪을까 두려워하는 마음에 잠시 주저하고 있었다. 그러자 이 청년들이 트럭을 운전해서 필요한 사람들에게 나누어 줄 수 있도록 지켜 줄 테니 염려하지 말라고 주님께서 말씀하셨다.

여러 해 동안 집 없이 떠돌아 다니던 아이들이 이제는 수해를 입은 사람들을 위해 집을 지어 주느라 동분서주하게 되었다. 우리 아들들은 주어진 재정으로 부지런히 일했다. 어떤 아들은 공동 휴게실을 만드는 데 3센트만을 사용하는 기지를 발휘하기도 했다. 이 아이들이 자라서 자신의 책임을 다하며 어려운 시기를 지혜롭게 극복해 가는 모습을 보며 놀라움을 금치 못했다.

우리가 모잠비크에 도착해 보니 트럭 몇 대가 부딪치는 사고가 있었다는 것을 알게 되었다. 하나님께서는 그 아이들이 다른 종류의 트럭을 운전할 수 있도록 열쇠를 건네 주라고 격려하셨다. 그렇게 하는 것이 과연 지혜로운 것일까 하는 의문이 들었지만 이런 경험들을 통해 하나님께서 자녀들을 얼마나 신뢰하고 계시는지를 배울 수 있도록 하셨다. 가끔 우리는 트럭이 부딪치는 사고를 당하기도 할 것이다. 그렇게 하는 것이 과연 옳은 것일까 하는 생각을 하기도 할 것이다. 실수를 저지르기도 한다. 하지만 우리의 아빠 하나님께서는 이러한 상황을 경험해 보라고 하신다. 우리 모두에게 열쇠를 쥐어 주시는 것이다.

이런 일이 있고 나서 얼마 되지 않아 대통령과 정부 관계자들, 그리고 뉴스 미디어가 앞다퉈 모잠비크의 젊은이들로 구성된 우리 팀을 인터뷰하기 시작했다. 또한 함께한 시골 출신 동료들은 모잠비크를 축복하며 이러한 소식들을 여러 지역에 전하기도 했다. 아이들이 주목 받는 모습을 엄마로서 뒤에서 몰래 바라보는 것만큼 기쁜 것도 없었다.

하나님의 심장박동 리듬을 배우게 된다면 아들과 딸들이 그 앞에 놓인 경주를 어떻게 끝내야 하는지 알지 못하는 상황에서도 해낼 수 있을 것이라 믿어 줄 수 있다. 하나님께서 직접 그들의 열정에 불을 붙이신다. 그들은 앞을 향해 달려 가게 될 것이고 우리는 숨을 죽이며 그 장면을 지켜 보게 될 것이다.

우리의 삶 가운데서 내려 놓아야 하는 것들이 얼마나 많은지 모른다. 어느 집회에서 한 여인이 다가와 도저히 이해할 수 없다는 얼굴로 나에게 다음과 같은 질문을 한 적이 있다.

"그 많은 아이들을 위해 어떻게 음식을 다 만들죠?"

정말 재미있는 질문이다. 나는 음식을 만들지 않는다. 물 정도는 끓일 줄 안다. 그 여인은 내가 수천 명이 넘는 아이들을 위해 매일 음식을 만들고 있다고 생각한 모양이다. 물론 우리는 엄청난 규모의 조리 담당팀이 이 일을 해내고 있다.

수 백, 아니 수 천 명의 사람들이 하나님을 위해 선하고 중요한 일들을 각자의 자리에서 성실히 수행하고 있다. 한 사람이 이 모든 일을 감당하는 것이 아니다.

하나님의 심장박동 리듬을 알지 못한다면 이러한 사실을 잊어 버리게 된다. 그리고 많은 일들 속에 파묻혀 소진되고 만다. 내려 놓을 줄 아는 사람들만이 안식 가운데 들어가는 법을 배우게 된다. 수 많은 사명들 가운데 우리의 삶을 내어 드리고 성령님을 초대하며 기름 부으심에 나를 맡기고 모든 관계와 사람들을 다 내려 놓을 줄 알아야 한다.

눈앞에 펼쳐진 경주에 최선을 다하라. 하지만 예수님께 기대는 법을 배워야 한다. 예수님의 심장박동 리듬을 들을 때까지 여러분을 꼭 붙드실 수 있도록 그분께 자신을 내어 드리라. 그러면 언제 안식에 들어가고 언제 달려야 하며 언제 내어드려야 하는지 알게 될 것이다.

하나님께서 거하실 처소

　하나님께서 우리를 위해 마련해 두신 안식 가운데 들어가야만 한다. 그리고 우리 역시 하나님께서 거하실 수 있는 안식의 자리가 되는 법을 배워야 한다. 하나님께서 언제든 들어오셔서 우리의 삶 가운데 기름을 부으실 수 있도록 내 자신이 거룩한 성전이 될 수 있어야 한다. 엔진 오일이 없는 자동차는 비록 그 안에 연료가 있다고 해도 제대로 작동할 수 없다. 그 기능을 다하기 위해서는 깨끗하게 정제된 기름을 언제나 공급 받아야 한다.

　나는 하나님의 추수에 관한 내용이나 영광스러운 치유의 사역에 대해 수천 페이지가 넘는 글을 쓸 수도 있다. 하지만 하늘로부터 오는 기름 부으심이 지속되지 않는다면 하나님의 부르심을 온전하게 이루어갈 수 없다. 여러분에게 전하고 싶은 좋은 소식이 있다면, 누구든지 원하기만 하면 하나님께서 기름 부어 주실 준비가 되어 있다는 것이다.

　병에 걸려 꼼짝 없이 병원 신세를 져야 했던 시기에 나는 이 진리를 다시 깨닫게 되었다. 2005년이 되던 해 항생제 내성 세균 감염으로 한 달 넘게 남아프리카의 한 병원에서 치료를 받았던 적이 있다. 이 감염은 포도상구균에 의한 것이었다. 나는 말 그대로 죽어 가고 있었다. 그저 누워서 기도와 예배 외에는 아무 것도 할 수 없었고 병든 나의 몸에 성령님의 기름 부으심이 넘쳐나길 간절히 원했다.

　이 시기는 나를 만나기 위해 사람들이 줄을 서지 않아도 되었던 내 인생 가운데 아주 드문 시기였다. 그저 몇 명의 간호사만이 나를 위해 기도하러 들어왔을 뿐 그 어느 누구도 나를 찾지 않았다. 그들과 함께 기도하는 것은 정말 기쁜 일이었다. 간호사들은 내 병실에서 엄청난 생명력을 느낄 수 있다고 말했다. 나는 죽어 가고 있었지만 내 방에는 여전히 생명의 기운이 뚜렷하게 감지되었던 것이다. 하나님께서는 우리의 육체가 쇠잔해져 갈 때에도 성령님의 기름 부으심을 가득 채워 주실 수 있는 좋은 분이시다. 진리 안에서 하나님의 영광스러운 사랑의 기름 부으심이 우리 안에 가득할 때 우리는 살아 있는 상태가 될 수 있는 것이다.

꼼짝 못 하고 병원에서 지내던 무렵 많은 시간을 성경을 읽는 데 보냈다. 그리고 스가랴서를 읽는 중에 주님께서 말씀하심을 느꼈다. 하나님께서는 내 안에 거하실 수 있는 안식의 자리를 찾고 계신다고 말씀하셨다. 그리고 스가랴라는 이름의 뜻이 "주님께서 기억하신다" 라는 것을 알게 되었다.

그러던 어느 날, 의사 한 명이 들어와 묘비에 쓰고 싶은 글이 있다면 그렇게 할 수 있다고 말해 주었다. 나는 하나님께서 주신 말씀들을 기억해 내려고 애썼다. 그리고 100만 명의 아이들을 주겠다고 약속하신 하나님의 음성을 기억하고 계시는지 물었다. 이렇게나 많은 아이들을 만나려면 아흔아홉 살까지 살아도 부족하지 않을까 했지만 어떻게든 내 삶 가운데 이 약속이 이루어지게 될 것이라 굳게 믿었다.

하나님께서는 우리에게 주신 약속을 그분의 자녀로부터 확인 받는 것을 좋아하시는 것 같다. 하나님께서 주신 약속들이니 모두 기억하고 계시겠지만 우리가 이 약속에 대해 믿음으로 확인하는 것을 기뻐하시는 것이다.

나는 죽을 준비가 되어 있지만 벌레들이 내 살을 먹는 질병에 걸려 죽고 싶지는 않다고 하나님께 말씀 드렸다. 예수님께서 나를 본향으로 데려가시는 그날까지 복음을 전하며 사역을 하다가 떠나고 싶었다. 그래서 하나님께서 나에게 주신 약속을 다시 기억하며 스가랴서를 묵상하는 가운데 하나님께서 보여 주신 것들을 기쁨으로 누렸다.

여전히 침대에 누워 있을 수밖에 없는 몸이었지만 롤랜드에게 새로운 운동화 하나를 사달라고 부탁했다. 롤랜드는 병원에서 신을 슬리퍼 대신 운동화를 사달라고 부탁하는 나를 어리석게 여기지 않았다. 그는 바로 차를 몰고 나가 백화점 두 군데를 돌며 나에게 딱 맞는 운동화 한 켤레를 사가지고 왔다. 이 운동화는 몇 주 동안 내 침대 옆에 가지런히 놓여 있었다. 날마다 그 운동화를 바라보며 달리고 싶은 마음을 멈출 수 없었다. 병으로 괴로워하고 있는 상태이긴 했지만 하나님께서 내게 인생의 목적을 주셨기에 소망을 가질 수 있었다.

스가랴가 살고 있던 당시 사람들은 성전을 짓는 일로 몹시 피곤한 상태였다. 그래서 하던 일을 도중에 멈추게 되었다. 하나님께서는 백성들이 다시 돌아오기를 원하셨다. 그들을 향한 긍휼한 마음이 있으셨기에 하나님의 집을 끝까지 지어 보라고 말씀하셨다. (슥 1:3)

많은 사람들이 부흥과 갱신을 원한다. 또한 하나님께서 놀라운 일을 행하시는 것을 보기 원한다. 엄청난 기름 부으심이 가득한 시절도 있지만 아무 것도 할 수 없을 만큼 피곤한 시기도 있다. 그리고 하나님께서 우리를 통해 이루기 원하시는 일을 망치거나 멈추게 되는 경우도 가끔 발생한다.

하나님께서는 선지자를 통해 이미 시작했던 일을 끝내 보라고 말씀하신다. 우리 각 사람들 가운데 하나님께서는 놀라운 일을 시작하셨다. 하나님의 거룩한 성품에 참예하도록 우리를 초대하고 계시는 것이다. 이 부르심은 우리의 모든 것을 필요로 한다. 우리의 삶과 모든 시간들 말이다.

하나님께서는 내가 병에 걸려 있는 그 시간 가운데 내가 지어야 할 집들에 대해 말씀하셨다. 하나님께서는 나의 집, 즉 나의 육신이 곧 예언적인 상징과 같은 것임을 보여 주셨다. 나는 내 피부가 타버리는 질병을 가지고 있었다. 이 질병이 내 몸을 죽이고 있었다. 나의 삶과 내 피부를 완전히 짓밟고 몸의 모든 조직에 독소를 퍼뜨리고 있었다. 교회 안에 있는 어떤 문제들이 지역 전체의 삶을 짓밟고 교회 자체를 약하게 만드는 것 같았다.

하나님께서는 하나님의 집을 온전하게 세우기를 원하신다. 하나님의 백성들이 주어진 일들을 잘 끝낼 수 있기를 간절히 원하신다. 그 사명을 완수할 수 있도록 하나님의 생기와 권능으로 가득하기를 원하시는 것이다.

이 말씀을 깨닫게 되자 나는 하나님을 사랑하고 하나님께서 주신 사역을 위해 생명을 드렸다는 사실을 기억해 달라고 하나님께 고백했다. 지난 30년 동안 밤낮으로 하나님을 섬겨 왔다. 그래서 나의 고통이 무엇을 의미하는지 여쭈어 보았다. 그동안 하나님께서 보지 못하는 이와 듣지 못하는 자, 그리고 많은 질병에 걸린 사람들을 고치시는 것을 지켜 보았다. 그런데 왜 나의 병은 고쳐질 수 없는 것일까?

여러 배경을 가진 사람들이 나를 위해 기도해 주었다. 하나님께서는 나를 위해 기도하는 사람들이 짜릿한 기분을 느끼게 하셨을 거라는 생각이 든다. 어떤 이들은 전화로 상태가 호전되었는지 묻기도 했다. 또 어떤 사람들은 예수님의 이름으로 일어나 걸으라고 말하기도 했다. 어떤 날은 믿음으로 침대에서 일어나서 그들에게 상태가 좋아졌다고 말하기도 했다. 하지만 내가 쓰러져 전화기를 놓치기 전에 어서 통화를 끝내야만 했다.

나는 선한 싸움을 싸우고 있었지만 너무나 절망스러웠다. 하지만 이 와중에도 하나님께서는 우리가 함께 짊어 지고 나가야 할 영적인 싸움이 있다는 사실을 보여 주셨다. 이 싸움의 승패는 우리가 성령님의 충만한 기름부으심 안에 거하고 있는지 아닌지를 보여 주는 것이었다. 우리가 이루어

가야 하는 사명은 모두 싸움과 관련되어 있다. 그래서 시련을 받아 들여야만 하는 때가 있다. 나는 주님의 뜻 안에서 성령님께서 거하실 처소를 내 안에 마련해 달라고 주님께 기도했다.

점점 더 힘겨운 시간들이 다가올수록 주님께서는 나를 더 친절히 대해 주셨다. 언제부터인가 아침마다 흰 비둘기가 창가에서 지저귀기 시작했는데 비둘기는 저녁 무렵 선선해질 때마다 찾아와 다음날까지 그곳에서 잠들곤 했다. 하나님께서 말씀하고 계심을 느꼈기에 비둘기의 방문은 내게 큰 축복이었다. 하나님께서는 성령님께서 거하실 처소가 될 수 있도록 내 자신을 내어 드리길 원하셨다.

물론 나도 간절히 원하던 바였다. 하지만 여전히 힘겨운 싸움 가운데 머무를 수밖에 없었다. 하나님께서는 병원 안에서도 안식하는 것에 대해 가르치고 계셨다. 하나님께서는 내가 단 하루도 쉬지 않고 달려 왔던 수많은 시간들에 대한 보상을 원하시는 것 같았다. 하나님께서는 내가 쉴 수 있는 시간을 가지기를 간절히 원하셨지만 나는 오히려 하나님을 위해 무언가를 해야만 한다고 생각했기 때문에 병이 난 것이었다. 그럼에도 나는 앞으로 참석해야 하는 바쁜 집회 일정과 토요 모임들은 이제 어떻게 해야 하는지 하나님께 따져 물었다. 하나님께서는 날짜를 바꾸든지 다른 사람을 찾아 보라고 말씀하셨다.

어쨌든 나는 아픈 상태로 누워 있는 것을 원하지 않았다. 사랑과 열정으로 가득 차기를 원하는 만큼 나에게 주어진 경주를 끝내고 그 경주에서 이기고 싶은 마음이 간절했다. 그런데 나는 아직도 끝내지 못하고 있었다. 병원 침대에 누워 아무 것도 할 수 없는 상태로 남아 있긴 싫었다.

스가랴서를 읽어 보면 하나님께서는 하나님의 집을 짓는 것에 대해 말쏨하신다. 우리는 하나님의 집이다. 성령님께서 거하실 처소이다. (고전 3:16, 6:19) 하나님께서는 하나님의 집과 백성을 다시 세우고 계신다. 우리의 마음을 더 넓혀 주셔서 하나님의 사랑을 더 많이 실어 나를 수 있도록 하시는 것이다. 하나님께서는 우리가 더 많은 기름 부으심을 담아 낼 수 있길 원하신다.

병원에 입원한 지 32일째 되는 날 이제 더 이상 나를 위해 해줄 수 있는 것이 없다고 말했던 전문의를 만나게 되었다. 그는 대학 병원으로 가 볼 것을 권했다. 그곳에서 새로운 종류의 '긍휼 항생제'를 맞을 수 있는 기회를 얻을 수 있게 될 것이라고 말이다. 남아프리카에서는 더 이상 내 병을 고칠 수 없다는 것이다.

같은 질병으로 이전에 두 번이나 병원에 입원한 나는 두 번 다 하나님께서 고쳐 주실 것을 믿었다. 하지만 병세는 더 악화될 뿐이었다. 그리고 이번이 세 번째 입원이었다. 이제 더 이상 이 땅에서 보낼 시간이 남아 있는 것처럼 보이지 않았다.

하나님을 향한 믿음을 가지고 한 걸음 내딛지만 아무런 일도 일어나지 않을 때가 있다. 이러한 일을 경험해 본 적이 있는가? 어떤 경우 너무나 긴장한 나머지 다시 시도해 볼 엄두가 나지 않을 때도 있다. 그럴 때면 포기해 버리고 만다. 하지만 하나님께서는 우리 안에 있는 두려움을 가져가기를 원하신다.

세 번째 입원한 마지막 날 하나님께서는 토론토로 가야 한다고 말씀하셨다. 병원 스태프는 어리석은 계획이라고 말했다. 캐나다는 지구 반대편에 있는 곳이었고, 남아프리카보다 시설이 더 좋은 것도 아니었다. 어쨌든 퇴원 수속을 마친 후 하나님께서 이미 나에게 주신 약속들이 있기에 죽지 않고 살아날 것이라 믿었다.

나는 침대 옆에 여전히 운동화를 보관하고 있었다.

하나님께서 우리의 병을 고치시려 할 때 일어나 어디론가로 가서 무언가를 하라고 말씀하실 때가 있다. 그저 앉아 있지만 말고 누군가 우리의 몸에 손을 댈 수 있도록 뛰어야 할 때가 있는 것이다. 관절염에 걸렸을 때 하나님께서 "일어나 춤을 추라"고 말씀하실 수도 있다. 절망에 빠져 있을 때 "기뻐하라!"고 말씀하시기도 한다. 다른 사람들이 이 광경을 봤을 때는 도무지 이해하지 못할 수도 있다.

나는 롤랜드에게 말했다.

"지금 당장 비행기를 타고 토론토로 가야겠어요. 하나님께서 내게 그렇게 말씀하셨어요."

나는 토론토에 있는 한 교회에서 강연을 하기로 되어 있었다. 병원에서 누워 있을 때 여러 강연을 취소했지만 이 집회는 도무지 취소할 수 없었다. 그들은 내가 병에 걸렸다는 사실을 알았기 때문에 참석할 수 있으리라고 생각하지 않았다. 물론 내 병세가 얼마나 심각한지는 모르고 있었지만 말이다.

토론토에 도착했을 때 나의 몰골은 유령처럼 창백했다. 그리고 말할 수 없이 연약한 상태였다. 누군가 건드리기만 해도 쓰러질 지경이었다. 하지만 가방 속에 운동화를 싸 들고 왔다.

집회 장소에서 기다리던 성도들이 나를 보고 무척이나 놀랐다. 집회 도중 내가 죽지 않기만을 간절히 바라는 표정이었다. 그들은 정맥 주사를 맞을 수 있도록 의사 한 명을 대기시키기 까지 했다. 그리고는 반드시 설교를 할 필요 없다고 다시 한 번 확인시켜 주었다. 나는 그들에게 이 일을 위해 여기에 왔으며 사람들 앞에 서기를 간절히 원한다고 말했다.

그들은 무척이나 초조해했지만 원하는 것을 하도록 해 주었다. 나는 의사에게 정맥 주사를 놓는 대신 나에게 손을 얹어 기도해 달라고 부탁했다. 그리고 천천히 무대를 향해 걸어갔다. 하나님께서 스가랴의 말씀을 전하라고 말씀하셨다.

나는 설교단까지 걸어가 넘어지지 않게 강대상에 기대었다. 그리고 스가랴 2장 5절 말씀을 인용하기 시작했다.

"여호와의 말씀에 내가 불로 둘러싼 성곽이 되며 그 가운데에서 영광이 되리라."

이 말씀을 읽자마자 주님의 영광이 나를 치고 지나가는 것을 느낄 수 있었다. 머리 끝에서 발끝으로 전기가 찌릿하고 지나가는 것을 느낄 수 있었다. 하나님의 불이 내 머리에서 발가락으로 세 번 관통했다. 그리고 내 몸은 완전히 고침을 받았다. 모든 연약함과 고통들이 내 몸을 떠나갔다. 통증이 완전히 사라져 버린 것이다. 32일 동안 받았던 집중적인 항생제 요법으로도 고치지 못했던 나의 질병이 왕이신 예수님께서 단 한 번에 완전히 고치신 것이다.

나는 사람들 앞에서 새롭게 변화되었다. 그들은 나에게 일어난 일이 어떠한 의미를 가지고 있는지 완전히 이해하지는 못했지만 나는 알고 있었다. 그리고 하나님도 알고 계셨다.

다음날 운동화를 신고 조깅을 했다! 진정한 기적이었다.

불 가운데 임한 영광

하나님께서는 우리에게 불로 임하시며 우리 가운데 친히 영광이 되어 주시겠다고 약속하셨다. 하나님께서는 그분의 백성들을 보호하시며 그 안에 거하기 원하신다. 우리는 하나님께서 활활 타오르는 불 벽이 되어 지켜 주시기를 원한다. 그리고 하나님의 영광으로 우리 존재 전체를 구석구석 채워 주시기를 사모한다. 하나님께서는 그분의 영광이 머무를 수 있는 처소를 원하신다. 그리고 하나님께 모든 삶을 내어 드려 하나님께서 들어가 거하실 수 있도록 안식할 수 있는 장소, 집들, 그리고 살아 있는 성전을 찾고 계신다.

> "여호와의 말씀에 시온의 딸아 노래하고 기뻐하라 이는 내가 와서 네 가운데에 머물 것임이라."
>
> — 스가랴 2:10

전능하신 주님께서는 우리 가운데 거하려 하신다. 우리 안에 들어와 살기 원하시는 것이다. 그분의 자녀들을 너무나 사랑하시기에 우리를 위해 친히 싸우신다. 우리는 하나님의 심장 박동 리듬에 익숙해져야만 한다. 언제 달리고 언제 안식하며 언제 내어 드려야 할지 알아야만 한다. 이것이야말로 하나님께서 우리에게 주신 꿈들을 이행할 수 있는 방법이다. 성령님께서 문자 그대로 우리 안에 들어와 거하시기 때문에 아버지의 마음을 기쁘시게 할 수 있도록 우리의 마음을 경작해야만 한다.

하나님께서는 다른 것에 한눈 팔지 않고 자기 안에 하나님께서 거하실 수 있는 풍성한 사랑을 가진 사람이 있는지 찾고 계신다. 하나님을 쫓아내지 말라. 하나님께서는 그분을 사랑하는 사람 안에 머물기를 기뻐하신다. 하나님을 더 원하는 사람, 대가가 어떠하든 상관하지 않고 하나님만을 간절히 원하는 그런 사람 안에 안식하기를 원하신다. 주님께서는 이 세상을 두루 다니시며 주님께 붙들려 살기를 원하는 아들과 딸들을 찾고 계신다. 주님께서 거하실 처소를 찾고 계시는 것이다. 당신은 바로 그러한 사람이 되기를 원하는가?

12장
당신 앞에 있는 기쁨을 취하라

이러므로 우리에게 구름 같이 둘러싼 허다한 증인들이 있으니 모든 무거운 것과 얽매이기 쉬운 죄를 벗어 버리고 인내로써 우리 앞에 당한 경주를 하며 믿음의 주요 또 온전하게 하시는 이인 예수를 바라보자. 그는 그 앞에 있는 기쁨을 위하여 십자가를 참으사 부끄러움을 개의치 아니하시더니 하나님 보좌 우편에 앉으셨느니라. 너희가 피곤하여 낙심하지 않기 위하여 죄인들이 이같이 자기에게 거역한 일을 참으신 이를 생각하라.

| 히브리서 12:1~3 |

우리는 하나님의 마음을 전할 위대한 소명을 지닌 사람들이다. 하나님의 영광스러운 사랑을 세상에 나타내 보이도록 부름 받은 사람들이다. 주님께서 우리를 위해 무엇을 준비하셨는지 소명을 이루기 위한 우리의 여정은 어떠한지 우리는 상상하거나 짐작할 수조차 없다. 결혼도 하기 전에 아이를 가진다든지 하나님의 아들을 낳게 되리라고 생각해 본 적이 있을까? 마리아는 자신이 이런 장엄한 부르심에 참여하게 될 줄 몰랐다. 또한 자신이 어떠한 대가를 치르게 될지도 몰랐다.

어떠한 종류의 위대한 부르심도 우리로부터 비롯되는 것은 없다. 하나님의 마음이 우리 안에 우리를 통해 나타날 때 영원의 의미를 지닌 귀한 열매로 탄생하게 되는 것이다. 하나님께서 우리를 위해 예비하신 길로 순종하며 걸어갈 때, 하나님께서는 우리가 어떤 목적을 지니고 이 땅에 태어났으며 어떻게 그 목적을 이루어 갈 수 있을지 더 상세하게 보여 주신다. 나는 주님께서 그분의 인자하심 가운데 인생의 각 단계마다 우리의 갈 길을 보여 주신다고 믿는다. 하나님께서는 이 세상을 향한 그분의 바람과 꿈을 우리에게 보여 주신다.

우리는 화가의 손에 들린 붓과 같은 존재들이다. 우리가 그림을 그리는 것이 아니라 하나님께서 그리시는 것이다. 하나님께서 당나귀도 사용하신다면 나와 같은 존재도 얼마든지 사용하실 수 있다는 말을 항상 하고 다닌다. 하나님께서는 원하시면 돌도 들어 사용하실 수 있다. 십자가의 의미를 이해한다면 우리의 삶은 더 이상 우리의 것이 아님을 알게 될 것이다. 우리의 삶은 하나님께 속해 있다. 우리는 값을 주고 산 존재들이다. 그렇다면 이제 무엇을 위해 살겠는가?

우리의 삶은 우리의 것이 아니다

중동 지역의 한 교회에서 집회에 참석하던 중이었다. 내가 집회에 참석 중이라는 것을 알지 못했던 한 연사가 말씀을 전하고 있는 것을 보았다. 그는 내가 다음 차례에 말씀을 전하게 될 것이라는 것을 전혀 눈치채고 있지 못하는 듯했다. 그런데 내가 설교 준비를 하고 있는 동안 너무나 깜짝 놀라 실망을 금치 못할 일이 일어났다. 그가 나의 삶과 사역에 대해 부정적인 말들을 쏟아내기 시작한 것이다.

나는 숨고 싶었다. 도망가서 다시는 절대로 사람들 앞에 서지 않아야겠다고 생각했다. 하지만 그 자리에서 기도했다. 그리고 성령님께서 나의 삶은 나의 것이 아니라고 말씀하심을 느꼈다. 하나님께서 이 곳에서 그 음성을 나누라고 말씀하심을 믿고 그대로 순종했다. 내가 무대 위로 올라갔을 때 다시 한 번 죽을 것 같은 느낌이 들었다. 은혜로우신 주님께서는 권능으로 임하셔서 사람들을 만지기 시작하셨다. 그리고 다시 나의 삶은 나의 것이 아님을 너무나 분명하게 깨닫게 되었다.

우리가 현명하다면 날마다 더 자주 하나님께 "예"라고 대답하려 할 것이다. 예배를 드릴 시간을 가지는데 "예"라고 대답할 것이며 긍정적인 자세로 사람들에게 다 내어 주며 너무나 급박한 상황 속에서 하나님을 신뢰하며 불가능한 재정적 상황 속에서도 사람들을 위해 멈추어 서는 데 "예"라고 순종하게 될 것이다. 우리의 순종은 일상의 선택이다. 이 세상을 향한 하나님의 꿈 가운데 참예할 때 매일의 희생과 매일의 기쁨을 마주하게 된다. 이러한 삶을 살아갈 때 앞에 있는 기쁨을 바라보시며 기꺼이 자신을 드린 예수님과 같이 될 것이다. 이 얼마나 놀라운 특권인가!

함께 일하며 얻게 되는 추수

하나님께서는 우리 각자가 지닌 인격과 은사들을 통해 일하기 원하신다. 대량 생산된 것이 아니라면 모든 붓은 각각의 독특함을 지닌다. 대량 생산된 것들은 그다지 큰 가치를 지닐 수 없다. 하지만 하나님께서 만드신 각각의 붓들은 모두 뚜렷한 차이가 있으며 다른 용도로 사용된다. 하나님께서는 우리 각자를 통해 독특한 방식으로 그분의 사랑을 표현하고 계신다. 원작은 복제품보다 훨씬 더 귀한 가치를 지니는 법이다. 비록 우리가 아주 작은 붓과 같은 존재일지라도, 아니 작은 질그릇일지라도 우리는 고유하게 창조된 존재이다. 그리고 그 어느 누구도 나와 똑같은 이는 없다. 성령님께서는 각각의 잔을 넘치게 하셔서 이 세상과 그 안에 살고 있는 우리를 향한 하나님의 꿈을 드러내신다. 이 얼마나 영광스러운 계획인가!

우리는 절대로 혼자서 하나님의 일을 해나갈 수 없다. 우리에게는 손과 발, 심장과 머리가 필요하다. 하나님의 위대한 나라가 이 세상 가운데 열매를 맺을 수 있도록 다 함께 협력해야 하는 것이다.

나는 친구들과 함께 모잠비크에서 기도하며 아름다운 그림을 보게 되었는데 하늘로부터 내려오는 거대한 그물에 관한 것이었다. 나는 이 그물이 아이리스 글로벌 센터라 생각했고 그래서 너무나 흥분했다. 아이리스 글로벌 센터는 우리가 이루어낸 엄청난 성과들과 지금까지 지켜 보았던 성장을 상징하는 것이었다. 그런데 주님께서 나를 바라보시며 흐뭇하게 웃으시며 아이리스 글로벌 센터는 그저 이 거대한 그물의 한 조각에 불과한 것임을 깨닫게 하셨다. 나는 하나님의 거룩한 성도들의 회합을 보았다. 국제 기도의 집 (IHOP)과 벧엘 교회, 토론토 교회와 침례교회들, 그리고 예수 전도단과 나사렛 예수회와 오퍼레이션 블레싱 (OBI) 및 월드 비전 등 전 세계에 흩어져 있는 수많은 사역들을 한눈에 본 것이다. 그들은 각자 자신의 역할을 다하며 하나님을 섬기며 사랑하는 일을 멈추지 않고 있다. 주님께서는 우리가 서로 협력할 때 추수의 시기를 맞이하게 될 것이라 말씀하셨다.

내가 살아 있는 동안 100만 명의 어린이들이 집을 찾고 사랑을 받는 모습을 보게 될 것이라는 소망이 있다. 그리고 이 거대한 그물이야말로 나의 소망에 가장 잘 부합하는 것이다.

하나님께서는 많은 사람들 가운데 나의 생명을 쏟아붓도록 허락하셨다. 그동안 하나님의 마음을 이 세상의 아이들과 가난한 이들에게 쏟아 부을 수 있는 특권을 가지며 살아왔다. 하나님께서 이러한 방식으로 사람들의 마음에 불을 붙이실 때 아이들을 어둠 가운데서 구해 낼 수 있게 된다. 아이들을 먹이고 아이들을 위해 집을 지어 주며 교육하는 일도 할 수 있게 된다. 그 누구든 이러한 일들을 하게 된다면 100만 명의 아이들을 위한 비전 중 일부가 되는 것이다. 이뿐만 아니라 아이리스 글로벌 센터에서 시간을 보냈던 사역자들 가운데 이곳을 떠나 자신의 단체를 운영하기 시작했는데 이들 역시 나에게 주신 비전 가운데 한 부분을 차지하는 것이다. 이 비전은 롤랜드와 나만을 위한 것이 아니다. 이 세상에 흩어져 살고 있는 모든 신실한 사람들의 것이기도 하다. 이 비전은 우리 아이들과 우리 아이들의 아이들이 물려 받을 유산인 것이다.

하나님을 사랑하여 자신의 삶을 내려 놓은 다음 세대들을 격려하기 위해 롤랜드와 내가 하나님의 부름을 받았다고 믿는다. 어두움 가운데 뛰어 들어 상처 입은 자들을 사랑으로 보살피며 길을 잃은 아이들을 집으로 데려올 수만 있다면 우리는 기꺼이 그들의 발판이 되어 줄 수 있다.

다음 세대를 일으키기 위한 희생은 피할 수 없다. 하지만 그들이 일어서는 것을 보는 순간 그동안 지불했던 대가는 전혀 기억나지 않을 것이다. 출산을 앞둔 산모가 말할 수 없는 고통 속에서 아이를 밀어내기를 반복하다가 모든 힘을 한 번에 모으면 결국 핏덩이가 이 세상에 태어나게 되는 것이다.

첫째 엘리사를 낳고 그 아이의 두 눈을 바라보는 순간 출산의 고통은 일순간에 사라져 버렸다. 그리고 둘째를 가지기로 했을 때 첫아이 때 경험했던 고통 때문에 다시 아이를 가질 수 없을 것이라는 생각은 단 한 번도 해본 적이 없다. 딸 크리스탈린을 낳고서 품 속에 안았을 때 느꼈던 엄청난 사랑을 아직도 기억하고 있다. 아이를 만난 기쁨은 고통의 대가와 비교할 수 없을 만큼 큰 것이었다.

영적인 세계도 마찬가지이다. 여러분의 아들과 딸들이 일어서 하나님께서 주신 자신의 운명을 향해 "예"라고 화답하는 것을 보게 될 때 그 아이들을 위해 치러야 했던 모든 대가들이 큰 축복이요 특권이었다는 사실을 깨닫게 될 것이다.

서른일곱 해 이상 함께 복음을 전해 왔던 롤랜드와 나는 여전히 함께 사역하고 있다. 그리고 우리는 날마다 예수님과 함께 더 깊은 사랑에 빠져 있는 중이다. 우리가 천 년을 더 산다고 해도 주님을 사랑하기 때문에 우리의 삶을 아낌 없이 주님께 드릴 것이다. 나에게 주어진 모든 생명과 모든 순간, 모든 것을 다 주님께 드릴 것이다.

나이가 먹을수록 자녀들에게 물려 줄 유산에 대한 생각을 많이 하게 된다. 주님께서는 우리의 마음 가운데 아이리스 글로벌 센터뿐만 아니라 하나님께서 움직이고 계시는 더 많은 사역들이 자랄 수 있도록 후원해야 한다는 생각을 불어넣어 주셨다. 복음을 위해 세상의 어두운 곳으로 담대하게 걸어 들어 가는 수 백, 수 천의 남성들과 여성들, 그리고 아이들을 위해서 말이다.

지금부터 어린 양 예수님께서 인도하시는 곳이라면 어느 곳이나 온 맘을 다해 "예"라고 순종하며 달려 나갔던 나의 친구들과 영의 자녀들에 대한 간증을 소개해 보고자 한다.

카산드라 바스넷: 전쟁터와 사창가에서 사랑을 전하다

열여덟 살 아무런 의심도 없던 순진한 시절 나는 모잠비크에 있었다. 고등학교를 졸업한 이후 학교 친구들이 다니던 아이리스 글로벌 미션 스쿨에 다니게 된 것이다. 하루 종일 학교 수업을 통해 하늘의 만찬을 즐긴 나는 아빠 하나님에 대한 갈급함이 더해졌는데 그럴 때마다 늦은 밤까지 예수님과 함께하는 시간을 가지곤 했다.

어느 날 저녁 홀로 예배를 드리고 있는데 눈앞의 광경이 전쟁터로 바뀌었다. 눈을 뜨는 순간 나는 안전한 학교 기숙사가 아닌 100명 남짓한 사람들과 함께 큰 구덩이에 빠져 있다는 사실을 깨닫게 되었다. 무거운 공포감이 주위를 감싸고 엄청난 악취가 진동했다. 순간 내 머리에서부터 무언가가 흘러 내려 오는 것을 느꼈는데 그것은 바로 피였다. 내 주위에 모여 앉은 공포에 질린 사람들을 바라보며 어떤 상황 가운데 처해졌는지 간파하는 것은 어렵지 않았다. 우리는 산 채로 매장되고 있었다. 너무나 끔찍했다. 병사들은 우리를 조롱하며 멍하니 바라보고 있었다. 사람을 죽이는 것이 운동 경기인 것처럼 생각하는 것 같았다.

나는 하나님을 향해 울부짖었다.

"지금 저는 어디에 있는 건가요? 도대체 어떻게 여기에 오게 된 건가요?"

갑자기 눈앞에 펼쳐진 장면이 바뀌었다. 그런데 더 나을 것도 없었다. 갑자기 군인의 모습을 하고 있는 내가 보였다. 아래로 내려다 보니 다 찢어진 샌들과 군복을 입고 있었다.

"예수님, 이건 더 심하네요!"

나는 통곡을 했다. 그러자 다른 반란군이 내 팔을 치고는 군인이 되어 있는 나의 모습을 바라보며 고개를 끄덕였다. 나는 다시 울부짖었다. 간절하게 나의 구세주이신 예수님을 찾았다. 눈앞에 보이는 이 환상이 계속 되었다가는 내가 무슨 짓을 할지 몰랐다.

그리고 나서 평안과 사랑의 화신인 하나님을 보게 되었다. 하나님께서는 은혜와 겸손함으로 군중들 사이로 들어가셨다. 하나님께서는 반란군 동료들 가운데 한 명에게 다가가 그를 붙잡으셨다. 그리고는 그의 손을 잡아 하나님께 더 가까이 끌어 당기셨다. 젊은 반군 지도자는 예수님의 무릎 위에 앉혀졌고 내 평생에 한 번도 본 적 없는 그런 사랑을 받고 있는 모습이 눈앞에 펼쳐졌다. 하나님께서는 사랑스러운 눈빛으로 그를 바라보고 계셨고 이런 하나님의 사랑을 바라보는 것만으로도 내 자신이 변화되고 있음을 느낄 수 있었다.

살인자이며 테러리스트들, 그리고 강간범이 처음으로 아빠 하나님을 만나게 된 것이다. 아무런 정죄 없이 그는 하나님의 아들이 되었고 하나님과 부둥켜안았다. 아무 말 없이 그저 바라볼 수밖에 없는 너무나 거룩한 순간이었다.

그리고 나서 하나님께서는 드디어 내 쪽을 바라보며 이렇게 말씀하셨다.
"나는 그들이 하는 짓을 싫어한다. 하지만 그들을 내가 창조한 모습 그대로 사랑한다."

그동안 내 안에 있던 '정의에 관한 신학'이 모두 창 밖으로 내던져지고 내 안에 충만하게 흘러 넘치는 하나님 아버지의 사랑에 대한 새로운 깨달음이 생기기 시작했다.

일반 지원자들과는 달리 멋진 학위도 없고 돈도 없으며 특별한 전략도 없고 달변가도 아닌 한 어린 소녀가 사랑으로 흘러 넘치는 강 속에 서 있었다. 나의 이 모든 부족함은 하나님 아버지의 심장박동으로 점점 멀리 떠내려 가고 있었다. 나는 그저 매춘 알선업자들과 반군 지도자들 세대가 하나님께서 원하시는 아버지의 모습을 할 수 있기를 바라며 울부짖었다. 그리고는 하나님의 사랑 가운데 완전히 넋을 빼앗겨 버린 상태에서 도대체 무슨 일이 일어나고 있는지 다 이해하기도 전에 온 마음을 다해 외쳤다.

"제가 갈게요. 반군들이 거주하고 있는 곳으로 저를 보내 주세요. 사창가로 저를 보내 주세요! 하나님이 사랑하시는 사람들을 가서 찾을게요. 그리고 그 사람들이 하나님과 하나가 되는 모습을 꼭 보고 싶어요."

그리고 하나님은 나를 보내 주셨다.

하나님 아버지는 나를 모잠비크에서 전 세계로 나갈 수 있도록 이끌기 시작하셨다. 전쟁 지역과 매춘굴에 회복이 임하는 것을 보기 원하는 열정으로 이리 저리 표류하며 성 매매업자들과 창녀들, 그리고 반군 지도자들과 강간의 희생자 모두 하나님을 만나기를 간절히 소망했다. 이토록 완전하신 하나님 아버지의 품 안에서는 그 어떠한 불가능도 없어 보였다. 남수단과 북부 우간다, 그리고 콩고와 태국을 돌며 한 걸음씩 발걸음을 옮길 때마다 하나님의 음성을 의지하는 여행을 시작하게 되었다. 지구 상에서 가장 충격적인 뒷골목과 지옥 같은 현장에서 하나님의 사랑을 느끼면서 말이다.

세상에서 가장 어두운 지역을 돌며 어느 정도 이러한 환경에 익숙해질 무렵 케냐의 해안선을 따라 발달된 매춘 지역과 유엔이 지정한 금지구역에 나의 보금자리를 마련하게 되었다. 그리고 이곳에서 사역을 시작하게 되었다.

그리고 나서 어떻게 되었을까? 여전히 어렸던 나는 하나님의 눈동자에 시선을 고정하는 것 외에는 아무 것도 할 수 있는 게 없었다. 그리고 이러한 삶 속에서 가라 앉거나 수영하는 일을 반복하고 있었다. 그러면서 변화를 일으킬 수 있는 하나님의 마음을 은밀한 장소에서 간절히 사모하는 법을 빠른 시간 안에 배울 수 있었다. 하나님께서는 훌륭한 인격을 가졌거나 성취 능력을 가진 사람들을 찾으시는 것이 아니다. 그 저 "예"라는 대답 한마디만을 원하신다. 반군 세력이 협박하며 하나님의 자녀로서의 정체성을 뒤흔들지 못하도록 하나님만을 바라보며 그 안에 푹 빠져 있기만 하면 된다.

나의 마음은 군인들과 성 매매업자들을 향해 불타 올랐지만 나의 금발 머리는 너무나 눈에 쉽게 띄는 방해물이 될 뿐이었다. 어떠한 변화가 일어나게 된다면 그것은 전적인 하나님의 개입 때문에 가능한 일이 되는 것이다. 오히려 방해물들이 나 자신을 낮추고 완전히 주님만을 의지할 수 있도록 만들어 주었다. 모잠비크에서 머물렀던 초기에 여전히 내 귀에 들려 주셨던 그 말씀들을 사모하는 마음으로 하루하루를 지나왔다.

하나님께서는 결코 나를 그대로 내어 버려 두지 않으셨다. 살인자들이나 성 범죄자들에게 사랑을 보여 주며 하나님 아빠의 마음을 나눌 수 있는 은혜를 통해 예상치 못한 방법으로 그 문이 열린 것이다. 하늘 문이 열리자 사람들은 이제 더 이상 예전의 모습으로 돌아가지 않았다. 그들뿐만 아니라 나 역시 마찬가지였다.

어떻게 이러한 일들이 일어나게 되었는지 여전히 모두 다 이해하지는 못하지만 전쟁터에 학교들이 세워지기 시작했고 일터가 생겼으며 어린 군인들이 보호를 받고 어린 창녀들이 집으로 돌아오게 되었다. 나 자신을 낮추고 "예"라고 대답하며 순종할 때 하나님의 임재는 계속 퍼져나가 불가능한 일들이 가능하게 되는 기적을 보게 될 것이다. 완전하신 하나님 아버지의 시선에서 눈을 떼지만 않으면 말이다.

라 비아 르네 에밀리오 오조모데이브: 고아였지만 딸과 엄마가 되다

나는 1995년 치항고에 살았던 적이 있다. 그리고 그때의 추억이 아직도 기억에 생생하다. 나는 아버지도 어머니도 없는 고아였다. 버려진 아픔과 제대로 사랑도 보살핌도 받지 못한다는 생각으로 가끔씩 내 영혼은 짓밟혔다. 하지만 내 감정을 솔직하게 나눌 그 어느 누구도 없었다.

그해 주님께서는 그분의 종 마마 아이다, 하이디를 치항고에 보내셨다. 하이디는 내 영혼의 구세주 예수님을 소개해 주었다. 나는 예수님을 나의 주님으로 영접하고 나의 삶을 드리기로 결단했다.

그 뒤로 내 삶은 완전히 변화되었다. 세례를 받게 되었고 나의 고통을 함께 나누며 내 눈물을 닦아 줄 분이 계셨기에 더 이상 버려졌다는 아픔을 가지고 살아가지 않아도 되었다. 예수님께서 내 삶의 근원이 되어 주신 것이다.

그런데 얼마 지나지 않아 어려운 시련들이 닥쳐 왔다. 정부가 치항고의 어린이 센터에서 우리를 내어 쫓은 것이다. 마마 아이다와 60여 명의 아이들은 그곳을 떠나야 했다. 그리고 마마 아이다에게 우리 모두를 먹여 살릴 만한 재정이 없었기 때문에 어려운 시간들을 겪어야 했다.

그러던 중 내 인생에서 처음으로 기적을 맛보게 되었다. 그날도 우리는 아무 것도 먹지 못해 너무나 배가 고픈 상태였다. 그런데 어떤 여인이 마마 아이다에게 전화를 걸어 점심 대접을 하고 싶으니 가족을 데리고 오라고 말했다. 마마 아이다는 그 여인에게 60명의 아이들과 함께 있다는 말을 하지 않았다. 전화를 했던 여인은 마마 아이다와 그녀의 직계 가족이 나누어 먹을 만큼의 음식을 작은 그릇에 준비해 왔다. 그녀가 도착하자 마마 아이다는 우리 모두를 불렀다. 그러자 그녀는 너무 놀라며 통화할 때 왜 60명의 아이들과 함께 있다는 사실을 말하지 않았냐고 물었다. 마마 아이다는 그런 건 문제 될 것이 없다고 말하며 음식을 놓고 함께 기도하자고 말했다.

기도가 끝난 뒤 우리는 음식을 나누기 시작했다. 그런데 주님께서 오병이어의 기적을 베푸시는 것을 눈앞에서 직접 보게 될 줄이야! 더 많이 나누어 줄수록 더 많은 음식이 생겨나는 것이다. 작은 그릇에 담아온 음식은 줄어들 줄을 몰랐다. 우리들 모두 먹은 후 심지어 음식이 남기까지 했다.

하지만 여러 해를 지나오면서 여전히 많은 어려움들을 겪어야만 했다. 그럼에도 불구하고 내가 겪은 시련들로 인해 예수님께서 나를 버리셨다고 느꼈던 적은 단 한 번도 없었다. 하나님께서는 어제도 계셨고 오늘도 계시며 앞으로도 나와 함께 하실 분이기 때문이다. 주님을 따르는 성도들은 고난을 통해 그 뿌리가 더 깊이 자랄 수 있다는 사실을 배우는 시기였다.

이 시기 가운데 나를 가장 힘들게 했던 것은 바로 남편이었다. 그는 마약과 술을 마시기 시작하면서 심각한 국면으로 접어들었다. 담배를 피우고 창녀들과 잠자리를 같이했다. 가끔 늦은 밤 잠을 자고 있을 때 집으로 다른 여자들을 데려와 침실에서 잠자리를 같이하기도 했다. 나는 많은 기도 가운데 인내하고 있었다. 그리고 믿음을 통해 이런 문제들을 극복할 것이라 믿었다.

그러자 하나님께서 내 삶 속에 깊이 개입하시기 시작했다. 남편과 함께 잠자리를 했던 여인 중 한 명이 남편의 아이를 가지게 되었는데 그 여인은 아이를 원하지 않았다. 그래서 그녀가 낳은 아들을 집으로 데려와 내 아들로 삼았다. 그리고 남편은 완전히 새 사람으로 변화되었다. 현재 우리 가정에는 치항고에서 나처럼 고아로 지내며 그 어느 누구도 돌보아 주지 않던 청소년들이 우리 아이들과 함께 지내고 있다.

> 네 길을 여호와께 맡기라 그를 의지하면 그가 이루시고 네 의를 빛 같이 나타내시며 네 공의를 정오의 빛 같이 하시리로다.
>
> — 시편 37:5~6

주님께서 내 인생 가운데 행하신 모든 것을 인하여 감사를 드린다. 하나님의 말씀처럼 예수님을 믿는 자는 그 누구든지 낙심하지 않게 될 것이다.

제니퍼 모즐리: 아프리카와 중국에서 선교를 하다

내가 속한 가문에는 사역자들이 단 한 명도 없다. 스물아홉 살 되던 해에 거룩하면서도 강력한 방법으로 예수님을 만나기 이전까지 선교적인 삶이라든지 기독교에 대해서는 완전히 백지상태였다. 예수님 안에서 새로운 삶을 시작하면서 나의 마음은 언제나 이렇게 부르짖고 있었다. "하나님께서 가라고 하시는 곳은 어디든지 가겠습니다. 하지만 하나님께서 함께하시지 않는다면 저 역시 아무데도 가지 않겠습니다!"

성령님께서 나에게 중국에 대해 말씀하셨을 때 나는 마푸토의 아이리스 베이스에서 지내고 있었다. 2002년 성탄절 무렵 부엌에서 일하고 있을 때 성령님께서 분명한 음성으로 '중국'이라고 말씀하시는 것을 들었다.

나는 당시 그 음성이 무엇을 의미하는지 알지 못했다. 아프리카에 있는 나에게 왜 중국에 대해 말씀하시는 것일까? 이 음성을 들은 다음해 결혼한 후 남편과 함께 다시 마푸토 베이스로 돌아왔고 그곳에서 '중국'에 대한 음성을 다시 듣게 되었다. 얼마나 생생했는지 모른다. 내가 전혀 알지 못하는 나라를 향한 마음이 내 가슴속에서 다른 어떤 것보다 더 깊이 불타고 있었다. 나는 중국에 가 본 적도 없었고 중국에 대해 아는 것도 없었다.

남편과 나는 직장을 그만 두고 전문 사역자가 되어야 하는 것인지 확인하기 위해 기도하기 시작했다. 해마다 성탄절이 되면 아이리스 베이스를 방문해 아프리카를 경험하는 것은 너무나 즐거운 일이었다. 하나님께서 모잠비크 펨바에서 아이리스 글로벌과 함께 섬길 수 있는 마음을 주셨다.

우리가 아프리카로 이주해서 하비스트 선교학교에서 공부를 시작하기 약 2년 전 남편 마크가 출장을 가 있는 동안 홀로 한 기도모임에 참석했던 적이 있다. 기도모임 리더는 친한 친구였는데 그가 나를 향해 하나님께서 마크와 내가 중국에 가게 될 것이라 말씀하셨다고 전해 주었다. 그곳에서 엄청난 일들을 하게 될 것이라고 말이다. 30분 정도 지난 후에 내게 한 예언을 전혀 듣지 못한 한 젊은 신사가 들어와 기도 모임 중간에 끼어 들어 이렇게 말했다.

"자매님, 저는 당신이 누군지도 모르고 지금 전하려는 말이 무엇을 의미하는지도 잘 모르겠지만 계속해서 당신 위에 중국 지도가 있는 것이 보이네요."

그 신사는 한 도시 이름을 언급하며 하나님만이 알려 주실 수 있는 내 인생 가운데 펼쳐질 중요한 일들에 대해 말해 주었다.

상황이 이렇게 되고 보니 중국에 대해 관심을 기울이지 않을 수 없었다. 그 신사는 하나님께서 우리를 통해 중국에서 무엇을 하기 원하시는지 그리고 주님께서 어떤 위대한 방법으로 중국 사람들을 움직이실지에 대해 말했다. 주님의 권능이 내게 임했고 들은 것을 무시할 수 없는 상태가 되었다. 하나님께서는 그 후로 2년 동안 중국에 대한 마음을 지속적으로 심어 주셨고 기도 가운데 성령님과 함께 하는 여정을 떠나기로 결심했다.

그 기도 모임 이후 다음날 일하러 나간 나는 책상 위로 올라가 벽면에 걸려 있는 거대한 세계 지도를 유심히 살펴보았다. 그리고 하나님께 그 도시가 어디에 있는지 보여 달라고 기도했다. 하나님께서는 기도 가운데 신실하게 응답해 주셨고 나는 중국 안에서 찾은 그 도시에 표시를 해두었다. 정말 놀라운 일이었다!

그리고 나서 2년 후 주님께서는 나에게 먼저 아프리카로 가서 아이리스와 함께 섬김을 시작하라고 말씀하셨다. 마크 역시 아프리카에서의 사역에 대해 주님으로부터 여러 차례 확인을 받았다. 런던에서 열렸던 한 집회에서 롤랜드 베이커의 설교를 들을 때까지만 해도 떠나는 것이 두려웠다. 하지만 집회에서 하나님께서는 우리가 갈 곳은 아프리카라는 사실을 더 확실히 알 수 있도록 해 주셨다. 롤랜드가 나를 위해 기도를 해 준 후 나는 완전히 무방비 상태가 되었다. 그는 내 마음 가운데 있는 모든 두려움을 내쫓아야 한다고 말했다. 그날 밤 주님께서 우리에게 주신 마음 가운데 순종하여 아프리카로 떠나기로 했다.

마크와 나는 2007년 선교학교 여름 계절 학기를 듣기 위해 정규과정이 끝났지만 계속 남아 있기로 했다. 학기가 진행되는 동안 읽어야만 하는 책들이 있었는데 그 가운데 하나가 롤랜드의 조부모님에 대한 것이었다. 그의 조부모님은 성령님의 권능 아래 모여 들었던 어리고 가난한 고아 소년들을 만났다. 그 아이들은 성경 지식이나 가르침을 전혀 받지 않았음에도 천국과 지옥에 대한 환상을 보았고 자신의 죄를 회개하는 물결에 동참했다.

그런데 내가 이 책에 주목하게 된 이유는 그 사건이 일어난 배경이 바로 중국이었기 때문이다. 그리고 하나님께서 2년 전 나에게 말씀하셨던 바로 그 도시에서 일어난 일들이 서술되어 있었다. 이럴 수가! 그곳은 또한 내가 섬기려 했던 사역을 창설했던 사람이 태어난 곳이기도 했다. 나는 그 자리에서 쓰러질 것만 같았다. 이 뿐만이 아니었다. 학교에서 지내는 동안 주님께서는 그 도시를 섬겼던 선교사들을 만날 기회를 주셨다. 무척이나 이례적인 일이었다. 그 선교사님들은 펨바에 그리 자주 방문하시는 것도 아닌데도 하필이면 그때 내가 있는 곳을 찾은 것이다.

중국에서 주님을 섬기라고 말씀하시기 전까지 나는 2년 동안 펨바에서 사역을 감당했다. 2009년 여름, 하나님께서는 우리의 마음을 움직여 아시아에 새로운 보금자리를 가질 수 있도록 하셨다. 우리는 2010년부터 부흥의 물결이 일어나는 것을 지켜보며 H. A. 베이커가 수행하던 역할을 이어받을 준비가 되어 있다. 성령님 안에서 일어나게 될 새로운 흐름에 기꺼이 뛰어 들 준비가 되어 있다.

마크 모즐리: 하나님의 임재 가운데 들어가다

서구 교회 안에 있으면서 성경에서 말하고 있는 것이 도대체 내 삶에 어떻게 적용될 수 있을지 고민하며 늘 긴장상태로 자라 왔다. 현실의 삶과 비교해 보았을 때 성경에 적힌 내용이 너무나 동떨어진 것처럼 느껴졌기 때문이다. 성경은 그저 진짜처럼 보이기 위해 쓰인 책에 불과하다는 생각을 하곤 했다. 나는 약속과 관련된 구절과 율법들을 줄줄 외우며 방언도 할 줄 아는 영적인 존재였지만 예수님과의 참된 교제와 성령님의 진정한 능력, 그리고 아버지의 진실하신 사랑에 대해 아는 것이 하나도 없었다.

그러던 중 2002년 7월, 하이디 베이커가 우리 교회로 왔다. 그리고 그녀가 온 후 사흘 동안 내 인생은 완전히 뒤바뀌었다. 하이디가 말씀을 나누자 집회 가운데 하나님의 임재가 강하게 임하였다. 그녀가 처음 몇 마디를 하자마자 예수님께서 나에게 찾아오시는 것을 느낄 수 있었다. 뭔가 그녀가 특별한 말씀을 전한 것도 아니었다. 단지 모잠비크에서 가난한 사람들과 함께 살아가면서 어떻게 지내 왔는지를 나누었을 뿐인데 나의 마음은 불타는 것 같았다. 하이디가 나누는 이야기들과 말씀 가운데, 그리고 그녀의 삶 가운데 하나님께서 계심을 알 수 있었다. 하나님의 임재는 그야말로 실제적이었다. 그리고 모든 것이 일순간에 바뀌었다.

성경이 모든 사람에게 실제가 될 수 있을까? 예수님께서 들려 주시는 이야기들과 약속들이 지금도 경험할 수 있는 것인가?

이 집회를 통해 진정한 하나님 나라의 삶은 실제로 불가능한 것이 아니라는 결론에 도달하게 되었다. 하이디와 그녀의 남편 롤랜드, 그리고 모잠비크에서 함께 사역하고 있는 그녀의 아이들에게 일어난 일들은 모두 불가능한 것이 아니었다. 나는 말씀을 들은 후 제단 앞에서 몇 시간 동안 울며 내 안에 딱딱했던 무언가가 녹는 경험을 하기 시작했다. 너무나 행복했다. 지푸라기 같던 나의 삶, 위선으로 가득했던 나의 삶이 그동안 얼마나 애처로운 것인지 깨닫게 되었다. 창조주 하나님의 임재 가운데 눈물로 뒤범벅이 된 얼굴로 꼼짝할 수 없는 상태가 되었다. 태어나서 처음으로 하나님을 만나게 되었다. 이사야가 자신을 부정한 존재라고 말했던 것처럼 나 역시 하나님을 대면하기 위해 일어설 수 없었다. 거룩하신 분이 그곳에 계셨다. 그 어떠한 것도 이를 막을 수 없었다. 수 천 번의 설교를 듣고 수 백 권의 책을 읽었으며 여러 차례 집회에 참석했지만 이렇게 하나님의 강한 만지심을 경험한 적이 없었다. 그야말로 나 자신을 완전히 하나님께 맡겨 드렸다. 그리고 하나님이 실존하심을 드디어 알게 되었다.

집회가 끝난 후 친구 제니퍼와 함께 모잠비크에 있는 베이커 부부를 방문하기로 했다. 그리고 6개월 후 우리는 흙먼지 가운데 하나님을 가까이에서 만나는 시간을 가질 수 있게 되었다. 우리는 아이들을 너무나 사랑했으며 마을마다 일어나는 기적들을 직접 목격했고 사도행전의 삶을 살아가는 사람들과 함께 교제할 수 있었다.

그리고 집으로 돌아왔다. 나의 삶과 사역은 완전히 변화되었다. 하나님과의 깊은 만남이 이런 변화들을 이끌어 내었던 것이다. 새 포도주는 새 부대에 담아야 하는 법이다. 교회 역시 변화하기 시작했다. 우리는 주일 예배만으로 더 이상 만족할 수 없었다. 거리로 나아가 말씀을 전하며 병든 자들을 위해 기도해 주었다.

우리는 말씀이 현실 가능한 것이며 예수님을 직접 만나는 것이 가능하다는 사실을 증명해 보이려 했다. 친구 제니퍼와 나는 결혼했고 3년 동안 두 번 아프리카를 방문했다. 그곳을 갈 때마다 예수님을 더 깊이 사랑하게 되었고 더 이상 일상의 삶을 지속할 수 없었다. 그래서 모잠비크로 이사하기로 하였다. 2007년부터 우리는 아이리스 글로벌에서 사역을 시작했고, 2010년 동부로 이주해 아시아의 한 지역에 있는 아이리스 글로벌에서 지금까지 섬기는 중이다.

우리의 사역 목표는 여전히 동일하다. 예수님을 제대로 만나기만 하면 모든 것이 바뀐다. 그래서 우리의 사역은 아주 단순하다. 세례 요한이 했던 것처럼 사람들이 주님을 만날 수 있도록 그 길을 예비하는 것이다. 예수님께서 사랑하셔서 간절히 만나기 원하는 사람들이 주님을 만날 수 있도록 도우며 그들이 지속적으로 하나님을 만나고 또 다시 다른 이들에게 우리가 하는 일을 할 수 있게 하는 것이다.

하나님의 나라가 도래했고 제자들이 일어서고 있다. 우리의 열매는 하나님과의 친밀한 관계에서 비롯되는 것이며 이 관계는 아버지 하나님의 사랑에서부터 흘러 넘치는 것이라는 단 한 가지 사실에서 절대로 벗어나지 않기를 간절히 기도한다.

릴리 필립스: 현대의 전폐론자

노예제도에 직면하여

어린이 노예들을 처음 목격했을 때 엄청난 충격으로 다가왔다. 그리고 이 상황을 어떻게 다루어야 할지 몰랐다. 인도의 거대한 절벽 끝에 서서 수 백 명의 조그만 아이들이 채석장에서 커다란 슬레이트 바위 조각을 들어올리느라 동분서주하는 것을 보고 있자니 여간 괴로운 것이 아니었다.

영양실조 상태인 아이들은 아주 더러운 상태에서 반은 헐벗은 채로 학대를 당하고 있었다. 어느 날 친구들과 함께 채석장 주위를 맴돌던 중 이곳 책임자를 소개해 줄 사람을 만나게 되었다. 하지만 이 사람은 우리가 더 이상 깊게 관여하는 것을 원하지 않는 눈치였다. 우리는 그가 제시하는 것을 따르기로 했지만 아이들 몇 명을 만나보는 것 이외에 다른 것을 할 생각은 없다고 확실히 전했다. 결국 뾰족한 성과를 얻지는 못했지만 채석장에 있는 아이들 몇 명은 만날 수 있게 되었다.

나는 남자 아이와 여자 아이를 각각 한 명씩 만났다. 여자 아이는 열 두 살 정도 되어 보였지만 정작 본인은 자신이 몇 살인지 알지 못했다. 남자 아이는 자신이 아홉 살이라고 소개했다. 어린 소녀의 눈을 바라보며 그 안에서 학대와 고통, 그리고 절망을 읽을 수 있었다. 도움이 절실한 상태였다. 이 아이는 열악한 환경 속에서 하루 한 끼만 먹으며 열 시간 이상 일하고 있었다. 이 아이에게는 세 명의 언니들이 있었는데 채석장에서 함께 일하다가 자살로 생을 마감했다고 한다. 가장 끔찍했던 것은 밤마다 채석장에서 일하고 있는 성인 남자들에게 수차례 강간을 당하고 있었으며 채석장 사장이 돈을 받고 자신의 친구들에게 소녀의 성 매매를 알선하고 있다는 사실이었다.

한 영혼을 위해 멈춰 서기

2008년 아프리카의 한여름 초가지붕 마루에 앉아 찌는 듯한 무더위를 달래고 있었다. 그곳에서 마마 하이디 베이커가 전 세계 100여 개가 넘는 나라에서 온 사역자들에게 설교를 하고 있었다. 나는 그녀의 이야기를 한 번도 들은 적이 없었다. 그리고 그녀가 보여 주는 삶의 방식을 한 번도 본 적이 없었다. 하지만 그렇게 살고 싶어졌다. 예수님을 너무나 사랑하기에 모든 것을 버릴 수 있기를 원했다. 그리고 하이디가 그랬듯이 가난한 이들을 사랑하고 섬기는 데 내 삶을 드리고 싶었다.

하나님 아버지의 겸손한 마음에 대해 배울 수 있었던 곳은 바로 아프리카 모잠비크였다. 그리고 이곳에서 사역할 수 있도록 하나님께서 불러 주셨다. 어느 날 아이리스 하비스트 미션 스쿨에서 하이디가 다음과 같이 말하는 것을 듣게 되었다.

"열방을 향해 나아가도록 하나님께서 우리 모두를 불러 주셨습니다. 하지만 어떤 나라로 가야 할까요? 어떤 사람들을 섬겨야 할까요? 이 가운데 자신의 생명을 내놓을 사람이 있습니까?"

그날부터 하나님께서 나의 삶을 사용하시기 위해 어떠한 계획을 세우셨고 어떤 나라로 가야 할지 묻기 시작했다.

그리고 수 개월이 지나 하나님께서는 나에게 인도와 다른 몇 나라들을 보여 주셨다. 한 번도 인도라는 나라에 가 본적도 없었고 그 나라에 대한 것도 알지 못했다. 그 나라에 대한 매력도 전혀 느끼지 못했고 인도 음식도 그다지 좋아하지 않았다.

모잠비크를 떠나 집으로 돌아와서도 인도를 향한 꿈을 포기하지 않고 기도 가운데 마음의 준비를 하기 시작했다. 기도와 함께 금식하는 시간도 가끔씩 가졌다. 인도에 관한 소식을 신문을 통해 읽고 인도 영화도 찾아서 보았다. 그 무렵 CNN을 통해 인도에 있는 1,200만 명의 어린이 매춘에 대한 이야기를 듣게 되었다.* 점차 나의 시간이 다가오고 있음을 느꼈다. 그리고 인도에서 무엇을 하고 싶은지도 알게 되었다. 아동 성 매매로부터 아이들을 구해야겠다는 생각뿐이었다.

그리고 인도의 한 채석장에서 어린 창녀와 얼굴을 마주 보게 되었다. 내가 이 아이들을 위해 준비한 것이라고는 오직 기도뿐이었다. 그리고 아이리스 하비스트 미션 스쿨에서 훈련 받은 것이 전부였다.

"우리는 너를 이곳에서 데려 가려고 이곳에 왔단다."

어린 소녀에게 이렇게 말했다. 하지만 이 아이는 믿으려 들지도 않았고 아무런 기대도 하지 않는 눈치였다.

"반드시 약속을 지킬 거야."

나는 인도 통역관을 통해 이 말을 전했다. 우리는 그 아이를 위해 멈춰 서기로 했다. 비용이 얼마가 들든 어떠한 책임이 뒤따르든 이 어린 소녀가 우리와 함께 집으로 돌아가 사랑과 온전한 보살핌을 받기 원했다.

우리는 사흘 동안 이 아이의 자유를 위해 협상을 진행했다. 그리고 우리가 만났던 여자 아이와 남자아이를 위해 은행에 있던 전 재산을 건네 준

---

* CNN, "Official: More Than 1M Child Prostitutes in India," May 11, 2009, http://edition.cnn.com/2009/WORLD/asiapcf/05/11/india .prostitution.children/ (accessed August 27, 2013).

후에야 그 협상은 끝이 났다.

내가 인도를 떠난 그날, 어린 소녀는 공식적으로 자유의 몸이 되었다. 비행기 스케줄 때문에 아침 일찍 그 자리를 떠나야 해서 아이를 인도의 안드라 크라데시에 있는 아이리스 센터로 직접 데려다 줄 수 없었다. 하지만 전화를 통해 그녀와 대화를 나눌 수 있었다. 내가 미국으로 돌아갈 비행기 수속을 하고 있는 동안 그 소녀는 눈물을 흘리며 자신이 할 수 있는 영어 몇 단어를 가지고 고맙다는 말을 반복했다. 나 역시 예수님의 도구가 되었음에 감사를 드릴 수 있었다.

우리는 전폐론자들이다!

채석장에서 만난 소녀와 소년은 내 평생에 처음 만나본 어린 노예였다. 그리고 아이리스 안드라 크라데시에서 구출해 낸 첫 노예들이자 성폭력의 피해자였다. 이 일이 일어난 것은 지금으로부터 3년 전이다. 요즘은 하나님께서 지속적으로 채석장에 나타나기도 하시는데 그곳에서 일어나는 일들을 보여 주실 때마다 나는 그저 구경꾼 같은 느낌을 받곤 한다.

그 사이 채석장의 책임자들 역시 구원을 받았다. 예수님께서는 꿈과 환상을 통해 직접 그들을 만나고 계셨다. 그리고 아이들은 높은 몸값이긴 하지만 예전보다는 훨씬 많은 수가 자유를 얻고 있다. 지금까지 400명이 넘는 아이들이 이 채석장에서 구출되었다. 그리고 안드라 프라데시 지역에 아이들을 위해 마련된 여덟 개의 집에 정착하고 있다. 이 글을 쓰고 있는 지금 모두 1,600여 명의 어린이들이 아이리스 안드라 프라데시에서 보호를 받고 있다.

모잠비크의 펨바에서 기도로 시작한 일이 이제는 세상에서 가장 가난하고 절망적인 사람들 가운데 살아 있는 사역이 되었다. 나는 일 년 중 몇 달은 인도에서 지내고 나머지 쉬는 시간은 테네시 내슈빌에 있는 아이리스 교회에서 목회를 하고 있다. 아이리스 가족이 되면서 배운 것이 있다면 부흥은 가난한 이들로부터 시작된다는 것이다. 하이디와 롤랜드는 나의 영적인 부모님이다. 그리고 예수님을 위해 그들처럼 나의 인생을 드릴 수 있게 되어 큰 영광이라고 생각한다. 그 대가는 엄청나지만 상급은 모두 예수님의 것이다. 예수님이야말로 가장 존귀한 분이시다.

닉과 매를린 보이드: 하나님의 영광을 위한 순종

마침내 하나님께 "예"라고 대답하며 순종한 후 지구 반 바퀴를 돌아 모잠비크의 테테로 날아가 길거리에서 생활하는 고아 소년들을 보살필 수 있게 될 때까지 "예"라고 대답하는 것이 항상 쉬운 일만은 아니라는 것을 알게 되었다.

우리는 결혼한 지 한 달 후 모잠비크로 이주했다. 이 세상을 변화시킬 새로운 여정에 대한 생각은 그 자체로도 많은 도전거리들을 양산해 내었다. 아는 것이 적을수록 극복해야 할 도전 과제는 더 큰 법이다.

2013년 2월 21일 새벽 2시, 우리의 삶에 잊지 못할 전환점이 찾아왔다. 두 남자가 우리 집밖에 있던 경비원을 공격하여 꼼짝 못 하게 묶어 길 가 덤불에 던져두고는 뒷문 자물쇠를 부수고 침입했다. 그리고 집 안으로 들어와 이리 저리 살피기 시작했다.

그 두 남자는 집 앞쪽까지 전진해 왔고 인턴이었던 부룩이 자고 있는 침실로 들어갔다. 그들은 브룩의 손을 묶고 그녀를 강간하려 했다. 그리고 집에 누가 있는지 묻고 나서 소리를 지르면 죽이겠다고 협박했다. 그녀는 우리 부부가 집에 있다고 알려 주었고 그녀를 앞세워 우리가 있는 방까지 다가왔다. 그들은 방 앞에 다다르자 브룩에게 우리의 이름을 불러 문을 열게 하라고 했다. 만약 이상한 짓을 할 경우 목숨을 보장할 수 없다는 협박 속에 그녀는 울면서 매를린과 내 이름을 불렀다. 매를린은 벌떡 일어나 내 팔을 붙잡고 이렇게 말했다.

"여보, 집 안에 누가 있는 것 같아요!"

심장은 터질 것처럼 뛰고 있었고 방문 밖에 있는 사람들을 때릴 수 있는 무기가 될 만한 것을 두리번 거리며 찾았다. 결국 무거운 것을 찾아 손에 들고 방문을 열었지만 뭔가를 해보기도 전에 내 목 앞에는 날카로운 칼이 들어와 있었고 두 남자는 우리를 밀치며 방 안으로 들어왔다. 그들은 침대 위로 우리들을 던지고는 바깥에 총으로 무장한 동료들이 여덟 명 더 있다고 말했다. 그래서 다른 어리석은 행동을 해서는 안 될 것 같았다.

그들이 우리를 끈으로 단단히 묶고 있을 때 매를린은 그들에게 아무 것도 훔칠 필요가 없다고 말했다. 예수님께서 그들을 너무나 사랑하셔서 십자가에 달려 돌아가셨으며 이제 그들을 위해서도 삶의 목적을 주실 수 있다고 전했다. 예수님께서 우리에게 필요한 것을 공급해 주셨듯이 그들을 위해서도 똑 같은 일을 해주실 수 있다는 이야기도 덧붙였다.

그 강도들은 매를린에게 조용히 하라고 말했다. 하나님에 대한 이야기는 그 어떤 것도 듣고 싶지 않았던 것이다. 그리고는 그 가운데 한 명이 매를린을 붙들어 다른 침실로 끌고 갔다. 가슴이 무너지는 것만 같았다. 묶고 있던 줄을 풀어 칼로 나를 위협하고 있는 이 사내를 제압하고 아내를 구해 내야만 했다. 내가 묶인 손을 풀려고 하는 순간 아내의 비명 소리가 들려 왔다. 나는 내 앞에 있는 남자에게 돌진했지만 그는 나를 침대 위로 밀쳐 낸 후 다시 칼로 위협했다. 한 발자국이라도 움직이면 그냥 죽을 게 뻔했다. 내 인생에서 이토록 무기력했던 적도 없을 것이다. 그저 내 머리 속에서는 '저 강도가 내 아내에게 무슨 짓을 하고 있을까' 하는 생각 뿐이었다.

나는 예수님의 보혈이 그녀를 보호해 주시기를 간절히 기도했다. 몇 분 뒤 방에서 나갔던 강도는 우리 방으로 아내를 끌고 와 침대로 던져 버렸다. 티셔츠 한 장을 그녀의 입안에 넣어 뱉을 수 없도록 막아 놓은 상태였다. 매를린은 숨 쉴 수 없는 상태에서 공황발작을 일으키기 시작했다. 더 이상 숨을 쉴 수 없다면 곧 죽을 것만 같았다. 나는 강도에게 내 목숨을 취하고 아내를 살려 달라고 간청했다. 결국 아내의 입에 있던 티셔츠를 느슨하게 만들어 숨을 쉴 수 있도록 해 주었다.

그리고는 살고 있던 집 구석구석을 뒤지며 엉망으로 만들어 놓고 돈과 함께 뭐든 가치가 있어 보이는 것들을 찾기 시작했다. 그들은 우리가 가진 대부분의 것들을 뒤져 가방에 집어 넣고는 뒷문으로 유유히 빠져나갔다.

매를린이 위협 속에서 본 조건 없는 사랑에 대한 계시

이 사건이 일어나기 한 달쯤 전에 예수님께서는 우리가 겪을 일들을 미리 준비시키셨다. 하나님께서는 오전 시간을 말씀을 읽으며 깊이 묵상하며 그와 함께 시간을 보내는 데 사용하기를 원하셨다. 이런 시간을 가지지 않았다면 우리의 구세주를 모르는 강도들을 향해 긍휼한 마음을 가지기는 커녕 분노와 증오로 가득했을 것이다.

강도를 만난 그날 밤까지도 조건 없는 사랑이란 것이 무엇인지 완전히 이해하지 못하고 있었다. 남편과 떨어져 다른 방에 묶인 채 끌려가 성폭력을 당하고 있었을 때 내가 할 수 있는 것은 예수님께서 이 강도에게 자비를 베풀어 달라 기도하는 것뿐이었다. 내 머릿속에서는 그저 이 기도만을 반복했다.

예수님께서는 조건 없는 사랑이 어떠한 것인지 아주 조금 볼 수 있도록 해주셨다. 그리고 지금은 내가 예수님을 사랑하고 알기도 전에 예수님께서 먼저 나를 사랑하시고 나를 위해 죽으셨다는 사실을 실질적으로 깨닫게 되었다. 이 일을 통해 영원히 감사할 수 있는 기회를 얻게 된 것이다.

이런 일을 겪고도 짐을 싸서 왜 미국으로 다시 돌아가지 않는지 궁금해 하는 사람들로부터 온 수 백 통의 메시지들을 읽으며 펨바에서 회복의 시간을 가지는 동안 나는 세상이 우리에게 말하는 것과 같은 그런 마음이 내 안에 생기지 않는 이유가 무엇인지 예수님께 묻기 시작했다. 대부분의 사람들은 우리가 그 강도들을 증오하며 할 수만 있다면 되갚아 주어야 하지 않겠냐고 말했다. 그런 마음이 들지 않는 우리가 뭔가 잘못된 사람들인지 의아했다.

나는 예수님께서 이렇게 말씀하시는 것을 느꼈다.

"너희들이 강도들을 사랑하고 그들에게 내 이름을 전할 것이라는 사실을 알았기에 그들이 들어와 그런 짓을 저지르는 것을 놓아 둘 수밖에 없었다면, 그리고 그들에게 나에 대해 말해 줄 수 있는 사람이 오직 너밖에 없었다면 어떻게 하겠느냐? 그들을 위해 내가 죽었고 내가 그들의 인생 가운데 미래의 소망과 삶의 목적을 주기 원한다는 메시지를 들을 수 있는 기회가 그날 밤밖에 없었다면 어떻게 하겠느냐?"

하나님께서는 두 번이나 내게 물으셨고 내 대답을 기다리셨다. 그리고 나는 그 모든 것이 가치 있는 것이라 답변했다. 내 마음과 열정, 그리고 선교 사역은 내가 만나는 사람들 모두에게 복음과 예수님의 사랑을 전하는 데 있다. 예수님께서 나를 택하셔서 그의 목소리가 되게 하시고 조건 없는 사랑을 나눌 수 있도록 이토록 힘든 상황 가운데 나를 낮춰 주셨다.

하나님을 향한 우리의 사랑과 아들들을 향한 사랑이 매일의 삶을 유지할 수 있도록 해주고 있다. 물론 날마다 내게 주어진 삶이 쉬운 것은 아니다. 하지만 십자가에서 이미 모든 값을 지불해 주신 예수님을 아는 믿음 가운데 안식하고 있다. 하나님께서는 어두운 곳에서 빛이 되도록, 사랑 받지 못하는 이들을 사랑하도록, 그리고 이 세상과 함께 단 한 사람의 변화를 이끌어 가도록 우리를 불러 주셨다.

매리 앤 : 감옥과 전쟁터의 아름다움

열아홉 살이 되던 해 나는 손에 여권을 쥐고 영국을 떠나 하나님을 더 가까이 만나기 위해 여행길에 나섰다. 아무런 야망도 없이 내가 나아가야 할 길을 알려 줄 누군가를 찾기 위해 세상을 떠돌아 다니는 데 내 인생을 보내기로 결정한 것이다. 그러면서 이 세상에 존재하는 엄청난 고통들을 바라보며 혁명이 필요하다는 생각을 하게 되었다. 하지만 어떻게 뒤바꾸어야 하는지 그 방법을 알지 못했다. 내 마음은 질문들로 가득 채워져 불타고 있었지만 누구도 이 질문에 답변해 주는 사람은 없었다. 그러던 중 내 침실을 벗어나기도 전에 예상치 못한 방법으로 성령님을 만나게 되었다. 성령님께서는 강권적으로 나를 찾아 오셨고 태어나서 처음으로 예수님이 실존하고 계시며 내 마음을 강하게 매료하시는 분임을 알게 되었다. 예수님께서 고귀한 보혈을 이 땅 위에 흘리는 순간 인류를 향한 하나님의 넘치는 사랑을 가장 심오하고 확고하게 선포하고 계셨음을 깨달았다.

이 사랑의 빛은 어떠한 어둠이라도 뚫고 들어갈 수 있을 만큼 강력한 것이었다. 예수님의 사랑만 있다면 이 세상 그 어디라도 끔찍하고 무시무시하며 악한 곳이 존재할 수는 없는 것이다.

모세가 보았던 하나님의 영광을 보는 것이 내 일상의 기도가 되었다. 그리고 아무도 가려 하지 않거나 도망 나오려는 곳에 나를 보내 달라고 간절히 기도했다. 믿음 때문에 극심한 고난 가운데 있는 형제와 자매들을 위해서도 소리 높여 기도했다.

어느 날 주님께서 내 마음의 부르짖음에 응답하시고 그분의 영광을 보게 될 것이라 말씀하시는 것을 느꼈다. 하지만 내가 가게 될 곳은 예상밖의 장소가 될 것이라고 하셨다. 가난한 사람들과 세상에서 가장 경멸 당하는 테러리스트 죄수들, 그리고 성 범죄자들 같은 사람들이 있는 곳 말이다. 이 세상에서 가장 고통스러운 곳으로 가게 되겠지만 그곳에서 하나님의 아름다움을 보게 될 것이며 십자가의 사랑을 증거하게 될 것이라 말씀하셨다.

사랑의 혁명

몇 년 후, 한 집회에서 하이디 베이커의 설교를 들었을 때 내 영혼은 그녀가 말하고 있는 것과 그녀를 통해 전해지는 그리스도의 사랑으로 가득 차 올랐다. 그녀는 이 세상을 돕기 위한 혁명이 필요함을 역설했다. 사랑의 혁명 말이다! 나는 곧바로 아이리스 글로벌 센터를 섬기며 제 3 세계인 모잠비크의 감옥과 교도소에서 사역하기 시작했다. 잘 먹지 못해 영양실조에 걸린 누추한 죄수들을 바라볼 때마다 그들이 얼마나 아름답게 느껴졌는지 모른다. 그들 가운데 있는 하나님의 형상을 너무나 분명하게 발견할 수 있었기 때문이다. 나는 복음을 전하며 하나님의 손바닥에 그들 모두의 이름을 새겨 넣고 절대로 잊지 않으신다는 사실을 알려 주었다. 왕이신 하나님께서는 그들의 마음을 얻으시길 원하셨다.

사랑의 공동체

주님께서는 꿈과 환상을 통해 그들을 만나기 시작하셨다. 기이한 기적들은 일상이 되었다. 맹인들이 앞을 보고 귀머거리들이 귀가 들리기 시작했으며 영양실조 증세들이 사라지고 오래된 상처들이 치유되었다. 고문과 같은 악몽을 다시는 꾸지 않게 되었고 외로움의 고통과 수치심이 사라졌다.

나는 에이즈 피해자들과 결핵 환자들, 그리고 심각한 질병을 안고 있는 사람들이 모여 있는 곳을 방문하는 것을 좋아했다. 그리고 그들이 얼마나 소중하며 사랑스러운지 말해 주었다. 그럴 때마다 그들은 모두 충격을 받았다. 내가 해준 말 때문이기도 했지만 한 백인 여자가 가족과 친구들을 떠나 잘 사는 나라에서 절망적인 곳으로 왔다는 사실이 놀라운 듯했다. 상처를 입은 자들이 사랑을 느끼고 다리를 저는 사람들이 제대로 걷게 되었으며 범죄자 집단에 변화가 일어나 사랑의 공동체로 탈바꿈하기 시작했다.

많은 형제들이 초자연적으로 창의적인 은사들을 받게 되었고 그들 중 갑자기 영어를 말하게 된 사람들은 통역관이 되기도 했다. 또 어떤 이들은 예술가가 되어 주님께서 주신 꿈들을 그림으로 표현했다. 또 어떤 이들은 음악적인 재능을 가지게 되었다. 예수님께서는 우리가 충만한 삶을 살아갈 수 있게 하기 위해 십자가에서 돌아가셨다. (요 10:10) 하나님은 미봉책을 쓰시는 분이 아니다!

▓ "어떻게 구원을 받을 수 있나요?"

하나님의 임재가 더욱 더 현실적으로 다가오기 시작했다. 언젠가 복도를 따라 걷고 있는데 죄수들이 내 발걸음을 멈추기 위해 필사적으로 소리치며 기도를 해달라고 요청했다. 그리고 어떻게 하면 변화된 삶을 살 수 있는지 물었다. 구원을 받고 예수님을 따라 살 수 있는 방법도 물었다. 정말 거룩하고도 잊지 못할 순간이었다.

또 어느 날은 모임 중에 어떤 형제가 예수님께서 꿈 속에 나타나 이 모임으로 와서 구원을 받으라고 말씀하셨다고 간증했다. 그런데 이런 일이 일어나는 것은 그리 놀라운 것도 아니었다.

성경책에 대한 요구는 우리가 준비한 수요 이상이었다. 형제들은 하나님의 말씀을 더 많이 배우고 싶어 감옥 안에서 성경학교를 열어 달라고 부탁했다.

다른 나라에서 방문객들이 찾아 올 때면 그들이 감옥으로 걸어 들어오자마자 하나님의 임재가 느껴진다고 말할 정도였다. 방문객들은 모잠비크에 와서 하나님을 더 깊이 만나곤 했지만 감옥에서 이런 경험을 하게 되리라고는 생각지 않았다. 그들은 하나님의 능력이 죄수를 가운데 임하는 것을 보며 많은 눈물을 흘렸다.

> 헐벗었을 때에 옷을 입혔고 병들었을 때에 돌보았고 옥에 갇혔을 때에 와서 보았느니라
>
> — 마태복음 25:36

변화된 삶과 변화된 마음을 통해 지속적으로 맺어진 열매들은 경찰관

들과 교도관들에게까지 영향을 미쳤다. 하나님께서 행하시는 일들이 알려지자 다른 감옥과 교도소의 문도 열렸다. 우리는 그들에게 손을 얹어 사도와 전도자로, 하나님의 아들들로 파송했다. 다른 시설로 옮겨진 이들은 하나님의 불과 사랑을 품고 떠났다. 그들 가운데 어떤 이들은 집과 고향으로 돌아가 감옥 사역을 시작했다. 많은 이들이 별거 중인 가족 및 친구들과의 관계도 회복했다. 모든 가족이 주님께 돌아왔고 지역 공동체는 변화된 삶을 살아가는 이들을 바라보며 큰 영향을 받았다.

기근과 전쟁 가운데 싹트는 소망

모잠비크의 감옥과 교도소 안에서 만난 형제들에게 많은 것을 배운 후 몇 년이 지나 주님께서는 엄청난 기근으로 인해 문이 닫힌 아프리카의 다른 나라로 인도해 주셨다. 음식을 구하러 다니느라 도로변에 갓난 아기를 그냥 방치한 상태로 죽게 한다는 이야기를 들으며 내 가슴은 찢어지는 것 같았다.

아무런 소망이 없어 보이는 이 나라는 지난 20여 년 동안 전쟁이 지속되고 있었다. 마치 하나님께서 이 나라를 잊고 계시는 것 같았다. 무정부 상태에서 일어나고 있는 테러와 무법이 횡행하는 곳이었다. 반군 지도자들과 극단주의자들의 지배 아래 끔찍한 삶을 이어가고 있는 사람들을 바라보며 아무렇지도 않을 사람이 있을까.

예수님께 이 나라로 보내달라 간구했을 때 혼란스러운 상황 속에서 두 발로 일어나 하나님의 사랑을 선포하고 있는 나의 모습을 보게 되었다. 나는 하늘로부터 오는 권한으로 그들을 위해 기도하며 그 땅 위에 소망과 하나님의 의가 이루어지기를 선포했다.

감옥에서 사역을 할 수 있도록 나에게 손을 얹고 기도해 준 사람들은 그곳에 수감된 형제들이었다. 마찬가지로 이러한 나라에 있을 때 사역을 위해 기도해 준 사람들 역시 같은 부류의 형제들이었다.

죽어가는 이들의 눈에 비친 아름다움

주님께서는 여행사에 가는 길에 기적적으로 항공료를 마련해 주셨다. 그리고 다음날 세상에서 가장 위험한 도시 한복판에 서 있었다. 입국 허가가 엄격한 나라에 들어올 수 있었다는 사실만으로도 기적이었다. 군 당국은 무장한 경비 소송대의 호위를 받으며 공항을 빠져나갈 수 있도록 해 주었다. 하나님의 은혜가 개입되지 않았더라면 정부 관계자의 사무실에 들어갈 수 없었을 것이다.

절박한 필요를 호소하는 캠프들을 돌아볼 수 있게 되었는데 그곳에는 집을 잃은 수 백만 명의 사람들이 도움을 기다리며 모여 있었다. 그중에 어떤 이는 일주일에 단 한 끼만을 먹은 상태였다. 역사가 기록된 이래 가장 심각한 기근이라고 보도될 정도였다.

폭탄으로 무너진 건물들의 잔해 아래 안식처를 찾으려 하는 굶주린 아기들과 어른들로 둘러싸인 나는 말로 표현할 수 없을 만큼 끔찍한 심정이었다. 눈으로 보고 있는 모든 상황들을 위해 내가 준비한 것은 아무 것도 없었다. 인생을 통틀어 전혀 상상할 수도 없는 그런 고통들을 직면하고 있었다. 어떤 의사는 많은 사람들이 물리적인 필요를 채운 이후에도 아무런 소망을 발견할 수 없기에 죽어가고 있다고 말했다. 엄청난 트라우마로 인해 더 이상 살 소망을 잃어 버리게 된 것이다. 육체적인 질병만큼이나 절망 역시 많은 생명을 앗아 갈 수 있다는 말에 놀라움을 금치 못했다.

첫 번째 캠프에 걸어 들어가자 마자 땅 바닥에 누워 있는 아이 한 명을 보게 되었다. 입 주변에 파리가 모여 들고 있는데 미동도 하지 않고 있었다. 엄마는 그 광경을 물끄러미 바라보고만 있었다. 도저히 걸음을 뗄 수 없었다. 긍휼한 마음과 동시에 평안이 함께 몰려 왔다. 나는 깨질 것 같이 연약해진 몸으로 죽어 가고 있는 아기를 품에 안고는 총소리가 빗발치는 가운데 초점 없이 멍한 눈동자를 바라보았다. 그 안에서 형용할 수 없는 하나님의 아름다움을 발견했다. 그리고 내 인생은 완전히 뒤바뀌었다. 예수님께서는 내 마음에 가장 연약하고 무력하며 죽어가고 있는 사람들로 채워 넣으셨다. 그 순간 내 마음은 전쟁의 상흔이 가득한 이 나라로 뒤얽히고 있었다.

전쟁 지역의 놀이터들

잊혀진 나라와 복음을 들어 보지 못한 사람들을 향해 불타오르는 마음을 더 이상 주체할 수 없었다. 이 나라를 방문한 이후 주님께서는 극심한 재앙과 전쟁으로 상처를 입은 지역들의 회복을 위한 모금을 시작할 수 있도록 이끌어 주셨다. 뜻 밖의 일이 일어났고 내 안에는 기쁨으로 가득했다. 하지만 내 인생의 다음 목적을 향해 걸어가야 했기에 이 모든 것을 뒤에 남겨 두어야만 했다.

나는 계속 이 나라로 들어가야 했다. 이제 내 집처럼 여기게 된 나라이다. 이곳에서 내가 할 수 있는 한 계속 하나님의 소망과 이 땅을 향한 끊임없는 선하심을 선포해야 했다. 처음 이 나라를 들어왔을 때 이 세상에 존재하는 나라 가운데 가장 극심한 고통을 보았노라고 말했다. 상상할 수 조차 없을 정도로 끔찍한 경험을 했었다. 어떤 말로 표현할 수 없을 정도로.

하지만 그 만큼 이 세상에서 가장 악한 지역 가운데 사랑과 소망이 흘러갈 수 있도록 내 삶을 드리고 싶은 마음도 커져 갔다. 대가가 어떠하든지 상관 없다. 나에게는 꿈이 있다. 전쟁 지역 가운데 놀이터와 공원을 조성하는 것이다. 이것이 절망 가운데 있는 사람들에게 한 줄기 소망의 빛이 되기를 바라는 마음이다. 이곳에 모여 앉아 슬픔과 절망 대신 실컷 떠들며 웃을 수 있기를 바라는 마음이다. 무기들을 나르고 하루 종일 갇혀 성 노예로 전락해 살아가는 아이들이 자유롭게 뛰어 놀며 꿈을 꿀 수 있기를 간절히 원한다. 이러한 마음은 하나님의 영광과 아름다움의 극히 일부분일 뿐이다

롤랜드와 하이디 베이커는 가장 상처 입은 곳에서 하나님의 아름다움을 찾고 그것을 직접 본 예외적인 본보기이다. 하이디의 급진적인 사랑의 삶과 놀라울 정도의 관용은 그녀 주위를 언제나 맴돌게 만들었다. 그녀는 아무런 거리낌 없이 자신의 삶을 드렸고 어두운 곳에 하나님의 혁명적인 사랑을 실어 나를 수 있는 세대가 일어서도록 엄청난 대가를 지불한 사람이다. 내 인생의 위대한 영웅들과 가장 친한 친구들과 함께 어깨를 나란히 하며 사랑의 경주를 달려갈 수 있게 된 것만큼 영예로운 특권도 없을 것이다.

13장
초자연적인 탄생

> 예수께서 그들을 보시며 이르시되 사람으로는 할 수 없으나 하나님으로서는 다 하실 수 있느니라.
>
> | 마태복음 19:26 |

모잠비크에 오기 전 주님께서는 초자연적인 사랑의 운동이 온 세상에 퍼져 가는 모습을 보여 주셨다. 환상 가운데 하늘로 들려 지구 위에 머물러 있었는데 지구 주위를 돌며, 수 천 개가 넘는 불 병거가 지구 전체를 감싸고 있는 것을 보게 되었다. 이 불 병거들이 주님의 영광을 실어 나르고 있었다.

각각의 병거 안에는 하나님의 성자가 두 명씩 타고 있었는데 그들은 너무나 투명해서 아무것도 감출 수 없었다. 어둠은 찾아 볼 수 없었고 꾸미지도 않았으며 그 어떤 것으로도 가리고 있지 않았다. 맑고 투명한 그들은 영광과 빛으로 가득 차 있었다.

그런데 각각의 성자에게서 단 한 가지 색깔이 눈에 띄었다. 그것은 정말 엄청나게 컸는데 거대한 심장이 그 두 명의 어깨에 나란히 걸려 있는 모습이었다. 그것은 사랑과 열정으로 뛰고 있는 붉은색의 큰 심장이었다.

하늘을 올려다 보니 그곳에 예수님이 계셨다. 예수님은 너무나 아름다우셨다. 사랑의 눈빛으로 나를 바라보시자 내 마음이 녹아져 내렸다. 그리고 내 심장이 점점 더 커지기 시작했다. 나는 예수님의 심장이 뛰고 있는 것을 보았다. 뛰는 모습을 보았을 뿐만 아니라 그 소리도 들렸다. 하나님의 성자들이 타고 있는 병거 안쪽을 들여다 보니 예수님의 심장박동과 함께 거대한 사랑의 심장도 뛰고 있었다.

각각의 성자들은 빛나는 백금 칼을 거룩한 양 손에 쥐고 있었으며 불꽃은 그들 주위를 감싸고 있었다. 두 마리의 하얀 말이 병거를 끌고 있었고 이미 달릴 준비가 되어 있었다. 말들은 재갈을 물고 있었고 그 고삐는 하늘과 연결되어 있었다.

주님께서는 나에게 말씀하셨다.

"'하나님께 통제권을 맡기라' 라고 교회들에게 전하거라. 이 부흥의 고삐를 내가 쥘 것이다. 병거들이 어디로 가야 할지 내가 결정할 것이다. 교회들에게 이 고삐를 거룩한 양이 쥐게 하라고 전하거라."

그리고 나서 주님께서는 오른손을 높이 들고 이렇게 외치셨다.

"자, 지금이다!"

오른손을 내리시자 불과 영광으로 둘린 병거들이 지구를 향해 달려가기 시작했다. 병거들이 지구를 가로 질러 달려갈 때 영광의 불이 땅 위에 떨어졌다. 영광의 불은 곧 전 세계를 태우기 시작했고 모든 것이 불길에 휩싸였다.

하지만 예수님의 영광과 긍휼과 사랑을 받아들이려 하지 않는 곳이 있었다. 그곳은 아무 것도 볼 수 없을 정도로 캄캄했다. 지금까지 한 번도 본 적이 없는 칠흑 같은 어둠의 구멍들이 곳곳에 있었다.

나는 예수님을 바라보았다. 그랬더니 이렇게 말씀하셨다.

"이 칼은 자비와 심판을 동시에 의미하는 것이다. 나의 사랑을 받아들이는 자들은 엄청난 자비와 긍휼과 인자와 영광을 경험하겠지만 나의 임재와 인생의 목적과 사랑을 거절하는 사람들은 어둠과 심판을 겪게 될 것이다."

지구의 회색지대가 완전히 사라진 것 또한 눈에 띄었다. 지구는 어둠과 빛, 이렇게 두 지역으로 나뉘어 있었다. 하지만 병거가 달려가는 곳마다 불이 붙었고 그럴수록 세상은 점점 더 환해지고 있었다. 거대한 사랑의 심장을 가지고 있던 맑고 깨끗한 성자들은 지구를 가로지르며 달리고 있었고 그들이 지나가는 곳마다 환한 빛이 켜지고 있었다. 예수님의 사랑이 그들을 통해 어둠을 이기고 있었던 것이다.

주님께서는 영광의 병거를 타게 될 교회, 예수님의 사랑의 거대한 심장을 운반할 수 있는 교회들에 이 사실을 알리라고 말씀하셨다.

하나님의 영광을 건드리려 하거나 가로채려 하지 않고 이 병거를 타고자 하는 사람이 있는가? 양 손에 주님의 거룩한 검을 들 사람이 있는가? 신랑이신 왕에게 모든 통제권을 맡기고자 하는 사람은 어디에 있는가? 거룩하다, 거룩하다 어린양이시여!

바로 지금이다!

모잠비크에서 손자 손녀들이 태어날 때마다 주님께서는 메시지를 주시곤 한다. 입양한 아들들 가운데 한 명인 자신토와 그의 아내 케이티에게서 곧 둘째 아이가 태어날 예정이었다. 나는 아기를 볼 수 있다는 생각에 너무나 들떠 있었다. 첫째 아들 마이카가 태어났을 때에도 나는 그 자리를 지켰었다.

그런데 한 가지 문제가 있었다. 강연을 위해 비행기를 타기 직전에 케이티의 진통이 시작된 것이다. 자신토와 함께 모임에 참석하고 있었을 때 그녀의 진통이 시작되었다는 소식을 들었다. 시계를 들여다 보며 초조하게 기다리고 있었는데 탑승 수속 한 시간 전이었다.

첫째 아이가 태어났을 때는 무려 서른 시간이나 걸렸었다. 이번에는 그렇게 오래 기다릴 수 없었다. 케이티 역시 또 다시 오랜 시간의 산고를 겪기를 원하지 않았다.

내가 집에 도착했을 때 케이티의 질 입구는 고작 1 센티미터만 열려 있었다. 나는 아름다운 딸이 고통 가운데 소리 치는 것을 지켜 보았다. 그것을 멈출 수 있는 그 무엇도 할 수 있는 게 없었다. 의사는 그녀에게 천천히 걸어 보라고 제안했다. 그래서 나는 그녀의 팔을 붙잡고 성령 안에서 기도하며 함께 걷기 시작했다.

갑자기 강력한 예언적인 선포를 해야겠다는 생각이 들었다. 주님께서 내 마음을 움직이시는 게 틀림없었다. 나는 1 센티미터밖에 열려 있지 않은 입구가 10센티미터가 될 것을 선포했다. 놀란 표정을 한 의사가 나를 빤히 쳐다 보았지만 큰 소리로 같은 말을 되풀이 했다. 케이티를 향해 이 말을 할 때 다른 중보자들이 함께 기도하고 있었고 놀라운 기적이 일어났다.

갑자기 아기가 나오려고 한 것이다. 결국 초자연적으로 빠른 시간 안에 아기가 태어나게 되었다. 강한 진통 이후 45분 만에 너무나 아름다운 남자 아이가 태어난 것이다. 지금까지 지켜본 바로는 가장 쉽게 아기를 낳은 경우이다.

케이티는 이 아들에게 다니엘 디모데라는 이름을 붙여 주었다. 나는 예수님께 손자를 번쩍 들어 올리고는 아버지 하나님을 향해 헌아식을 거행했다. 그리고는 그 아이를 자신토에게 건네 주고 곧바로 공항을 향해 달려가 제 시간에 비행기를 탈 수 있었다.

  인생 가운데 고통스러운 시기와 시련의 날을 지나가야만 할 때 우리가 당하는 고난이 지속되기를 원하는 사람은 없을 것이다. 나는 그 당시 임했던 예언적인 말씀으로 인해 케이티의 아이가 초자연적으로 빨리 태어날 것을 믿었다. 여러분 가운데 많은 사람이 길고도 힘겨운 시기를 겪어야만 그 열매를 맺을 수 있는 예언적인 말씀이나 약속들을 받은 적이 있을 것이다. 이러한 약속들은 그것이 이루어지기까지 견디낼 수 있는 날이 충분하기 않기에 실현되지 않을 것이라고 느꼈을 수도 있다. 이 말씀은 여러분의 것이다. 그리고 바로 지금이 여러분을 향한 하나님의 약속이 초자연적으로 태어날 수 있는 때이다.

  몇 달 후 애틀랜타에 살고 있는 또 다른 딸 도미니크가 첫째 아이를 출산할 참이었다. 그녀는 다니엘의 초자연적인 출생에 대한 간증을 이미 듣고 자신에게도 그러한 일이 일어날 것이라 믿고 있었다. 그래서 출산하러 들어갈 때 나에게 문자를 보내 지금 바로 아이가 태어나도록 기도해 달라고 요청하려 했다. 하지만 문자를 보내기도 전에 아기가 이 세상에 태어나게 되었다.

  도미니크는 그날 일련의 진통이 있었지만 그것이 출산을 알리는 진통이라고 생각하지 않았다. 그래서 홍수가 난 필리핀에 아이리스 구호팀을 꾸려 보내기 위한 준비 작업을 한창 진행하고 있었다. 도미니크는 아이리스 필리핀 베이스를 이끌고 있었기 때문이다. 그날 밤 늦게까지 진통은 멎지 않았고 그녀는 남편 아론과 함께 병원으로 향했다. 병원에서는 아직 자궁 경관이 닫혀 있어 두 주 후에나 출산할 수 있을 것이라 진단했고 그녀는 집으로 돌아왔다.

하지만 집으로 돌아왔을 때 예수님께서 그날 아기가 태어나게 될 것이라 말씀하시는 것을 들었고 그 말씀을 받아들인 도미니크는 두 주일 일찍 아이를 낳기로 결심했다. 그런데 이런 고백을 하자마자 양수가 터졌다. 고통은 기하급수적으로 더해졌고 그녀는 아론을 흔들어 깨웠다. 출산 계획을 세우지도 않은 상태에서 산파를 불렀다. 산파가 오자마자 차를 타고 병원으로 향했다.

그로부터 15분 후 분만실에 도착할 예정이었지만 자동차 뒷자리에서 아기가 나오면서 울부짖는 소리가 적막을 깨뜨렸다. 산파는 도미니크에게 아직 힘을 주지 말라고 이야기했다. 도미니크는 아무런 힘을 주고 있지 않다고 대답했지만 그 순간 아기의 머리가 나오기 시작했다. 산파는 이러한 상황을 바라보며 충격에 휩싸였다. 이제 아론이 운전을 서둘러야 할 차례였다. 하지만 산파는 그에게 길 한 쪽에 차를 세워 도미니크가 끝까지 힘을 줄 수 있게 해야 한다고 제안하려 했다. 그런데 말이 채 끝나기도 전에 아기가 세상 밖으로 나와 버렸다! 산파는 아기를 안고는 안심하며 자리에 앉았다. 도미니크는 남자 아이를 바라보며 환하게 미소를 지었다. 그들은 아론에게 계속 운전하라고 말했다. 아기는 완벽했다. 그는 숨도 잘 쉬었고 건강했다. 아론은 울었다가 웃었다가 부들부들 떨기 시작했다. 아론은 병원이 어디인지조차 기억하지 못했다. 그래서 병원을 찾는 데 무려 20분이나 걸렸다. 도미니크는 양수가 터진 지 한 시간도 안 되어 아기를 낳은 것이다.

한 달쯤 전 매리 앤이 도미티크를 위해 기도하면서 천사들이 마치 산파처럼 출산의 자리를 지키며 너무나 즐거워하는 환상을 보았다고 말했다. 그런데 이 환상이 무엇을 의미하는지 도미니크와 아론은 잘 알지 못했던 것이다. 도미니크는 아들 아리가 병원으로 가는 차 안에서 태어난 것 자체가 예언적인 징후라고 말했다. 자동차는 종종 사역을 상징하곤 한다. 이 사건을 통해 하나님께서 사역의 가속도를 붙이실 거라고 분명히 믿게 되었다. 그리고 다음날 필리핀의 한 폐기장에서, 태어나면서부터 한쪽 귀가 들리지 않는 소녀가 완전히 고침을 받게 된 사건이 일어났다. 도미니크와 아론은 이 치유의 기적이 곧 그들 사역 가운데 가속을 낼 수 있는 기적적인 사건임을 알게 되었다.

나는 이 두 아이의 출산을 통해 하나님의 백성들에게 주어지는 능력의 예언을 경험하게 되었다. 과도기가 닥쳤을 때 바로 이 시기가 하나님의 약속들이 우리 삶 가운데 태어날 때임을 기억하라. 이때 가장 귀한 열매들을 맺게 될 것이다. 자연 출산은 가끔 길고도 고통스럽다. 하지만 하나님께서는 자녀들을 위하여 초자연적으로 신속하게 기적들을 베푸실 준비가 되어 있고 그것을 원하기도 하신다. 하나님께서는 우리 각자가 인생의 목적을 이루어 가며 함께 일어서는 것을 갈망하신다. 그의 아들이신 예수 그리스도의 장성한 분량에 이르기까지 자라가길 바라시는 것이다.

하나에서 바로 열 번째로 넘어갈 때가 왔다! 바로 지금이다!

하나님의 명령을 취하라

롤랜드와 나는 지난 시간을 돌아보며 하나님의 부르심에 대한 대가가 그토록 클 줄은 예상하지 못했음을 깨달았다. 마리아 역시 자신이 겪어야 할 고통이 그렇게 클 줄 몰랐을 것이다. 심지어 자기가 낳은 아들이 십자가에 못 박히는 것을 보아야 하지 않았는가!

끊임없는 기쁨이 찾아올 것이라는 기대도 하지 못했다. 하지만 놀라운 정도로 풍성한 열매가 우리 두 사람과 우리와 함께 이 아름다운 운동에 동참하고 있는 수많은 사람들의 삶 가운데 넘치는 것을 직접 바라보고 있다. 주님께서 만지셔서 결국 자신의 삶을 주님께 되돌려 드리게 된 사람들의 이야기를 계속 듣고 있다. 어떤 이들은 아이리스 글로벌 베이스에서 사역하기 위해 오기도 하고 어떤 이들은 자신의 사역과 단체들을 시작하기도 한다. 우리는 그들 모두를 바라보며 흐뭇한 마음을 감출 수 없다. 기쁨과 동시에 지불해야 하는 인생의 대가가 있음에도 은밀한 곳에서 주님께 "예"라고 대답하는 많은 이들을 지켜 보는 것은 큰 특권이다. 우리가 가장 보기 원하는 것은 이 세상 가운데 하나님의 사랑이 배가 되는 것이다.

  롤랜드와 나는 최근에 전 세계에 흩어져 있는 약 200명의 리더십들을 초대한 적이 있다. 이 국제 팀 미팅은 모잠비크를 변화시킬 모잠비크 리더들을 양성하기 위해 지은 한 대학교 건물에서 개최되었다. 어느 날 바다에서 스노클링을 하고 있는데 하나님께서 대학교를 하나 세우라고 말씀하셔서 약 9년 반 동안 지은 것이다. 그때 나는 너무나 놀라 그만 바닷물을 잔뜩 마시기도 했다.

  이 무렵 주님께서는 열여섯 살, 초신자였을 당시 겪었던 난독증을 고쳐 주셨던 시절에 대해 말씀해 주셨다. 고등학교 선생님들은 내가 절대로 대학교에 들어가지 못할 것이기 때문에 바로 직업 훈련을 받아야만 한다고 말했다. 하지만 하나님께서는 학사 학위를 받을 수 있도록 인도하셨다. 여러 차례 학위를 포기하고 아프리카로 나가고 싶었지만 나의 부르심과 잃어버린 영혼들을 계속 생각하며 견뎌 내었다. 주님께서는 공부를 포기하지 말라고 말씀하셨고 나는 이에 순종했다.

  20대 초반에 아시아에서 선교사로 섬기던 무렵 스물다섯 살이 되면 석

사 학위를 받게 될 것이라 주님께서 말씀하셨다. 롤랜드는 주님으로부터 받은 이 약속을 나에게 상기시켰고 나는 우편을 통해 이 과정을 등록할 수 있을 것이라고 생각했다. 하지만 다음 학위를 위해 지원서를 내고 공부하기 위해서는 그곳으로 가야 한다는 사실을 깨닫게 되었다. 우리는 홍콩과 우리가 사랑했던 모든 사람들을 떠나야 했다.

  몇 해가 지나 다시 홍콩을 섬기게 되었을 때 면역 체계 장애라는 흔치 않은 질병에 걸리고 말았다. 그래서 읽거나 생각을 집중할 수 없었다. 심각한 병을 두고 기도하기 시작했을 때 주님께서는 이제 박사 학위 과정을 시작할 때가 되었다고 말씀하셨다! 나는 다시 충격에 빠졌다. 이런 끔찍한 상태에서 어떻게 박사 과정을 시작할 수 있는가? 이렇게 많은 열매들이 눈 앞에 있는데 어떻게 아시아를 떠날 수 있겠는가? 하지만 결국 순종할 것을 알고 있었다. 나는 런던대학 안에 있는 킹스 컬리지로 가야겠다는 생각이 들었고 거기서 조직 신학을 공부하게 되었다. 그로부터 4년 뒤 옥스퍼드의 마틴 퍼시 교수에게 논문 심사를 받게 되었고 무사히 졸업할 수 있었다.

  열여섯 살이 되던 해에 주님의 말씀에 순종하지 않았다면 그 다음 약속을 받을 수 없었을 것이다. 그리고 모잠비크에 대학교를 세울 때 하나님께서 왜 내가 박사학위를 받게 하셨는지를 알게 되었다. 가끔 우리는 하나님께서 제시하시는 방향에 대해 잘 이해하지 못할 때가 있다. 하지만 하나님께서는 항상 미쁘시며 신실하시다. 우리의 순종 이면에는 놀라운 열매들이 기다리고 있는 것이다!

  국제 팀 미팅이 열리는 동안 온 마음을 다해 하나님 아버지를 예배하며 예수님께서 받으신 고난의 대가로 자신의 삶을 예수님께 드리고자 하는 전 세계의 헌신자들이 전해 주는 간증들을 듣는 것은 엄청난 기쁨이요 특권이다. 우리가 그렇게 하고 있듯이 그들 역시 자신을 내어 드려 하나님의 나라를 전파하고 영광스러운 사랑의 삶 가운데 사람들을 초대하는 일을 쉬지 않을 것이다. 그들은 이미 자신의 삶 속에서 하나님께서 수없이 많은 기적들을 베푸셨음을 알고 있다. 그리고 아직 이루어지지 않은 많은 약속들을 여전히 믿고 기다리며 그것을 위해 달리고 있다.

롤랜드와 나를 한 팀으로 부르셔서 모잠비크라는 나라를 주셨고 사랑하는 친구 브라이언과 파멜라 조든은 짐바브웨와 아프리카 일대 가운데 주님께서 대부흥을 일으키시리라는 약속의 말씀을 받았다. 그리고 수많은 예언의 말씀들이 우리들의 삶을 통해 아프리카 가운데 펼쳐졌다. 그러면서 기적적으로 채워진 재정을 통해 우리의 사역도 함께 자라 왔다.

2008년부터 '제너레이션 원/아이리스 짐바브웨 (*Generation Won/Iris Zimbabwe*)'가 시작되었는데 원래 짐바브웨는 '아프리카의 곡창지대'라고 일컬어질 정도로 가장 부유한 나라 중 하나였다. 하지만 지금은 세계에서 가장 가난한 나라가 되었다. 하나님께서는 그들에게 짐바브웨는 '돌들의 나라' 라는 의미를 가지고 있다고 말씀하셨다. 건축자가 버린 돌이었던 예수님이 이 나라의 모퉁이 돌이 되실 것이라 믿음하시며 예수님께서 주춧돌이 되셨듯이 이 나라 역시 열방을 품는 기도의 집이 될 것이라는 소망을 함께 주셨다. 조든 부부는 세 부족 가운데 스무 개가 넘는 교회를 세웠고 복음을 전하는 동안 에이즈와 암 환자들이 치유되는 역사가 일어났다. 하나님께서는 현재 그 나라를 이끌고 있는 리더들의 마음 문을 두드리고 계신다.

이런 위대한 일들을 이미 경험했음에도 조든 부부는 그 나라의 적대적인 태도와 싸워야 했다. 정부는 외국인들이 가난한 사람들과 함께 일하는 것을 수상하게 여기고 있다. 그래서 이러한 상황이 그들의 사역을 위험한 국면으로 내몰기도 한다. 조든 부부와 지역 리더들은 위협을 당하고 경찰에게 심문을 받기도 했다. 고통스러운 일이었지만 사역과 관련된 모든 이들의 안전을 위해 하나님께서 인도하시는 대로 조든 부부는 잠시 짐바브웨를 떠나 있는 상태이다.

브라이언이 이러한 내용을 국제 팀 미팅에서 나누었을 때 복음을 위해 자신의 삶을 아끼려 하지 않는 신실한 사역자들을 바라보며 마음이 찢어지는 것만 같았다. 그래서 어려운 결정이긴 했지만 잠시 짐바브웨를 떠나 있을 필요를 느꼈다. 하지만 이러한 위협 속에서도 다시 그곳으로 돌아가 주님의 위대한 승리를 바라보게 될 것이라는 것을 잘 알고 있다.

예수님의 발 앞에 자신이 받은 예언적인 약속들을 내려 놓고 열방을 위한 그 약속들이 새로운 차원으로 거듭나는 것을 바라보아야만 하는 때가 있다. 그들은 모두 초국가적인 부흥이 일어나기를 기대하고 있다. 그들은 실망스러운 상황이 하나님의 기회가 될 수 있다는 말씀을 들었다. 실패는 하나님의 위대한 승리를 이루어 내는 데 필요한 디딤돌이 될 수 있다. 그리고 더 위대한 목적 가운데 우리를 인도하는 길이 되기도 한다. 우리는 그들을 자랑스러워하는 마음으로 짐바브웨를 향한 그들의 마음을 깊이 신뢰하고 있다. 아브라함처럼 우리의 꿈을 잠시 내려 놓고 주님께서 어떤 일을 행하실지 지켜봐야 할 때가 있다.

콩고에 있는 형제들은 말할 수 없는 고통을 겪었다. 국제 팀 미팅을 열기로 했던 카보 델가도로 향하는 그들의 여정은 무려 열흘이나 걸렸다. 도로들이 폐쇄되었기 때문이다. 그들은 국경에서 입국이 거부되었고 몇 시간 동안 심문을 받았으며 총으로 위협을 받는 상황 속에서 여권을 빼앗기

기도 했다. 하지만 하나님께서 원하시기에 그 여행을 지속할 수 있었다.

이 모임에서 우리는 유클리데 무기쇼 목사에 대한 소식을 듣게 되었다. 그와 그의 아내는 세 번이나 유산을 했지만 넷째 아이를 가지게 되었고 이 아이 역시 미숙아로 태어나 병원 인큐베이터에 맡겨졌는데 온도 조절이 잘못 되어 그 아이마저 잃는 비극을 겪어야 했다. 그의 아내는 곧 아이를 가지게 되었고 임신 7개월째가 되었을 때 아이리스 센터에 있는 우리 아이들과 함께 믿음으로 기도했고 그 아이는 개월 수를 모두 채우고 정상적으로 태어나게 되었다.

아이리스 가족들과 함께하신 하나님의 놀라운 손길을 들으며 서로를 격려하는 시간은 정말 특별하다. 어려운 시기에 우리는 서로를 더욱 더 필요로 한다. 그리고 모든 약속이 이루어질 것이라는 믿음을 함께 가진다.

아이리스 가족을 위해 나눌 메시지를 주님께 구했을 때 빌립보서 말씀을 주셨다. 그리스도의 몸인 공동체를 위한 바울의 기도에 대한 것이었다.

> 내가 기도하노라 너희 사랑을 지식과 모든 총명으로 점점 더 풍성하게 하사 너희로 지극히 선한 것을 분별하며 또 진실하여 허물 없이 그리스도의 날까지 이르고 예수 그리스도로 말미암아 의의 열매가 가득하여 하나님의 영광과 찬송이 되기를 원하노라.
>
> — 빌립보서 1:9~11

무엇이 최선인지 어떻게 분별할 수 있을까? 하나님께서는 은밀한 곳에서 우리에게 말씀하신다. 사랑을 입은 자들이여, 예수님께서는 결코 여러분을 지치도록 내버려두지 않으신다. 우리를 소진하게 하시지 않는 것이다. 하나님과 잃어버린 영혼을 향한 불타는 열정과 사랑으로 계속해서 일어서길 원하신다. 지쳐 있거나 고갈되었다고 느껴진다면 은밀한 곳으로 달려 가라. 기쁨 가운데 무엇이든 다 해낼 수 있을 것 같을 때도 은밀한 곳에 머물러 있는 것을 잊지 말라. 그곳에서 아버지 하나님께서 날마다 알려 주시는 계획이 무엇인지 들어 보라.

하나님께서는 나에게 예언적인 그림을 보여 주셨다. 닭과 독수리에 대한 것이었다. 닭은 둥글게 원을 그리며 땅에서 뛰고 있었고 날아 오르려고 계속 날개를 파닥였다. 하지만 날 수 없었다. 그런데 한 가지 이상했던 것은 머리가 잘린 상태인데도 닭은 자신이 죽었다는 사실을 모르는 것처럼 보였다. 닭들은 계속 날개를 퍼덕이며 원을 그리고 있었다. 가끔 우리의 머리이신 예수 그리스도에게서 벗어나 이렇게 죽어 있는 상태라는 것을 알지 못한 채 주위에 필요한 것들을 잡으려고 안간힘을 쓰는 모습처럼 보였다.

이 환상 속에서 독수리도 보았는데 독수리는 닭과는 달리 힘있게 하늘을 향해 솟아 올랐다. 바람을 타며 하나님 나라에서 바라볼 수 있는 시야를 가지고 있기에 날개를 퍼덕일 필요도 없어 보였다. 하나님을 향한 우리의 섬김도 마찬가지이다. 이사야서 40장 31절을 보면 "오직 여호와를 앙망하는 자는 새 힘을 얻으리니 독수리가 날개치며 올라감 같을 것이요 달음박질하여도 곤비하지 아니하겠고 걸어가도 피곤하지 아니하리로다"라는 말씀이 있다.

나는 여러분 모두가 독수리처럼 되기를 기도한다. 예수님과 연합하여 소진하거나 포기하는 일이 없게 되기를 바란다. 또한 예수님께서는 여러분이 무엇을 하고 어떻게 하느냐에 그리 썩 관심이 없으시다는 사실을 알기 바란다. 예수님의 사랑과 긍휼과 인자하심을 전하고 있는가? 사람들이 여러분을 바라보며 여러분과 함께 일할 때 예수님이 어떠한 분이신지 알아가고 있는가?

여러분이 날마다 더 예수님을 닮아 가기를 격려하며 기도한다. 여러분을 위해 다음과 같이 기도하고자 한다.

성령님, 주님의 아들과 딸들을 덮어 주소서!

사랑의 강 깊은 곳으로 그들을 인도하소서. 주님의 약속들을 마음 가운데 심어 주시고 주님의 눈을 통해 바라보며 주님의 마음으로 느끼게 하소서. 아들과 딸들이 주님의 손이 되어 가난한 이들과 상처 입은 자들에게 사랑을 베풀게 하소서. 두려움 없이 담대하게 주님을 따라 세상의 가장 어두운 곳으로 나아가 영광의 빛을 전할 수 있는 두 발을 주소서.

평생 동안 자신의 삶을 통해 주님의 약속들을 이루어 나가게 될 것입니다. 주님의 심장 리듬에 따라 기뻐하며 힘을 얻을 수 있도록 축복하소서. 언제 쉬어야 하고 언제 달려야 하는지 그리고 언제 내려 놓을지 알 수 있도록 인도해 주소서. 불편함과 고통스러움, 그리고 사람들의 조롱을 두려워하지 않도록 지켜 주소서.

하나님 아버지, 주님의 영광을 이 땅 가운데 넘치게 하소서. 주님의 백성들에게 담대함을 주시고 주님의 사랑이 오늘과 매일의 삶 가운데, 남은 우리의 인생 가운데 나타나게 하소서. 주님의 영광을 나타내셔서 잃어버린 아들과 딸들이 집으로 돌아올 수 있도록 인도하소서.

예수님의 이름으로 기도합니다. 아멘.

기적의 탄생

지은이 하이디 베이커
펴낸이 김혜자
옮긴이 김현경

1판 1쇄 2015년 1월 15일

등록번호 제16-2825호 | 등록일자 2002년 10월
발행처 다윗의 장막 | 주소 서울시 강남구 대치2동 982-10
전화 02)3452-0442 | 팩스 02)3452-4744
www.ydfc.com
www.tofdavid.com

값 13,000원
ISBN 978-89-92358-88-0 13230   (CIP 2014035751)

* 잘못된 책은 바꿔 드립니다.

다윗의장막미디어는 영적 부흥과 영혼의 추수를 위해 책, CD, Tape, 영상물들의 매체를 통해
하나님 나라가 가정, 사업, 정부, 교육, 미디어, 예술, 교회로 확장되는 비전으로 나아가고 있습니다.